高等学校土木工程专业卓越工程师教育培养计划系列规划教材

道路桥梁工程概预算

主编　李远富

主审　王恩茂

WUHAN UNIVERSITY PRESS
武汉大学出版社

图书在版编目(CIP)数据

道路桥梁工程概预算/李远富主编. —武汉:武汉大学出版社,2015.12
高等学校土木工程专业卓越工程师教育培养计划系列规划教材
ISBN 978-7-307-16058-3

Ⅰ.道… Ⅱ.李… Ⅲ.①道路工程—概算编制—高等学校—教材 ②道路工程—预算编制—高等学校—教材 ③桥梁工程—概算编制—高等学校—教材 ④桥梁工程—预算编制—高等学校—教材 Ⅳ.①U415.13 ②U445.2

中国版本图书馆 CIP 数据核字(2015)第 121436 号

责任编辑:邓 瑶　　　责任校对:王慧平　　　装帧设计:吴 极

出版发行:**武汉大学出版社** (430072 武昌 珞珈山)
　　　　(电子邮件:whu_publish@163.com 网址:www.stmpress.cn)
印刷:武汉科源印刷设计有限公司
开本:880×1230 1/16 印张:14.25 字数:458 千字
版次:2015 年 12 月第 1 版 2015 年 12 月第 1 次印刷
ISBN 978-7-307-16058-3 定价:32.00 元

高等学校土木工程专业卓越工程师教育培养计划系列规划教材

学术委员会名单

（按姓氏笔画排名）

主 任 委 员：周创兵

副主任委员：方　志　叶列平　何若全　沙爱民　范　峰　周铁军　魏庆朝

委　　　员：王　辉　叶燎原　朱大勇　朱宏平　刘泉声　孙伟民　易思蓉

周　云　赵宪忠　赵艳林　姜忻良　彭立敏　程　桦　靖洪文

编审委员会名单

（按姓氏笔画排名）

主 任 委 员：李国强

副主任委员：白国良　刘伯权　李正良　余志武　邹超英　徐礼华　高　波

委　　　员：丁克伟　丁建国　马昆林　王　成　王　湛　王　媛　王　薇

王广俊　王天稳　王曰国　王月明　王文顺　王代玉　王汝恒

王孟钧　王起才　王晓光　王清标　王震宇　牛荻涛　方　俊

龙广成　申爱国　付　钢　付厚利　白晓红　冯　鹏　曲成平

吕　平　朱彦鹏　任伟新　华建民　刘小明　刘庆潭　刘素梅

刘新荣　刘殿忠　闫小青　祁　皑　许　伟　许程洁　许婷华

阮　波　杜　咏　李　波　李　斌　李东平　李远富　李炎锋

李耀庄　杨　杨　杨志勇　杨淑娟　吴　昊　吴　明　吴　铁

吴　涛　何亚伯　何旭辉　余　锋　冷伍明　汪梦甫　宋固全

张　红　张　纯　张飞涟　张向京　张运良　张学富　张晋元

张望喜　陈辉华　邵永松　岳健广　周天华　郑史雄　郑俊杰

胡世阳　侯建国　姜清辉　娄　平　袁广林　桂国庆　贾连光

夏元友　夏军武　钱晓倩　高　飞　高　玮　郭东军　唐柏鉴

黄　华　黄声享　曹平周　康　明　阎奇武　董　军　蒋　刚

韩　峰　韩庆华　舒兴平　童小东　童华炜　曾　珂　雷宏刚

廖　莎　廖海黎　蒲小琼　黎　冰　戴公连　戴国亮　魏丽敏

出版技术支持

（按姓氏笔画排名）

项 目 团 队：王　睿　白立华　曲生伟　蔡　巍

特别提示

教学实践表明,有效地利用数字化教学资源,对于学生学习能力以及问题意识的培养乃至怀疑精神的塑造具有重要意义。

通过对数字化教学资源的选取与利用,学生的学习从以教师主讲的单向指导的模式而成为一次建设性、发现性的学习,从被动学习而成为主动学习,由教师传播知识而到学生自己重新创造知识。这无疑是锻炼和提高学生的信息素养的大好机会,也是检验其学习能力、学习收获的最佳方式和途径之一。

本系列教材在相关编写人员的配合下,将逐步配备基本数字教学资源,其主要内容包括:

课程教学指导文件

(1)课程教学大纲;

(2)课程理论与实践教学时数;

(3)课程教学日历:授课内容、授课时间、作业布置;

(4)课程教学讲义、PowerPoint 电子教案。

课程教学延伸学习资源

(1)课程教学参考案例集:计算例题、设计例题、工程实例等;

(2)课程教学参考图片集:原理图、外观图、设计图等;

(3)课程教学试题库:思考题、练习题、模拟试卷及参考解答;

(4)课程实践教学(实习、实验、试验)指导文件;

(5)课程设计(大作业)教学指导文件,以及典型设计范例;

(6)专业培养方向毕业设计教学指导文件,以及典型设计范例;

(7)相关参考文献:产业政策、技术标准、专利文献、学术论文、研究报告等。

Ⓠ **本书基本数字教学资源及读者信息反馈表请登录www.stmpress.cn下载,欢迎您对本书提出宝贵意见。**

丛书序

  土木工程涉及国家的基础设施建设，投入大，带动的行业多。改革开放后，我国国民经济持续稳定增长，其中土建行业的贡献率达到1/3。随着城市化的发展，这一趋势还将继续呈现增长势头。土木工程行业的发展，极大地推动了土木工程专业教育的发展。目前，我国有500余所大学开设土木工程专业，在校生达40余万人。

  2010年6月，中国工程院和教育部牵头，联合有关部门和行业协（学）会，启动实施"卓越工程师教育培养计划"，以促进我国高等工程教育的改革。其中，"高等学校土木工程专业卓越工程师教育培养计划"由住房和城乡建设部与教育部组织实施。

  2011年9月，住房和城乡建设部人事司和高等学校土建学科教学指导委员会颁布《高等学校土木工程本科指导性专业规范》，对土木工程专业的学科基础、培养目标、培养规格、教学内容、课程体系及教学基本条件等提出了指导性要求。

  在上述背景下，为满足国家建设对土木工程卓越人才的迫切需求，有效推动各高校土木工程专业卓越工程师教育培养计划的实施，促进高等学校土木工程专业教育改革，2013年住房和城乡建设部高等学校土木工程学科专业指导委员会启动了"高等教育教学改革土木工程专业卓越计划专项"，支持并资助有关高校结合当前土木工程专业高等教育的实际，围绕卓越人才培养目标及模式、实践教学环节、校企合作、课程建设、教学资源建设、师资培养等专业建设中的重点、亟待解决的问题开展研究，以对土木工程专业教育起到引导和示范作用。

  为配合土木工程专业实施卓越工程师教育培养计划的教学改革及教学资源建设，由武汉大学发起，联合国内部分土木工程教育专家和企业工程专家，启动了"高等学校土木工程专业卓越工程师教育培养计划系列规划教材"建设项目。该系列教材贯彻落实《高等学校土木工程本科指导性专业规范》《卓越工程师教育培养计划通用标准》和《土木工程卓越工程师教育培养计划专业标准》，力图以工程实际为背景，以工程技术为主线，着力提升学生的工程素养，培养学生的工程实践能力和工程创新能力。该系列教材的编写人员，大多主持或参加了住房和城乡建设部高等学校土木工程学科专业指导委员会的"土木工程专业卓越计划专项"教改项目，因此该系列教材也是"土木工程专业卓越计划专项"的教改成果。

  土木工程专业卓越工程师教育培养计划的实施，需要校企合作，期望土木工程专业教育专家与工程专家一道，共同为土木工程专业卓越工程师的培养作出贡献！

  是以为序。

2014年3月于同济大学四平路校区

前　言

高等学校土木工程学科专业指导委员会制定发布的《高等学校土木工程本科指导性专业规范》和中华人民共和国教育部高等教育司颁布的"卓越工程师教育培养计划"通用标准中明确指出,土木工程专业毕业生必须具备一定的经济管理知识,并受到相应的基本训练。

随着我国"一带一路"战略的逐步实施,土木建筑领域正处在快速发展的机遇期,这对相关专业人才提出了更高要求,特别是对懂技术、会经济、善管理的复合型、创新型专业人才的需求十分迫切。同时,新的公路与铁路工程概预算编制办法的颁布及工程量清单计价模式的推行,以及公路与铁路等工程建设领域以市场自主定价为导向的工程造价改革,在客观上要求广大工程技术人员与管理者必须紧跟改革新形势,更新观念,掌握和理解公路与铁路工程概预算编制的新知识、新方法。本书正是为适应这一新需求而编写的。

本书依据公路和铁路工程概预算编制办法及相关主管部门颁布的最新文件,系统地介绍了公路与铁路工程造价计价基本理论。本书主要介绍公路和铁路工程量计量及工程造价计价的基本原理、计价模式、概预算定额的使用和工程造价文件的编制办法,并结合大量案例加以阐述。本书共6章,分别为道路桥梁工程概预算编制的基础知识、公路工程概预算的编制、公路工程工程量计算与计量、铁路工程概预算的编制、铁路工程工程量计算与计量、某公路桥梁工程施工图预算编制示例。

本书内容新颖、实用性强,不仅可作为普通高等院校土木工程、公路工程、铁道工程、桥梁工程、工程管理、工程造价及相关专业学生的教材,还可作为公路和铁路工程建设的项目业主、设计单位、施工企业及咨询公司中工程造价管理从业人员的培训教材和自学参考书。

本书由西南交通大学李远富担任主编,由兰州交通大学土木工程学院副院长王恩茂担任主审。本书是编者在多年相关科研工作和课程教学实践的基础上编撰而成的。在编写过程中,编者得到了许多专家和领导的鼎力支持与协助,并且查阅和参考了大量最新的相关研究成果和文献资料,在此一并致以诚挚的谢意。

本书涉及内容较为广泛,许多方面还处于探索和研究之中,加之编者水平有限,不妥之处在所难免,恳请各位读者斧正。

编　者

2015 年 5 月

目　　录

1

道路桥梁工程概预算编制的基础知识

课前导读

▽ 内容提要

本章主要介绍道路桥梁工程概预算编制的基本知识，包括道路桥梁工程基本建设概述和道路桥梁工程造价体系的形成及计价原则和依据。

▽ 能力要求

通过本章的学习，学生应了解道路桥梁工程的概念、组成及等级划分；理解道路桥梁工程建设的特点、工程基本建设程序、建设管理体制和建设工程项目划分；熟悉道路桥梁工程造价体系的形成及计价原则和依据。

1.1 道路桥梁工程基本建设概述 >>>

1.1.1 道路桥梁工程的概念、组成及等级划分

（1）道路桥梁工程的概念、组成

按所在位置、交通性质及使用特点，道路工程可分为公路、城市道路、厂矿道路、林区道路及乡村道路等。广义上讲，道路还包括铁路等轨道交通。桥梁是指为道路跨越天然或人工障碍物而修建的建筑物。

① 公路和铁路的组成。

a. 线形组成。公路线形是指公路路线中线的空间几何形状和尺寸。铁路线形是指铁路线路中心线的空间几何形状和尺寸。公路路线中线和铁路线路中心线均是一条三维空间曲线。因此，道路工程是一个带状建筑物。

b. 结构组成。公路的结构是承受荷载和自然因素影响的结构物，包括路基、路面、桥涵、隧道、排水系统、防护工程、特殊构造物及交通服务设施等。铁路等轨道交通除用轨道结构替代路面结构外，其余结构组成与公路结构大致相同。

② 城市道路的组成。

道路工程的主体是路线、路基（包括排水系统及防护工程等）、路面、桥梁、隧道等部分。

③ 桥梁的组成。

一般来讲，桥梁由五大部件和五小部件组成。五大部件是指桥梁承受汽车或其他车辆运输荷载的桥跨上部结构与下部结构，是桥梁结构安全的保证。其包括：桥跨结构（或称为桥孔结构、上部结构），桥梁支座系统，桥墩、桥台，承台，挖井或桩基。五小部件是指直接与桥梁服务功能有关的部件，过去称为桥面构造。其包括：桥面铺装、防排水系统、栏杆、伸缩缝、灯光照明。大型桥梁附属结构有桥头堡、引桥等设置。

（2）道路的等级划分

① 公路的等级划分。根据使用任务、功能和适用的交通量，公路分为高速公路、一级公路、二级公路、三级公路、四级公路 5 个等级。

a. 高速公路。高速公路是指具有 4 个或 4 个以上车道，设有中央分隔带，全部立体交叉，全部控制出入，专供汽车分向、分车道高速行驶的公路。

b. 一级公路。一级公路与高速公路设施基本相同，但一级公路只部分控制出入。

c. 二级公路。二级公路是中等以上城市的干线公路。

d. 三级公路。三级公路是沟通县、城镇之间的集散公路。

e. 四级公路。四级公路是沟通乡、村等地的地方公路。

② 城市道路的等级划分。

按城市道路系统的地位、交通功能和对沿线建筑物的服务功能，城市道路分为以下四类。

a. 快速路。快速路主要为城市长距离交通服务。

b. 主干路。主干路是城市道路网的骨架。

c. 次干路。次干路配合主干路组成城市道路网。它是城市交通干路。

d. 支路。支路是一个地区（如居住区）内的道路，以服务功能为主。

（3）桥梁的基本类型

桥梁按照受力特点可分为梁式桥、拱式桥、刚架桥、悬索桥、组合体系桥（斜拉桥）5 种基本类型。

梁式桥一般建在跨度很大、水域较浅处，由桥柱和桥板组成，物体重量从桥板传向桥柱。

拱式桥一般建在跨度较小的水域之上，桥身呈拱形，一般都有多个桥洞，起到泄洪的作用，桥中间的重

量传向桥两端,而桥两端的重量则传向桥中间。

悬索桥是现今最实用的一种桥。它可以建在跨度大、水深的地方,由桥柱、铁索与桥面组成。早期的悬索桥就可以经受住风吹雨打,不会断掉,悬索桥基本上可以在暴风来临时岿然不动。

按长度分类:

① 按多孔跨径总长,分为特大桥($L>1000$ m)、大桥(100 m$\leqslant L \leqslant$1000 m)、中桥(30 m$<L<$100 m)、小桥(8 m$\leqslant L \leqslant$30 m);

② 按单孔跨径长度,分为特大桥($L_k>150$ m)、大桥(40 m$\leqslant L_k \leqslant$150 m)、中桥(20 m$\leqslant L_k<$40 m)、小桥(5 m$\leqslant L_k<$20 m)。

桥梁的其他分类有:

按用途分为公路桥、公铁两用桥、人行桥、舟桥、机耕桥、过水桥。

按跨径大小和多跨总长分为小桥、中桥、大桥、特大桥。

按行车道位置分为上承式桥、中承式桥、下承式桥。

按承重构件受力情况分为梁桥、板桥、拱桥、钢结构桥、吊桥、组合体系桥(斜拉桥、悬索桥)。

按使用年限分为永久性桥、半永久性桥、临时桥。

按材料类型分为木桥、圬工桥、钢筋混凝土桥、预应力桥、钢桥。

(4) 铁路分类与等级

① 铁路的分类。

按性质和管理主体,铁路分为国家铁路、合资铁路、地方铁路、专用铁路、铁路专用线。

按运营性质,铁路分为客运专线铁路、客货共线铁路、货运专线铁路(重载铁路)。

按列车运行速度,铁路分为常速(普速)铁路(列车最高运行速度小于或等于 160 km/h 的铁路)、快速铁路(列车最高运行速度大于或等于 160 km/h 且小于 200 km/h 的铁路)、高速铁路(新建铁路列车最高运行速度大于 250 km/h 和改建铁路列车最高运行速度大于 200 km/h 的铁路)、超高速铁路(磁浮铁路列车最高运行速度大于 400 km/h 的铁路)。

按线路条件,铁路分为单线铁路、复线铁路,电气化铁路、非电气化铁路。

按服务范围,铁路分为干线铁路、城际铁路、市郊铁路、城市轨道交通。

② 铁路等级划分。

铁路等级(railway classification)是区分铁路在国家铁路网中的作用、意义和远期客货运量大小的标志,是确定铁路技术标准和设备类型的依据。世界各国划定铁路等级的依据不尽相同。《铁路线路设计规范》(GB 50090—2006)(本规范适用于铁路网中客货车共线运行,旅客列车设计行车速度小于或等于 160 km/h,货物列车设计行车速度小于或等于 120 km/h 的Ⅰ、Ⅱ级标准轨距铁路的设计。Ⅲ、Ⅳ级铁路按照相应设计规范执行)规定,新建和改建铁路(或其区段)的等级,应根据其在铁路网中的作用、性质、旅客列车设计速度和客货运量确定。我国铁路建设标准共划分为四个等级,即Ⅰ级、Ⅱ级、Ⅲ级、Ⅳ级,具体划分条件如下。

Ⅰ级铁路:在路网中起骨干作用的铁路,远期年客货运量大于或等于 20 百万吨。

Ⅱ级铁路:

a. 在路网中起骨干作用的铁路,远期年客货运量小于 20 百万吨。

b. 在路网中起联络、辅助作用的铁路,远期年客货运量大于或等于 1 百万吨。

Ⅲ级铁路:为某一区域服务,具有地区运输性质的铁路,远期年客货运量小于 10 百万吨。

Ⅳ级铁路:为某一区域服务,具有地区运输性质的铁路,远期年客货运量小于 5 百万吨。

注:年客货运量为重车方向的货运量与由客车对数折算的货运量之和。1 对/天旅客列车按 1 百万吨年货运量折算。

除上述常速铁路以外,《高速铁路设计规范》(TB 10621—2014)[本规范适用于旅客列车设计行车速度为 250～350 km/h 的高速铁路,这是系统总结我国时速为 250～350 km/h 高速铁路建设、运营实践经验,在全面修订 2009 年《高速铁路设计规范(试行)》的基础上正式发布的我国第一部高速铁路设计行业标准,同时是世界上首部系统完整、内容全面的高速铁路设计规范]已于 2015 年 2 月 1 日实施。

设计线铁路等级的确定对铁路工程投资、输送能力、经济效益有直接影响。设计线铁路等级定高了,造成建筑物标准过高,能力过剩,投资过早,积压资金;设计线铁路等级定低了,满足不了运量增长的要求,造成过早改建。因此,设计线的铁路等级应慎重确定。铁路等级可以全线一致,也可以按区段确定。线路较长,经行地区的自然、经济条件及运量差别很大时,可按区段确定铁路等级,但应避免同一条线上等级过多或同一等级的区段长度过短,使线路技术标准变更频繁。

1.1.2 道路桥梁工程建设的特点

为了科学地组织、管理道路桥梁工程生产活动,提高道路桥梁建设的经济效益,必须了解道路桥梁工程建筑产品的特点和道路桥梁工程建设的特点。

(1)道路桥梁工程建筑产品的特点

道路桥梁工程建筑产品具有以下特点。

① 产品的固定性。道路桥梁工程建筑产品一般固定于某一地点而不能移动。

② 产品的多样性。由于道路桥梁具体使用目的、技术等级、技术标准、自然条件、结构形式、主体功能等不同,故道路桥梁的组成部分、形体构造千差万别、复杂多样。

③ 产品形体的庞大性。道路桥梁工程为线形构造物,其组成部分的形体一般都比较庞大。

④ 产品部分结构的易损性。道路桥梁工程受自然因素及行车的影响,其暴露于大自然的部分及受行车直接作用的部分易损坏。

⑤ 产品的非商品性。道路桥梁工程具有极强的公益性质,属于公共设施。它虽然是物质产品,但一般不作为商品出售。因为道路桥梁工程虽然能满足他人需要,但不通过交换,所以不是商品。

(2)道路桥梁工程建设的特点

① 劳动对象分散。道路桥梁工程建设点多线长,工程分布极为分散,因而需要采取与之相适应的工程管理方法。

② 生产流动性强。由于道路桥梁工程建筑产品的固定性,故必须组织人力或机械围绕这一固定劳动对象,在同一工作面不同时间或同一时间不同工作面进行生产活动。此外,当某一道路桥梁工程竣工之后,施工队伍就要向新的施工现场转移。

③ 受自然因素影响大。道路桥梁工程施工大部分是露天作业,受自然条件影响很大。例如,气候冷暖、地势高低、洪水雨雪等均对工期和工程质量有很大的影响。

④ 需要个别设计、分别组织施工。由于产品具有多样性,每项工程具有不同的功能、施工条件各不相同,因此每项工程不仅需要个别地设计,还需要采用不同的施工方法,分别进行组织施工。

⑤ 生产周期长。由于产品形体的庞大性,需耗用人工、材料比较多,生产周期长,故要在较长时间内占用大量的劳动力和资金。

⑥ 生产协作性高。由于产品具有多样性,特别是道路桥梁工程生产施工环节很多,生产程序复杂,每项工程都需要建设单位、设计单位、施工单位,以及材料、动力、运输等各部门密切配合,通力协作,因此,其生产施工必须有严密的计划和科学的管理。

⑦ 生产类型多,但以单件生产为主。这是由道路桥梁工程建筑产品的多样性所决定的。

⑧ 需要不断地养护和修理。这是由道路桥梁工程部分结构的易损性所决定的。不对道路桥梁工程进行养护、维修,就不能维持正常的运输生产。

⑨ 组成部分的系统性。道路桥梁工程是线形构造物,必须由路基、路面、桥涵工程等有机地组成功能系统,否则将不能连续、正常地发挥其运输功能。从宏观方面看,还要求干线、支线联成网络。

⑩ 道路桥梁工程建设的先行性。道路桥梁工程建设在我国国民经济建设中处于"先行官"的地位。

1.1.3 道路桥梁工程基本建设

(1)基本建设及其内容构成

① 基本建设的定义。

基本建设通过勘察、设计和施工,以及有关的经济活动来实现。其按项目性质可分为新建、扩建、改建和重建,其中,新建和改建是最主要的形式;按经济内容可分为生产性建设和非生产性建设;按项目规模可分为大型、中型和小型。大、中、小型项目是按项目建设总规模和总投资确定的,国家对建设项目的大、中、小型划分标准有明文规定。

② 基本建设的内容。

基本建设活动的内容主要有以下三部分。

a. 建筑安装工程。

(a) 建筑工程,如路基、路面、桥梁、隧道、防护工程、沿线设施等。

(b) 设备安装工程,如高速道路桥梁、大型桥梁所需各种机械、设备、仪器的安装、测试等。

b. 设备、工具、器具的购置。

c. 其他基本建设工作,如勘察、设计及与之有关的调查和技术研究工作,征用土地、青苗补偿和安置补助工作等。

③ 基本建设的项目组成。

每项基本建设工程,就其实物形态来说,都由许多部分组成。为了便于编制各种基本建设工程的施工组织设计和概预算文件,必须对每项基本建设工程进行项目划分。基本建设工程可依次划分为:基本建设项目、单项工程、单位工程、分部工程和分项工程。

a. 基本建设项目(简称建设项目)。

每项基本建设工程就是一个建设项目。建设项目一般是指有总体设计,在经济上实行独立核算,在行政上具有独立组织形式的建设单位。在我国基本建设工作中,通常以一个企业、事业单位,或一个独立工程作为一个建设项目,如运输建设方面的一条公路、一座桥梁、一条铁路、一个港口,工业建设方面的一个矿井等。

b. 单项工程(又称工程项目)。

它是建设项目的组成部分。一个建设项目可以是一个单项工程,也可以包括许多单项工程。所谓单项工程,是指具有独立的设计文件,竣工后可以独立发挥生产能力或效益的工程,如某道路建设项目中独立的某大、中桥梁工程,某隧道工程等。

c. 单位工程。

它是单项工程的组成部分,一般指不能独立发挥生产能力(或效益)但具有独立施工条件的工程。如某隧道单项工程,可分为土建工程、照明和通风工程等单位工程;一条道路可分为路线工程、桥涵工程等单位工程。

d. 分部工程。

它是单位工程的组成部分,一般是按照单位工程的各个部位划分的,如基础工程,桥梁上、下部工程,路面工程,路基工程等。

e. 分项工程。

它是分部工程的组成部分,是按照工程的不同结构、不同材料和不同施工方法等因素划分的,如基础工程可划分为围堰、挖基、砌筑基础、回填等分项工程。分项工程的独立存在是没有意义的,它只是建筑或安装工程的一个基本构成因素,是为了组织施工及确定建筑安装工程造价而设定的一种产品。

(2) 建设程序

基本建设项目在从规划立项到竣工验收的整个建设过程中各项工作的先后顺序称为建设程序。这个程序是由工程建设进程的客观规律(包括自然规律和经济规律)决定的。

基本建设涉及面广,受到地质、气候、水文等自然条件和资源供应、技术水平等物质、技术条件的严格制约,需要内外各个环节的密切配合,并且要求按照符合既定需要和有科学根据的总体设计进行建设。一般来说,道路桥梁工程基本建设程序应当是:根据国民经济长远规划及布局确定的道路网规划,提出项目建议书;通过调查,进行可行性研究,编制可行性研究报告;经批准后进行初测及初步设计;经批准后列入国家年度基本建设计划,并进行定测及编制施工图;经批准后组织施工;完工后进行竣工验收,最后交付使用。这些程序必须循序渐进,上一环节不完成就不能进入下一阶段。如没有可行性研究报告就不能盲目设计,没有设计就不能施工,工程未经竣工验收合格就不能交付使用等,否则就会造成不必要的经济损失和不良后果。

建设程序大致包括立项决策、设计文件编制、工程实施和工程竣工验收四个阶段,公路工程基本建设程序的具体内容如下：

① 立项决策阶段。

a. 项目建议书。

根据国民经济的长远规划和道路网建设规划，提出项目建议书。项目建议书是进行各项准备工作的依据。对建设项目提出包括目标、要求、原料、资金来源等的文字设想说明，作为进行可行性研究的依据。

b. 可行性研究。

根据国民经济的长远规划、道路网建设规划及项目建议书，对建设项目进行可行性研究，以减少项目决策的盲目性，使建设项目的确定具有切实的科学性和经济合理性。国务院发〔1981〕30 号文《关于加强基本建设计划管理、控制基本建设规模的若干规定》明确指出：所有新建、扩建的大、中型项目以及所有利用外资进行基本建设的项目都必须有可行性研究报告。原中华人民共和国交通部（以下简称"原交通部"）颁布的《公路工程基本建设管理办法》也明确规定可行性研究应作为道路工程基本建设程序的首要环节，并于1982年 11 月制定了《公路建设工程可行性研究试行办法（草案）》。在 1988 年 6 月重新制定的《公路建设项目可行性研究报告编制办法》中规定大、中型高等级道路及重点工程建设项目（含国防、边防道路）均应进行可行性研究，小型项目适当简化。

原中华人民共和国国家计划委员会《国家计委关于报批项目设计任务书统称为报批可行性研究报告的通知》（计投资〔1991〕1969 号）文件规定，将现行国内投资项目的设计任务书和利用外资项目的可行性研究报告统一称为可行性研究报告，取消设计任务书的名称。

中华人民共和国交通运输部（以下简称"交通运输部"）在 2010 年 4 月以交规划发〔2010〕178 号文重新颁布了《公路建设项目可行性研究报告编制办法》，适用于各类公路建设项目（包括长大桥梁、隧道等独立工程建设项目）的预可行性研究和工程可行性研究。

公路可行性研究按其工作深度分为预可行性研究和工程可行性研究。预可行性研究报告的编制应以国民经济与社会发展规划、路网规划和道路建设五年计划为依据，重点阐明建设项目的必要性；通过踏勘和调查研究，提出建设项目的规模、技术标准，进行简要的经济效益分析，经审批后作为编制工程可行性研究报告的依据。工程可行性研究报告的编制应以批准的预可行性研究报告和项目建议书（或省、自治区、直辖市及计划单列市级单位的委托书）为依据，通过必要的测量（高等级道路必须做）、地质勘探（大桥、隧道及不良地质地段等），在认真调查研究、取得必要资料的基础上，对不同建设方案从经济、技术上进行综合论证，提出推荐建设方案，经审批后作为初步测量及编制初步设计文件的依据。工程可行性研究的投资估算与初步设计概算之差应控制在 10% 以内。

公路建设项目可行性研究报告的主要内容包括：建设项目依据、历史背景；建设地区综合运输网的交通运输现状和建设项目在交通运输网中的地位及作用；原有道路桥梁的技术状况及适用程度；论述建设项目所在地区的经济特征，研究建设项目与经济发展的内在联系，预测交通量、运输量的发展水平；建设项目的地理位置及地形、地质、地震、气候、水文等自然特征；筑路材料来源及运输条件；论证不同建设方案的路线起讫点和主要控制点、建设规模、技术标准，提出推荐意见；评价建设项目对环境的影响；测算主要工程数量、征地拆迁数量，估算投资，提出资金筹措方式；提出勘测、设计、施工计划安排；确定运输成本及有关经济参数，进行经济评价、敏感性分析；收费的道路、桥梁、隧道还需做财务分析，评价推荐方案，提出存在问题和有关建议。

铁路建设项目可行性研究报告应根据批准的项目建议书，从技术、经济上进行全面、深入的论证，采用初测资料进行编制。其内容和深度主要包括：(a) 解决线路方案、接轨点方案、建设规模大小、铁路主要技术标准选择和主要技术设备的设计原则；改建铁路工程应解决改建方案、分期提高通过能力方案、增建二线和第二线的线位方案及重大施工过渡方案等；铁路枢纽建设应有主要站段方案和规模、枢纽内线路方案及其铁路主要技术标准、重大施工过渡方案；铁路特大桥工程则应有桥址方案，初步拟订桥式方案。(b) 进一步落实各设计年度的客货运量，提出主要工程数量、主要设备概数、主要材料概数、征地及拆迁概数、建设工期、投资估算、资金筹措方案、外资使用方案、建设及经营管理体制的建议等。(c) 进行深入的财务评价和国民经济评价，阐明对环境与水土保持的影响和防治的初步方案，以及节约能源的措施。可行性研究报告的工程数量和投资估算要有较高的精度。可行性研究报告审批后即作为计划任务书。

②　设计文件编制阶段。

设计文件是安排建设项目,控制投资,编制招标文件,组织施工和竣工验收的重要依据。设计文件的编制必须坚持精心设计,认真贯彻国家有关方针政策,严格执行基本建设程序的规定。

公路和铁路工程基本建设项目一般采用二阶段设计,即初步设计和施工图设计。对于技术简单、方案明确的小型建设项目可采用一阶段设计,即一阶段施工图设计;对于技术复杂而又缺乏经验和基础资料的建设项目或建设项目中个别路段、特殊大桥、互通式立体交叉、隧道等,必要时采用三阶段设计,即初步设计、技术设计和施工图设计。勘察、设计承包单位应按照《中华人民共和国招标投标法》的规定经过招标投标确定。

a. 初步设计。

初步设计应根据批准的可行性研究报告的要求和初测资料,拟订修建原则,选定设计方案,计算主要工程数量,提出施工方案的意见,编制设计概算,提供文字说明及图表资料。经审查批准后的初步设计文件是国家控制建设项目投资及编制技术设计文件(采用三阶段设计时)或施工图设计文件的依据,并且为订购和调拨主要材料、机具、设备,安排重大科研试验项目,筹划征用土地等提供资料。

b. 技术设计。

技术设计应根据批准的初步设计文件和补充初测(或定测)资料,对重大、复杂的技术问题通过科学试验和专题研究,加深勘探调查及分析比较,解决初步设计中未能解决的问题,落实技术方案,计算工程数量,提出修正的施工方案,编制修正设计概算。经批准后的技术设计文件作为编制施工图设计文件的依据。

c. 施工图设计。

一阶段施工图设计应根据批准的可行性研究报告和定测资料,拟订修建原则,确定设计方案和工程数量,提出文字说明和图表资料及施工组织计划,编制施工图预算,满足审批的要求,适应施工的需要。

二阶段(或三阶段)施工图设计应根据批准的初步设计(或技术设计)文件和定测(或补充定测)资料,进一步对审定的修建原则、设计方案、技术决定加以具体和深化,最终确定工程数量,提出文字说明和适应施工需要的图表资料及施工组织计划,编制施工图预算。

设计文件必须由具有相应等级的道路桥梁勘察设计证书的单位编制。其编制与审批应按交通运输部现行的有关规定办理。

③　工程实施阶段。

a. 招标与投标阶段。

建设项目的初步设计和概算经上报批准后才能列入国家基本建设年度计划。建设单位根据中华人民共和国国家发展和改革委员会(以下简称"国家发改委")颁发的年度基本建设计划控制数字,按照批准的可行性研究报告和设计文件,编制本单位的年度基本建设计划,报经批准后,再编制物资、劳动力、财务计划。这些计划分别经过主管机关审查平衡后,作为国家安排生产、物资分配、劳动力调配和财政拨款(或贷款)的依据,并通过招标投标或其他方式确定施工单位。公路与铁路工程基本建设项目实行招标承包制。按照《中华人民共和国招标投标法》的规定,凡是符合招标范围标准的公路、铁路建设项目都必须要进行招标投标,包括勘察,设计,施工,监理及重要物资、设备采购等。

按照招标程序,经过评标委员会评标,最后定标推荐中标的承包单位。建设单位应与中标的承包单位签订承发包合同,明确双方的权利和义务。承发包合同按付款方式不同,可分为总价合同、单价合同及成本加酬金合同。公路和铁路工程基本建设项目签订的承发包合同大多采用单价合同。单价合同是按招标文件提供的工程量清单,由投标单位根据清单项目、企业内部定额测算填报单价,最终形成投标价的合同类型。

b. 施工准备。

为了保证施工的顺利进行,在施工准备阶段,建设主管部门应根据计划要求的建设进度,指定一个企业或事业单位组成基本建设管理机构,办理登记及拆迁,做好施工沿线有关单位和部门的协调工作,抓紧配套工程项目的落实,组织分工范围内的技术资料、材料、设备的供应;勘察、设计单位应按照技术资料供应协议,按时提供各种图纸资料,做好施工图纸的会审及移交工作;施工单位应组织机具、人员进场,进行施工测量,修筑便道及生产、生活等临时设施,组织材料、物资采购、加工、运输、供应、储备等工作,做好施工图纸的接受工作,熟悉图纸的设计要求,编制实施性施工组织设计和施工预算,提出开工报告,按投资隶属关系报请交通运输部或省(市)、自治区基建主管部门核准;监理单位应会同建设、设计、施工单位做好图纸的会审,严格按计划要求进行财政拨款或贷款。

c. 组织施工。

施工单位要遵循施工程序合理组织施工,施工过程中应严格按照设计要求和施工规范进行,确保工程质量。安全施工,推广应用新工艺、新技术,努力缩短工期,降低造价,同时应注意做好施工记录,建立技术档案。

④ 工程竣工验收阶段。

建设项目的竣工验收是基本建设全过程的最后一个程序。工程竣工验收是一项十分细致而又严肃的工作,必须从国家和人民的利益出发,按照原铁道部《铁路建设项目竣工验收交接办法》和《高速铁路竣工验收办法》和原交通部颁发的《公路工程竣(交)工验收办法》的要求,认真负责地对全部基本建设工程进行总验收。竣工验收包括对工程质量、数量、期限、生产能力、建设规模、使用条件的审查,对建设单位和施工企业编报的固定资产移交清单、隐蔽工程说明和竣工决算等进行细致检查。特别是竣工决算,它是反映整个基本建设工作消耗的全部国家建设资金的综合性文件,也是通过货币指标对全部基本建设工作进行的全面总结。

当全部基本建设工程经过验收合格,完全符合设计要求后,应立即移交给生产部门正式使用,迅速办理固定资产交付使用的有关手续,加强固定资产的管理。竣工决算上报财政部门批准核销。在验收时对遗留问题,由验收委员会(或小组)确定具体处理办法,报主管部门批准,交有关单位执行。

养护和大、中修工程,即对固定资产的更新与技术改造,原则上也应参照基本建设程序,按交通运输部有关规定执行。

项目结束后,由建设单位编制项目后评价报告,评价本项目是否达到预期目的和效益。

1.1.4　道路桥梁工程建设管理体制

我国各级道路(公路、铁路)建设部门组成了我国道路(公路、铁路)工程建设系统。这个系统按各部门的分工和任务,有的部门是事业单位,有的部门是企业单位;有的部门是管理单位,有的部门是生产或事业部门。就整个道路(公路、铁路)系统而言,它是国民经济中的物质生产部门。

我国道路(公路、铁路)建设管理体制处于变革中,总的方向是实行"政企分开"的管理体制。我国道路工程建设系统组成的机构是统一领导,分级管理的,从管理层次上可分为国家级、省(市、自治区)级、地区级和县级的管理部门和企业、事业部门;从任务性质上可分为政府管理部门、设计部门、科研部门、施工部门、养路部门、机械修配部门、教育部门及辅助部门。

我国设交通运输部统一领导全国及部属单位的公路、铁路建设事业;各省、市、自治区人民政府设交通厅统一领导本省、市、自治区及省直单位的公路建设事业;各地区设交通局,各县设县交通局,分别领导地区、县的公路建设事业。部及省、地区、县级厅局均设各类职能的业务部门,从事具体的规划、组织、领导工作。2013年3月10日,根据国务院机构改革和职能转变方案,实行铁路政企分离。撤销中华人民共和国铁道部(简称"原铁道部"),组建中华人民共和国国家铁路局,承担原铁道部拟订铁路发展规划和政策的行政职责,隶属交通运输部;组建中国铁路总公司,承担原铁道部的企业职责。中国铁路总公司以铁路客货运输服务为主业,实行多元化经营。其负责铁路运输统一调度指挥,负责国家铁路客货运输经营管理,承担国家规定的公益性运输,保证完成关系国计民生的重点运输和特运、专运、抢险救灾运输等任务;负责拟订铁路投资建设计划,提出国家铁路网建设和筹资方案建议;负责建设项目前期工作,管理建设项目;负责国家铁路运输安全,承担铁路安全生产主体责任。

目前,公路建设的管理方式处于变革中。一般情况是:公路小修保养由公路养路部门自行安排和管理;属于养路费投资的项目(包括新建、改建等)由地方公路主管部门(如公路管理局)负责下达任务,并且安排施工部门进行施工;凡列入国家基本建设投资的公路工程项目,必须纳入国家基本建设计划,其一切基本建设活动必须按照国家规定和要求进行管理。

1.1.5 建设工程的项目划分

建设工程概预算文件由一系列已编制完整的概预算书和文字说明组成。它是按照建设工程概预算的编制办法,在建设工程项目划分的基础上,通过逐一计算各项费用,层层汇总编制而成的。因此,在介绍建设工程概预算文件的组成之前,首先应明确建设工程的项目划分。

建设工程一般可划分为建设项目、单项工程、单位工程三级。单位工程又由各个分部工程组成,分部工程又由各个分项工程组成。

① 建设项目。

建设项目又称基本建设项目。它是指在一个场地上或几个场地上按一个总体设计进行施工的各个工程项目的总和。每一个建设项目都编有计划任务书和独立的总体设计。组织建设项目的单位称为建设单位。建设单位在行政上是独立的组织,独立进行经济核算,可以直接与其他企业或单位建立经济往来关系。

② 单项工程。

单项工程又称工程项目,是建设项目的组成部分。一个建设项目可以是一个单独工程,也可以包括许多单项工程。单项工程具有独立的设计文件,建成后可以独立发挥生产能力或效益。

③ 单位工程。

单位工程是单项工程的组成部分,一般是指不能独立发挥生产能力,但具有独立的设计图纸和施工条件的工程。

④ 分部工程。

分部工程是单位工程的组成部分,一般是按单位工程的各个部位划分的。

⑤ 分项工程。

分项工程是分部工程的组成部分。

建设工程项目划分及其关系如图 1-1 所示。

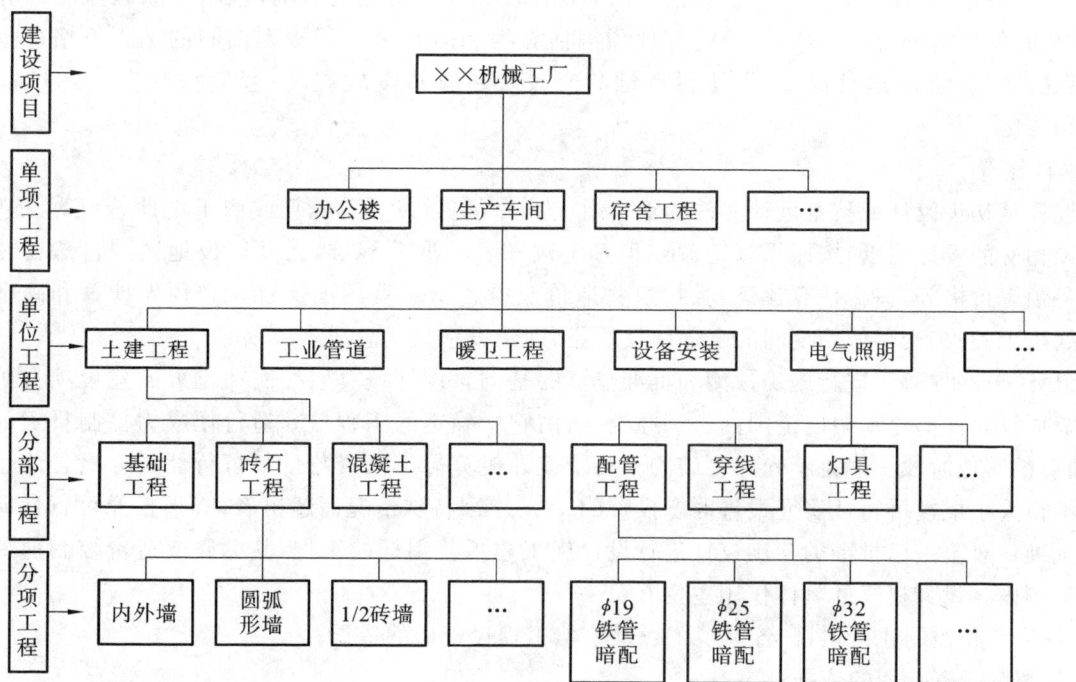

图 1-1 建设工程项目划分及其关系

1.2 道路桥梁工程造价体系的形成及计价原则和依据 >>>

1.2.1 道路桥梁工程造价体系的形成

工程造价是指一个建设项目从立项开始到建成交付使用这一过程中预期花费或实际花费的全部费用，即该建设项目有计划地进行固定资产再生产，形成相应的铺地流动资金和其他资产的一次性费用总和。按照道路桥梁基本建设程序，工程造价应逐渐由粗到细，由不太准确到较准确，直至最终反映工程实际投资。建设项目的每一个建设阶段都有对应的计价工作，从而形成相应具有特定用途的造价文件，主要包括以下内容。

（1）投资估算

它是指在整个投资决策过程中，根据有关资料和一定的方法对拟建工程项目的投资数额进行的估测计算。整个建设项目的投资估算总额是指建设项目从筹建、施工直至建成投产预期所需的全部建设费用。其内容根据项目的性质和范围确定，主要包括工程费用，工程建设其他费用（建设单位管理费、征地费、勘察设计费、生产准备费等），预备费（设备、材料价格差，设计变更、施工内容变化所增加的费用及不可预见费等），协作工程投资、调节税和贷款利息等。投资估算是进行预可行性研究、工程可行性研究、设计方案比较、概算编制和施工测算的基础。具体而言，其主要作用如下：

① 它是国家决定拟建项目是否继续进行研究的依据；

② 它是国家审批项目建议书的依据；

③ 它是国家批准设计任务书，控制设计概算和整个过程造价最高限额的重要依据；

④ 它是国家编制投资计划，进行资金筹措及申请贷款的主要依据；

⑤ 它是国家编制中长期规划，保持合理比例和投资结构的重要依据。

编制工程项目可行性研究报告的投资估算时，应根据可行性研究报告的内容、国家颁布的估算编制办法等，以估算时的价格进行投资估算，并合理地预测估算编制后直至工程竣工期间的工程价格、利率、汇率等动态因素的变化，留足建设资金，不留投资缺口。投资估算精度较差，一般应控制在实际投资造价的 $-10\%\sim30\%$。

（2）设计概算

设计概算是初步设计或技术设计文件的重要组成部分，包括设计总概算或修正设计总概算。它是根据设计要求和相应的设计图纸，按照概算定额或预算定额和各项取费标准，以及建设地区的自然、技术、经济条件和设备预算价格等资料，估算建筑物、构筑物造价及设备安装费用的文件。它预先计算和确定建设项目从筹建到竣工验收、交付使用期间的全部建设费用，即建设项目的总成本。

设计概算是编制预算，进行施工预测和批准投资的基础。设计概算应控制在批准的建设项目可行性研究报告投资估算允许的浮动幅度范围内。一经批准，由它所确定的工程概算造价便成为控制投资的最高限额，在其随后的其他阶段一般是不允许突破的。初步设计概算静态投资与批复可行性研究报告静态投资的差额一般不得大于批复可行性研究报告静态投资的 10%。因特殊情况而超出者，必须报原可行性研究报告批准单位批准。对于按已批准的初步设计进行设计施工总承包招标的工程，其标底或造价控制值应在批准的总概算范围内。设计概算的具体作用主要有：

① 它是确定和控制建设项目、各单项工程及单位工程投资额的依据；

② 它是编制投资计划的依据；

③ 它是进行拨款和贷款的依据；

④ 它是实行投资包干和招标承包的依据；

⑤ 它是考核设计方案的经济合理性和控制施工图预算的依据；

⑥ 它是基本建设项目进行核算和"三算"（设计概算、施工图预算、竣工决算）对比的基础。

（3）施工图预算

建设工程无论采用几个阶段设计，设计单位在施工图设计阶段均应编制施工图预算。施工图预算是设计单位（必要时可邀请施工单位和建设单位参加）根据施工图设计的工程量和施工方案，按照预算定额和各类费用定额编制的反映工程造价的经济文件，是施工图设计文件的重要组成部分。

编制施工图预算时，要求有准确的工程数据资料，如详细的外业调查资料、施工图、设备报价等，要求精度较高。施工图预算必须以施工图图纸、说明书、施工组织设计（或施工方案）及编制预算的法令性文件为依据。施工图预算是批准投资、审核项目、进行投标报价和控制成本的基础，主要作用有：

① 它是考核施工图设计进度和经济合理性的依据，也是落实或调整年度基本建设计划的依据。

② 对于按施工图预算承包的工程，它是签订建筑安装工程合同，实行建设单位和施工单位投资包干及办理财务拨款、工程贷款和工程结算的依据。

③ 对于进行施工招标的工程，它是编制工程标底和承包商编制投标报价的重要依据。

④ 它是承包商加强经营管理，搞好经济核算的基础。

施工图预算与设计概算都属于设计概预算的范畴，两者在费用的组成、编制表格、编制方法等方面基本相同。施工图预算应当按照已经批准的初步设计和概算进行，一般不允许突破。

（4）施工预算

施工预算是指在施工阶段，在施工图预算的控制下，施工单位根据施工图计算的分项工程量、施工定额、施工组织设计或分部、分项工程施工过程的设计及其他有关技术资料，通过工料分析，计算和确定完成一个工程项目或一个单位工程或其中的分部、分项工程所需的人工、材料、机械台班消耗量及其他相应费用的经济文件。

施工预算是施工单位进行成本控制与成本核算的依据，是施工单位进行劳动组织与安排，以及进行材料和机械管理的依据，对施工组织和施工生产有着极为重要的作用。

（5）工程结算

工程项目的建设是一个复杂的过程，涉及的单位都是一些相对独立的经济实体，有着各自的经济利益，在项目建设过程中承担着不同的工程内容。因此，无论工程项目采用何种方式进行建设，在建设过程中各经济实体之间必然会发生货币收支行为。这种在项目建设过程中由于器材采购、劳务供应、施工单位已完工程点的移交和可行性研究、设计任务的完成等经济活动而引起的货币收支行为就是项目结算。

在社会主义商品经济条件下，建设项目的建设过程是一种商品的生产过程，其间所发生的一系列工作和活动最终都要通过工程结算来做最后评价。因此，正确而及时地组织项目结算，全面做好项目结算的各项工作，对于加速资金周转，加强经济核算，促进建设任务的完成，保证项目建设的顺利进行及加强对项目建设过程的财政信用监督等方面都有着十分重要的意义。

工程项目的结算过程，实际上是组织基本建设活动，实行基本建设拨款、贷款的投资过程，也是及时掌握项目投资活动中的动态及其变化情况的过程。项目结算是国家组织基本建设经济活动，及时掌握经济活动信息，实现固定资产再生产任务的重要手段；同时，通过结算，可以协助建设单位有计划地组织一切货币收支活动，使各企业、单位的劳动耗能及时得到补偿。

项目结算的主要内容包括货物结算、劳务供应结算、工程（费用）结算及其他货币资金结算等。货物结算是指建设单位同其他经济单位之间由于物资的采购和转移而发生的结算；劳务供应结算是指建设单位同其他单位之间由于互相提供劳务而发生的结算；工程（费用）结算是指建设单位同施工单位之间由于拨付各种预付款和支付已完工程费用等而发生的结算；其他货币资金结算是指基本建设各部门、各企业和各单位之间由于资金往来及它们同建设银行之间因存款、贷款业务而发生的结算。

工程（费用）结算习惯上又称工程价款结算，是项目结算中最重要和最关键的部分，是项目结算的主体内容，占整个项目结算额的 $75\% \sim 80\%$。工程价款结算一般以实际完成的工程量和有关合同单价及施工过程中现场实际情况的变化资料（如工程变更通知、计日工使用记录等）计算当月应付的工程价款。施工单位将实际完成的工作内容、工程量填入各种报表,按月送交驻地监理工程师验收签认,然后向建设单位提交当月工程价款结算单。根据结算应付的工程价款经总监理工程师签认后的支付证书,财务部门才能办理转账手续。目前,由于各地区施工单位流动资金供应方式的差别和具体工程项目不同,工程价款结算的方法有多种形式。如原中国人民建设银行实行的《建设工程价款结算办法》规定,建设工程价款结算可以根据不同情况采取多种方式:① 按月结算;② 竣工后一起结算;③ 分段结算;④ 约定的其他结算方式。而实行 FID-IC 条款的合同,则明确规定了计量支付条款,对结算内容、结算方式、结算时间、结算程序进行了明确规定,一般是按月申报、期中支付、分段结算、最终结清。

(6) 竣工决算

竣工决算是指在建设项目完工后竣工验收阶段,由建设单位编制的建设项目从筹建到建成投产或使用期间全部实际成本的技术经济文件。它是工程建设投资管理的重要环节,是工程竣工验收、交付使用的重要依据,是进行建设项目财务总结、银行对其实行监督的必要手段。其内容由文字说明和结算报表两部分组成。文字说明主要包括:工程概况、设计概算和基本建设规划执行情况、各项技术经济指标完成情况、各项拨款(或贷款)使用情况、建设成本和投资效果的分析及建设过程中的主要经验、存在的问题和解决意见等。

应当注意,施工单位往往根据工程结算的结果,编制单位工程竣工成本决算,以核算单位工程的预算成本、实际成本和成本降低额。工程结算作为承包商企业内部成本分析、反映经营效果、总结经验、提高经营管理水平的手段,与建设项目的竣工决算在概念上是不同的。

投资估算、设计概算、施工图预算、招标标底、投标报价和工程结算及竣工决算都是以价值形态贯穿于整个投资过程之中,从申请建设项目,确定和控制基本建设投资额,进行基本建设经济管理,施工单位进行经济核算,到最后以竣工决算形成的固定资产,构成了一个有机的整体,缺一不可。因此,从一定意义上说,它们是基本建设投资活动的血液,是联结各子项目建设活动中各经济实体的纽带。

申报项目要编制投资估算,设计要编制设计概算和施工图预算,招标要编制标底,投标要编制报价,施工前要编制施工预算,施工过程中要进行工程结算,施工完成后要编制竣工决算,并且一般还要求决算不能超预算,预算不能超过概算,概算则不能超出估算允许的幅度范围,结算不能突破合同价的允许范围,合同价不能偏离报价与标底太多,而投标报价(指中标价)则不能超出标底规定的幅度范围,并且标底不允许超概算。总之,各种测算环环相扣、紧密联系,共同对投资额进行有效控制。

1.2.2　道路桥梁工程造价计价原则和依据

(1) 工程造价的计价原则

在建设的各个阶段,要合理地确定工程造价,为控制造价提供依据,应该遵循以下基本原则。

① 工程计价要符合国家的相关规定。

工程建设投资巨大,涉及国民经济的各个方面。因此,国家对投资规模、投资方向、投资机构等必须进行宏观调控。在编制工程造价过程中,应该贯彻国家在工程建设方面的有关法规,使国家宏观调控政策得以实施。

② 要保证计价依据的准确性。

合理确定工程造价是工程造价管理的重要内容,而编制造价的基础数据的准确性则是合理确定工程造价的重要保证。为确保计价依据的准确性,应该注意以下几个方面。

a. 正确计算工程量,合理确定人工、材料、机械单价。工程量及人工、材料、机械单价的合理与否,直接影响造价中最为重要、最为基本的直接费的准确性,进而影响整个造价的准确性。

b. 正确选用建设工程定额。为适应建设各个阶段确定造价的需要,交通运输部、中国铁路总公司等部门颁发了公路、铁路工程估算指标、概算定额、预算定额等建设工程定额。在编制造价时,应根据建设阶段及编制办法的规定,合理选用定额,这样才能准确地编制各阶段造价。

c. 合理使用费用定额。在编制公路工程造价时,除直接工程费以外的其他多项取费,均按《公路工程基本建设项目投资估算编制办法》(JTG M20—2011)或《公路工程基本建设项目概算预算编制办法》(JTG B06—2007)中规定的计算方法及费率进行计算;编制铁路工程造价时,取费必须按《铁路基本建设工程投资

预估算 估算编制办法》或《铁路基本建设工程设计概（预）算编制办法》中规定的计算方法和费率进行计算。各项费率应根据工程的实际情况选取。

d. 要注意计价依据的时效性。计价依据是一定时期内社会生产力的反映，而生产力是不断向前发展的，当社会生产力向前发展了，计价依据就应该进行相应调整。因此，计价依据在具有稳定性的同时，也具有时效性。在编制造价时，应该注意不要使用过时或作废的计价依据，以保证造价的准确性、合理性。

③ 要将技术与经济相结合。

同一项工程可能有多个设计方案、多个施工方案可供选择，不同方案消耗的资源是不同的，因而其造价也不相同。编制造价时，在考虑技术可行性的同时，应考虑各可行方案的经济合理性，可以通过技术比较、经济分析和效果评价来优选方案，确定造价。

（2）工程造价的计价依据

工程造价的计价依据很多，主要有以下几个方面：

① 与工程造价计价有关的经济法规、政策。

这些经济法规、政策主要包括与建筑安装工程造价相关的、由国家规定的建筑安装工程营业税率、城市建设维护税税率、教育费附加费率，与进口设备价格相关的设备进口关税税率、增值税税率，与工程建设其他费中土地补偿相关的国家对征用各类土地规定的各项补偿费标准等。

② 编制办法。

道路桥梁基本建设工程各个阶段计价的编制和取费应该依据国家颁布的费用编制办法进行。相关编制办法规定了工程建设项目在编制工程造价中除人工、材料、机械台班消耗以外的其他费用需要量计算的标准，包括其他直接费定额、间接费定额、设备工具器具及家具购置费定额、工程建设其他费用中各项指标和定额。

目前，公路概算和预算采用原交通部 2007 年第 33 号文公布的《公路工程基本建设项目概算预算编制办法》(JTG B06—2007)，该办法自 2008 年 1 月 1 日起施行。铁路投资估算采用原铁道部以铁建设〔2008〕10 号文公布的《铁路基本建设工程投资预估算 估算编制办法》，该办法自 2008 年 2 月 1 日起施行；铁路概算和预算采用原铁道部以铁建设〔2006〕113 号文公布的《铁路基本建设工程设计概（预）算编制办法》，该办法自 2006 年 7 月 1 日起施行。

③ 建设工程定额。

所谓建设工程定额，是指在正常施工条件下，按照国家技术规程、施工规范（包括设计、施工、验收等技术规范）和计量评定标准，在合理的劳动组织、合理地使用材料和机械的条件下，完成单位合格建设工程产品所必须消耗的人力、物力及财力的数量标准，即完成单位合格产品所消耗的各种资源数量标准。它反映了某一时期的施工技术和工艺水平。在建筑材料、设计、施工及相关规范等没有突破性的变化之前，其具有相对的稳定性。

a. 建设工程定额的特点。

（a）定额的科学性。

定额的科学性主要表现在两个方面：一是定额必须与生产力发展水平相适应，反映工程施工中物资消耗的客观规律，作为建设工程的基本建设计划、调节、组织、预测、控制的可靠依据；二是定额管理在理论、方法和手段上是科学的，以适应现代科学技术和信息社会发展的需要。定额是应用科学的方法，在认真研究生产过程的基础上，通过测定、总结生产实践及广泛搜集资料并进行科学分析而制定的。这充分说明定额编制是按照客观规律的要求，用科学的方法确定各项资源消耗标准。

（b）定额的法令性。

定额是由被授权部门根据当时的实际生产力水平而制定的，并颁发供工程建设使用。在执行范围内，任何单位都必须遵守和执行，不得任意调整和修改。如需进行调整、修改和补充，必须经被授权的编制部门批准。

定额的法令性主要表现在定额的权威性和强制性两个方面，而且在一定条件下具有经济法规的性质；同时可看出，我国定额的信誉和信赖程度极高，这也说明定额及定额管理的刚性约束和严肃性。

(c) 定额的实践性。

建设工程定额的制定和执行都要有广泛的群众基础。一方面,定额水平取决于建筑安装工人生产水平的高低;另一方面,定额的编制要有建筑企业职工参与,保证所编的定额能够把广大职工的工作效率、工作质量和国家、企业、生产者的物质利益结合起来,以利于广大职工掌握和执行。因此,可以看出,定额的编制和执行都体现出广泛的群众基础。它是群众生产技术水平的一个综合反映。

(d) 定额的相对稳定性。

定额水平的高低是根据一定时期社会生产力水平(施工技术和先进工艺的水平)确定的。当生产条件发生变化,技术水平提高,原定额将被突破。在这种情况下,被授权部门应根据新的情况制定出新的定额或补充原有的定额。但是,社会生产的发展有其自身规律,有一个量变到质变的过程,而且定额的执行也有一个时间过程。因此,每一次制定的定额必须是相对稳定的。建设工程定额的稳定期一般为 5～10 年。

(e) 定额的统一性。

国家对经济发展有计划的宏观调控职能决定了定额的统一性,以保证有限的资金投入发挥极大的作用。建设工程定额正是为了统一指导建筑市场,以保证建筑市场正常有序的运行。建设工程定额在建设工程主管部门[如中华人民共和国住房和城乡建设部(以下简称"住建部")、交通运输部等]统一领导下,按照定额的制定、颁布和贯彻执行的统一行动,使定额工作及定额的管理工作有统一的程序、统一的原则、统一的要求、统一的用途。

(f) 定额的系统性和针对性。

一种专业定额是一个完整独立的系统,如铁路或公路工程定额从测定到使用,直至再修订都是为了全面反映铁路或公路工程所有的工程内容和项目。它与相应的技术标准、规范配套使用,完全准确地反映了铁路或公路工程施工工艺中的每一个环节。

建设工程定额有着很强的针对性,主要表现为:

ⓐ 一种产品(或工序)有一项定额,而且不能相互套用。

ⓑ 一项定额不仅是该产品(或工序)各种资源消耗的数量标准,还规定了完成该产品(或工序)的工作内容、质量标准和安全要求。

因此,建设工程定额的针对性很强,符合规定的条件才能套用;与所规定的条件不同,则不能套用。

b. 建设工程定额的作用。

(a) 定额是工程项目编制计划的重要基础。

工程建设活动需要编制各种计划来组织与指导生产,而编制计划又需要各种定额来作为计算人力、物力、财力等资源需要量的依据。

(b) 定额是确定工程造价的依据和评价设计方案经济合理性的尺度。

工程造价是根据由设计规定的工程规模、工程数量及相应需要的劳动力、材料、机械设备的消耗量和其他必须消耗的资金确定的。其中,劳动力、材料、机械设备的消耗量是根据定额计算出来的,故定额是确定工程造价的依据。同时,建设项目投资的大小反映了各种不同设计方案技术、经济水平的高低。因此,定额又是比较和评价设计方案经济合理性的尺度。

(c) 定额是组织和管理施工的工具。

建筑企业在计算和平衡资源需要量、组织材料供应、调配劳动力、签发任务单、组织劳动竞赛、调动人的积极性、考核工程消耗和劳动生产率、贯彻按劳分配工资制度、计算人工报酬等时都要利用定额。从组织施工和管理生产的角度看,企业定额是建筑企业组织和管理施工的工具。

(d) 定额是总结先进生产方法的手段。

定额是在平均先进的条件下,通过对生产流程的观察、分析、综合等过程而制定的。它可以严格地反映生产技术和劳动组织的先进、合理程度。因此,人们就可以以定额测定方法为手段,对同一产品在同一操作条件下的不同生产方法进行观察、分析和总结,从而得出一套比较完整、优良的生产方法,并作为生产中推广的范例。

c. 建设工程定额的分类。

建设工程定额包括施工定额、预算定额、概算定额及估算指标等。

（a）施工定额。

施工定额是指施工企业在自身的技术水平和管理水平条件下，为完成一定计量单位的合格产品所需要消耗的人工、材料和机械台班的数量标准。施工定额属于企业定额性质，反映了施工企业施工生产与生产消费之间的数量关系。因为施工定额是以工序为基础编制的，可以作为企业编制施工作业计划，进行施工作业控制的标准，所以施工定额也是一种作业性定额。

施工定额是根据企业自身的技术水平和管理水平编制的。它包括人工消耗定额、材料消耗定额和机械台班使用定额三个部分。不同施工企业的技术水平、管理水平各不相同，因而不同施工企业的定额水平也各不相同。施工定额水平应该取平均先进水平，即正常施工条件下企业大部分工人通过努力能够达到的水平。由于施工定额反映了本企业施工生产和生产消费之间的关系，故它仅限于企业内部使用，属于企业的商业机密。在当前国家推行工程量清单合理低价评标的原则下，施工定额对企业的生存发展起着越来越重要的作用。

（b）预算定额。

预算定额是规定消耗在单位工程基本构造要素的人工、材料和施工机械台班所需实物工程量的标准和货币额度。换言之，预算定额是规定一定计量单位合格产品的分项工程或构件所需人工、材料、机械台班消耗数量的标准和货币额度。预算定额属于计价性定额，是在编制施工图预算时计算工程造价和工程中人工、材料、机械台班需要量使用的一种定额。

公路工程预算定额目前采用原交通部 2007 年 33 号文公布的《公路工程预算定额》(JTG/T B06-02—2007)。它是编制施工图预算的依据，也是编制工程概算定额（指标）的基础，适用于公路基本建设新建、改建工程，不适用于独立核算、执行产品出厂价格的构件厂生产的构配件；对于公路养护的大、中修工程，可参考使用。该定额包括路基工程、路面工程、隧道工程、桥涵工程、防护工程、交通工程及沿线设施、临时工程、材料采集及加工、材料运输共 9 章及附录。

《公路工程预算定额》总说明主要包括如下条款：

ⓐ 定额按照合理的施工组织和一般正常的施工条件编制。定额中所采用的施工方法和工程质量标准是根据国家现行的公路工程施工技术及验收规范、质量评定标准及安全操作规程取定的。定额中除规定允许换算者外，均不得因具体工程施工组织、操作方法和材料消耗与定额的规定不同而变更定额。

ⓑ 定额中除潜水工作每工日 6 h、隧道工作每工日 7 h 外，其余均按每工日 8 h 计算。

ⓒ 定额中的工程内容均包括定额项目全部施工过程。定额中除扼要说明施工的主要操作工序外，均包括准备与结束、场内操作范围内的水平与垂直运输、材料工地小搬运、辅助和零星用工、工具及机械小修、场地清理等工程内容。

ⓓ 定额中的材料消耗量是按现行材料标准的合格料和标准规格料计算的。定额中的材料、成品、半成品均已包括场内运输及操作损耗，编制预算时不得另行增加。其场外运输损耗、仓库保管损耗应在材料预算价格内考虑。

ⓔ 定额中周转性的材料、模板、支撑、脚手架和挡土板等的数量已考虑了材料的正常周转次数，并计入定额内。其中，就地浇筑钢筋混凝土梁用的支架及拱圈用的拱盔、支架，如确因施工安排达不到规定的周转次数，可根据具体情况进行换算并按规定计算回收，其余工程一般不予以抽换。

ⓕ 定额中列有的混凝土、砂浆的强度等级和用量，其材料用量已按定额附录中配合比表规定的数量列入定额，不得重算。

ⓖ 定额中各类混凝土均按施工现场拌和进行编制。当采用商品混凝土时，可将相关定额中的水泥、中（粗）砂、碎石的消耗量扣除，并按定额中所列的混凝土消耗量增加商品混凝土的消耗。

ⓗ 定额中各项目的施工机械种类、规格是按一般合理的施工组织确定的，如施工中实际采用机械的种类、规格与定额规定的不同，一律不得换算。定额中施工机械的台班消耗已考虑了工地合理的停置、空转和必要的备用量等因素。

ⓘ 定额中只列出工程所需的主要材料用量和主要机械台班数量。次要、零星材料和小型施工机具均未

一一列出,仅分别列入"其他材料费"及"小型机具使用费"内,以元计,编制预算时即按此计算。

⑪ 定额表中注明"××以内"或"××以下"者,均包括××本身;而注明"××以外"或"××以上"者,均不包括××本身。定额内数量带"( )"者表示基价中未包括其价值。凡定额名称中带有"※"者均为参考定额,使用定额时,可根据情况进行调整。

铁路预算编制办法规定,对于站前工程编制初步设计概算时要采用预算定额。

采用原铁道部 2010 年 223 号文颁布的《铁路工程预算定额》(2011 年 1 月 1 日起施行)。《铁路工程预算定额》包括路基、桥涵、隧道、轨道、通信、信号、电力、电力牵引供电、房屋工程、给水排水、机务车辆机械、站场工程、信息工程共 13 个分册。在使用《铁路工程预算定额》时应仔细阅读定额的总说明和各工程项目的分项说明,熟悉相关条款规定。《铁路工程预算定额》的总说明是针对整套定额共有情况的说明,编制预算时应注意如下几项条款规定:

ⓐ《铁路工程预算定额》适用于铁路新建和改建工程。为避免重复,属于专业间通用的定额子目可跨册使用。各册定额工程范围的划分不涉及专业分工。

ⓑ 定额按照合理的施工组织和正常的施工条件编制。定额中所采用的施工方法和质量标准是根据现行的铁路设计规范、施工规范、技术安全规则、质量评定验收标准等确定的,除另有说明外,一般不得对定额进行调整或换算。

ⓒ 定额中的工作内容仅列出了主要的施工工序,次要工序虽未列出,但也包括在定额内。

ⓓ 定额中的人工消耗量不分工种、技术等级,其内容包括基本用工、人工幅度差、辅助用工、工地小搬运工。

ⓔ 定额中的材料消耗量均已包括工地搬运及施工操作损耗。其中,周转性材料(如模板、支撑、脚手杆、脚手板、挡土板等)的消耗量均按其正常摊销次数摊入定额内,使用时不得因实际摊销次数不同而进行调整。

ⓕ 定额中混凝土和水泥砂浆的数量(定额表中圆括号内的数字),仅适用于根据混凝土和砂浆配合比计算水泥、砂子、碎石的消耗量,使用时不得重复计算。其水泥消耗量是按中粗砂编制的,当设计采用细砂时,应按基本定额的有关项目进行调整。当其设计强度等级与定额不同时,应按照基本定额有关配合比用料表调整消耗量。混凝土和水泥砂浆的砂子消耗量是按天然湿度砂编制的,已考虑其膨胀率。

ⓖ 定额中施工机械类型、规格型号应按正常情况综合选定。如施工实际采用的类型、规格型号与定额不同,除另外有说明外,均不得调整。

ⓗ 定额中除列出的材料和施工机械外,对于零星的、费用很少的材料和施工机械的费用,仅综合列入"其他材料费"和"其他机械使用费"中,以元表示。

ⓘ 定额中的"重量"为各项材料重量之和,不包括水和施工机械消耗的燃料重量。

ⓙ 定额中凡注有"××以内(下)"者均包括××本身,"××以外(上)"者均不包括××本身。

(c) 概算定额。

概算定额是介于预算定额和估算指标之间的定额,又称扩大结构定额。它规定了为完成完整的结构构件或扩大的结构部分所消耗的人工、材料和机械台班的数量标准和货币额度。它属于计价性定额,是编制初步设计概算及修正设计概算时,计算和确定工程概算造价,计算人工、材料、机械台班需要量所使用的定额。它的项目划分粗细与初步设计的深度相适应,是在预算定额基础上经过综合扩大后得出的。

公路工程概算定额目前采用原交通部 2007 年 33 号文公布的《公路工程概算定额》(JTG/T B06-01—2007)。铁路工程概算定额按照专业划分为 13 个分册,与预算定额相对应,采用原铁道部 2010 年 223 号文颁布的《铁路工程概算定额》(2011 年 1 月 1 日起施行)。

(d) 估算指标。

估算指标属于计价性定额,是在项目建议书和可行性研究报告阶段编制投资估算、计算投资需要量时使用的一种定额。它是以各类建筑物的面积、体积或万元造价为计量单位所整理的造价和主要材料用量的指标。它是一种用建筑面积或按构筑物(以座)为计量单位,规定人工、材料和机械的定额指标。它非常概略,往往以独立的单项工程或完整的工程项目为计算对象。它的概略程度与项目建议书和可行性研究报告相适应。

④ 设计图纸资料。

在编制造价时,这类资料的作用主要表现在两个方面:一是提供计价的主要工程量,这部分工程量一般是从设计图纸中直接摘取;二是根据设计图纸提供合理的施工组织方案,确定造价编制中有关费用的基础数据,计算相应的辅助工程和辅助设施的费用。

⑤ 基础单价。

基础单价是指工程建设中所消耗的劳动力、材料、机械台班及设备、工器具等单位价格的总称。

a. 劳动力的工日单价。劳动力的工日单价是指建筑安装生产工人日工资单价,由生产工人基本工资、辅助工资、特殊地区津贴及地区生活补贴、工资性补贴、职工福利费等组成,具体标准可按照标准办法、规定计算。

b. 材料单位价格。材料单位价格习惯上称为材料的预算价格,是指材料(包括原材料、构件、成品、半成品、燃料、电等)从其来源地(或交货地点)到达施工工地仓库后的出库价格。目前,铁路工程建设材料价格基期(2005 年)采用原铁道部 2006 年 129 号文公布的《铁路工程建设材料基期价格》,编制期主要材料的价格采用当地调查价。公路工程预算定额中基期材料单价按 2007 年价格计取,编制期材料预算价格按实计取。

c. 施工机械台班单价。施工机械台班单价是指列入概预算定额的施工机械按照相应的铁路、公路施工机械台班费用定额分析的单价。目前,公路施工机械台班费用定额采用原交通部 2007 年 33 号文公布的《公路工程机械台班费用定额》(JTG/T B06-03—2007)。铁路施工机械台班费用定额采用原铁道部 2006 年 129 号文公布的《铁路工程施工机械台班费用定额》。施工机械台班费用定额规定了机械台班中折旧费、大修理费、经常维修费、安装拆卸费标准及人工、燃油动力消耗等其他费用标准。

d. 设备费单价。设备费单价是指各种进口设备、国产标准设备和国产非标准设备从其来源地(或交货地点)到达施工工地仓库后的出库价格。

⑥ 施工组织计划。

施工组织计划是对工程施工的时间、空间、资源所进行的全面规划和统筹安排,包括施工方案的确定、施工进度的安排、施工资源的计划和施工平面的布置等内容。以上这些内容均涉及造价编制中有关费用的计算,如对同一施工任务采用不同的施工方法,其工程费用会不相同;资源供应计划不同,施工现场的临时生产和生活设施就会不相同,相应的费用也会不相同;施工平面布置中堆场、拌和场的位置不同,则材料运距不相同,其运费也不相同。由此可见,施工组织计划是造价编制中不可忽略的重要计价依据之一。

⑦ 工程量计算规则。

工程量计算规则是指计量工作的法规。它规定工程量的计算方法和计算范围。在公路、铁路工程中,工程量计算规则都是放在工程定额的说明中。若采用工程量清单编制概预算,其工程量计算规则应依据公路、铁路工程工程量清单计价指南中的规定执行,具体内容见后续章节。公路、铁路工程设计文件中列有各分部、分项工程的工程量,在编制造价时,应对设计文件中提供的工程量进行复核,检查是否符合工程量计算规则,否则应按工程量计算规则进行调整。

⑧ 其他资料。

其他资料包括有关合同、协议及使用到的其他一些资料,如某种型号钢筋的每米质量、土地平整中土体体积计算时的棱台公式、标准构件的尺寸等,需要从一些工具书或标准图集中查阅。

知识归纳

> (1)道路桥梁工程的概念、组成及等级划分。
>
> (2)道路桥梁工程建设的特点、工程基本建设程序、建设管理体制和建设工程项目划分等。
>
> (3)道路桥梁工程造价计价体系的形成及计价原则和依据。

独立思考

1-1　道路桥梁工程的组成包括哪些部分？如何进行划分等级？

1-2　道路桥梁工程有哪些特点？

1-3　什么是工程基本建设程序？

1-4　建设工程项目如何划分？

1-5　工程造价体系包括哪些部分？有哪些计价原则和依据？

2

公路工程概预算的编制

课前导读

▽ 内容提要

本章主要介绍公路工程概预算编制的基本原理与方法，包括公路工程概预算编制依据、公路工程概预算文件组成、公路工程概预算项目和公路工程概预算费用组成；公路工程建筑安装工程费的编制；公路工程设备及工具、器具购置费的编制；公路工程工程建设其他费用的计算；公路工程预备费与回收金额的计算和公路工程建设各项费用的计算程序及计算方式。

▽ 能力要求

通过本章的学习，学生应了解公路工程概预算编制依据、公路工程概预算文件组成、公路工程概预算项目和公路工程概预算费用组成；理解公路工程建筑安装工程费的编制；掌握公路工程设备及工具、器具购置费的编制、公路工程工程建设其他费用和公路工程预备费与回收金额及公路工程建设各项费用的计算方法。

2.1 概　　述 ⟩⟩⟩

公路工程设计概算或修正设计概算是初步设计文件或技术设计文件的重要组成部分。设计概算应控制在批准的建设项目可行性研究报告投资估算允许浮动幅度范围内。设计概算经批准后即作为基本建设项目投资最高限额,是编制建设项目计划、确定和控制建设项目投资的依据,是控制施工图设计和施工图预算的依据,是衡量设计方案经济合理性和选择最佳设计方案的依据,是考核建设项目投资效果的依据。设计单位应按不同的设计阶段编制设计概算和修正设计概算。

编制设计概算和修正设计概算时,应全面了解工程所在地的建设条件,掌握各项基础资料,正确引用规定的定额、取费标准、工资单价和材料、设备价格,按照有关规定进行,使设计概算能完整、准确地反映设计内容。对于按照批准的初步设计文件进行施工招标的工程,其标底或造价控制值应在批准的总概算范围内。

公路工程预算是施工图设计文件的重要组成部分,是设计阶段控制工程造价的主要指标。预算经审定后,即作为确定工程造价、编制或调整固定资产投资计划和考核工程成本的依据。预算应根据施工图设计的工程量和施工方法,按照规定的定额,取费标准,工资单价,材料、设备预算价格依有关编制办法在开工前编制并报请审批。对于按照施工图设计文件进行施工招标的工程,经审定后的施工图预算是编制标段清单预算、工程标底或造价控制值的依据,也是分析、考核施工企业投标报价合理性的参考资料;对不宜实行招标而采用施工图预算加调整价结算的工程,经审定后的施工图预算可作为确定合同价款的基础或作为审查由施工企业提出的施工预算的依据。

施工图预算是考核施工图设计经济合理性的依据。施工图预算应控制在批准的初步设计及其概算范围之内。如单位工程预算突破相应概算,应分析原因,并对施工图设计中不合理部分进行修改,对其合理部分,应在总概算投资范围内调整解决。

公路工程概预算是反映建设项目设计内容全部费用的经济文件。它不仅为控制工程造价,办理工程价款的拨付和结算提供依据,更重要的是促进设计部门提高设计水平,改进设计方案,促进施工企业做好经济核算和企业管理。因此,公路工程概预算的编制是工程造价管理工作的重要环节。不断提高概预算的编制质量,对加强公路基本建设管理、核算和监督具有十分重要的意义。

2.1.1　公路工程概预算编制依据

(1) 概算(修正概算)的编制依据

① 国家发布的有关法律、法规、规章、规程等。

② 现行的《公路工程概算定额》(JTG/T B06-01—2007)、《公路工程机械台班费用定额》(JTG/T B06-03—2007)及《公路工程基本建设项目概算预算编制办法》(JTG B06—2007)。

③ 工程所在地省级交通主管部门发布的补充计价依据。

④ 批准的可行性研究报告(修正概算时为初步设计文件)等有关资料。

⑤ 初步设计(或技术设计)图纸等设计文件。

⑥ 工程所在地的人工、材料、机械及设备预算价格等。

⑦ 工程所在地的自然、技术、经济条件等资料。

⑧ 工程施工方案。

⑨ 有关合同、协议等。

⑩ 其他有关资料。

(2) 预算的编制依据

① 国家发布的有关法律、法规、规章、规程等。

② 现行的《公路工程预算定额》(JTG/T B06-02—2007)、《公路工程机械台班费用定额》(JTG/T B06-

03—2007)等。

③ 工程所在地省级交通主管部门发布的补充计价依据。

④ 批准的初步设计文件(或技术设计文件)等有关资料。

⑤ 施工图纸等设计文件。

⑥ 工程所在地的人工、材料、设备预算价格等。

⑦ 工程所在地的自然、技术、经济条件等资料。

⑧ 工程施工组织设计或施工方案。

⑨ 有关合同、协议等。

⑩ 其他有关资料。

2.1.2 公路工程概预算文件组成

公路工程概预算文件由封面及目录,概预算编制说明,全部概预算计算表格组成。

(1) 封面及目录

概预算文件的封面和扉页应按《公路工程基本建设项目设计文件编制办法》(交公路发〔2007〕358 号)中的规定制作,扉页的次页应有建设项目名称,编制单位,编制、复核人员姓名并加盖执业(从业)资格印章,编制日期及第几册共几册等内容。目录应按概预算表的表号顺序编排。

(2) 概预算编制说明

概预算编制完成后应书写编制说明,文字力求简明扼要,应叙述的内容一般有:

① 建设项目设计资料的依据及有关文号,如建设项目可行性研究报告批准文件号、初步设计和概算批准文号(编修正概算及预算时),以及根据何时的测设资料及比选方案进行编制等。

② 采用的定额、费用标准,人工、材料、机械台班单价的依据或来源,补充定额及编制依据的详细说明。

③ 与概预算有关的委托书、协议书、会议纪要的主要内容。

④ 总概预算金额,人工、钢材、水泥、木料、沥青的总需要量情况,各设计方案的经济比较,以及编制中存在的问题。

⑤ 其他与概预算有关但不能在表格中反映的事项。

(3) 概预算表格

公路工程概预算应按统一的概预算表格(表格式样见相关手册)计算。其中,对于概预算相同的表格式,在印制时应将概算表与预算表分别印制。

(4) 甲组文件与乙组文件

概预算文件是设计文件的组成部分,其按不同的需要分为两组:甲组文件为各项费用计算表,乙组文件为建筑安装工程费各项基础数据计算表(只供审批使用)。甲、乙组文件应按《公路工程基本建设项目设计文件编制办法》(交公路发〔2007〕358 号)中关于设计文件报送份数的规定,随设计文件一并报送。报送乙组文件时,还应提供"建筑安装工程费各项基础数据计算表"的电子文档和编制补充定额的详细资料,并随概预算文件一并报送。

乙组文件中的"建筑安装工程费计算数据表"(08-1 表)和"分项工程概(预)算表"(08-2 表)应根据审批部门或建设项目业主单位的要求全部提供或仅提供其中的一种。

概预算应按一个建设项目(如一条路线或一座独立的大、中桥)进行编制。当一个建设项目需要分段或分部编制时,应根据需要分别编制,但必须汇总编制"总概(预)算汇总表"。

甲、乙组文件包括的内容如下。

① 甲组文件。

编制说明;

总概(预)算汇总表(01-1 表);

总概(预)算人工、主要材料、机械台班数量汇总表(02-1 表);

总概(预)算(01 表);

人工、主要材料、机械台班数量汇总表(02 表);

建筑安装工程费计算表(03 表);

其他工程费及间接费综合费率计算表(04 表);

设备、工具、器具购置费计算表(05 表);

工程建设其他费用及回收金额计算表(06 表);

人工、材料、机械台班单价汇总表(07 表)。

② 乙组文件。

建筑安装工程费计算数据表(08-1 表);

分项工程概(预)算表(08-2 表);

材料预算单价计算表(09 表);

自采材料料场价格计算表(10 表);

机械台班单价计算表(11 表);

辅助生产人工、材料、机械台班单价数量表(12 表)。

各种表格的计算顺序和相互关系见图 2-1。

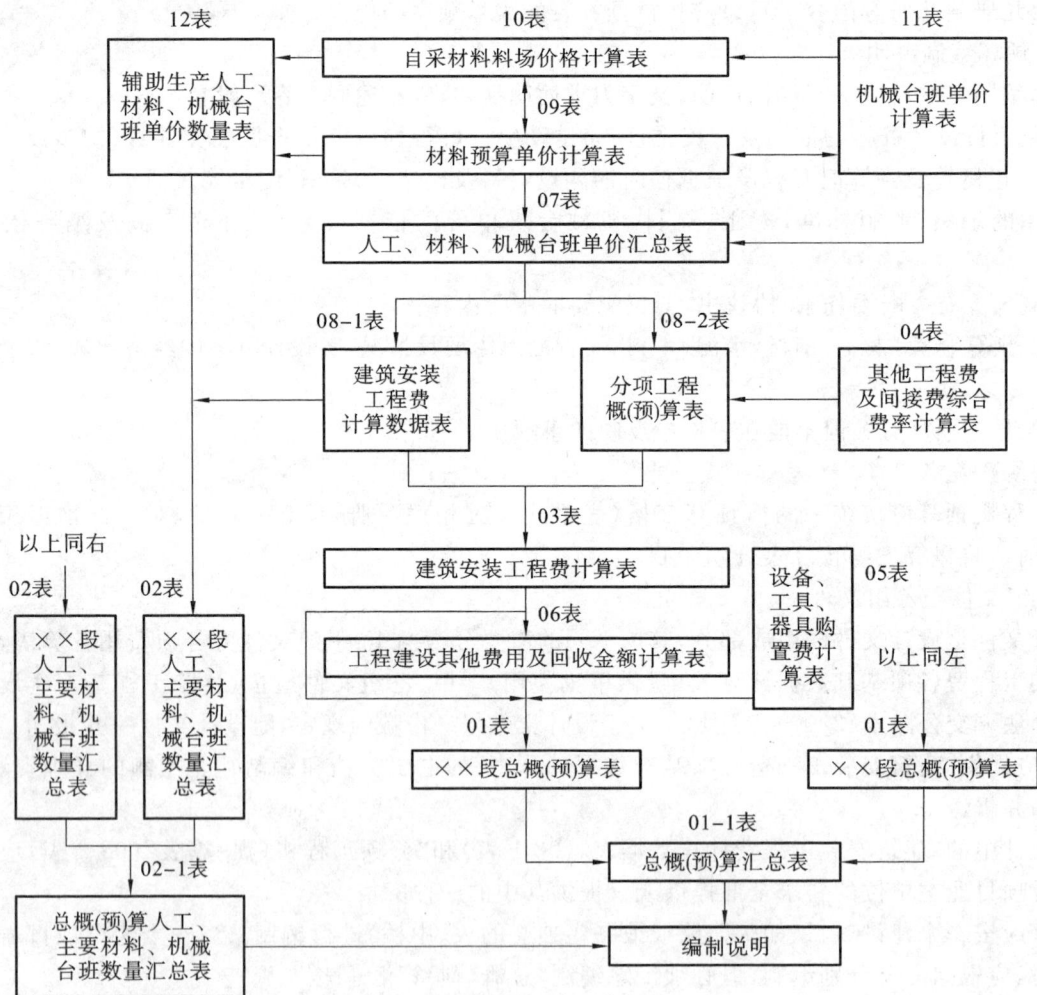

图 2-1　各种表格的计算顺序和相互关系

2.1.3　公路工程概预算项目

公路工程概预算项目应按项目表的序列及内容编制,如实际出现的工程和费用项目与项目表的内容不完全相符,一、二、三部分和"项"的序号应保留不变,"目""节""细目"可按需要增减,并按项目表的顺序以实际出现的"目""节""细目"依次排列,不保留缺少的"目""节""细目"序号。例如,第二部分的设备及工具、器具购置费在该项工程中不发生,则第三部分工程建设其他费用仍为第三部分。同样,路线工程第一部分第六项为隧道工程,第七项为公路设施及预埋管线工程,若路线中无隧道工程项目,但其序号仍保留,即公路设施及预埋管线工程仍为第七项。但如"目"或"节"或"细目"发生这种情况,可依次递补改变序号。路线建设项目中的互通式立体交叉、辅道、支线,如工程规模较大,可按概预算项目表单独编制建筑安装工程费,然后将其概预算建筑安装工程总金额列入路线的总概预算表中相应的项目内。

概预算项目主要包括以下内容:

第一部分　建筑安装工程费

第一项　临时工程

第二项　路基工程

第三项　路面工程

第四项　桥梁涵洞工程

第五项　交叉工程

第六项　隧道工程

第七项　公路设施及预埋管线工程

第八项　绿化及环境保护工程

第九项　管理、养护及服务房屋

第二部分　设备及工具、器具购置费

第三部分　工程建设其他费用

项目表的详细内容见相关规范规定。

2.1.4　公路工程概预算费用组成

公路工程概预算费用组成如图 2-2 所示。

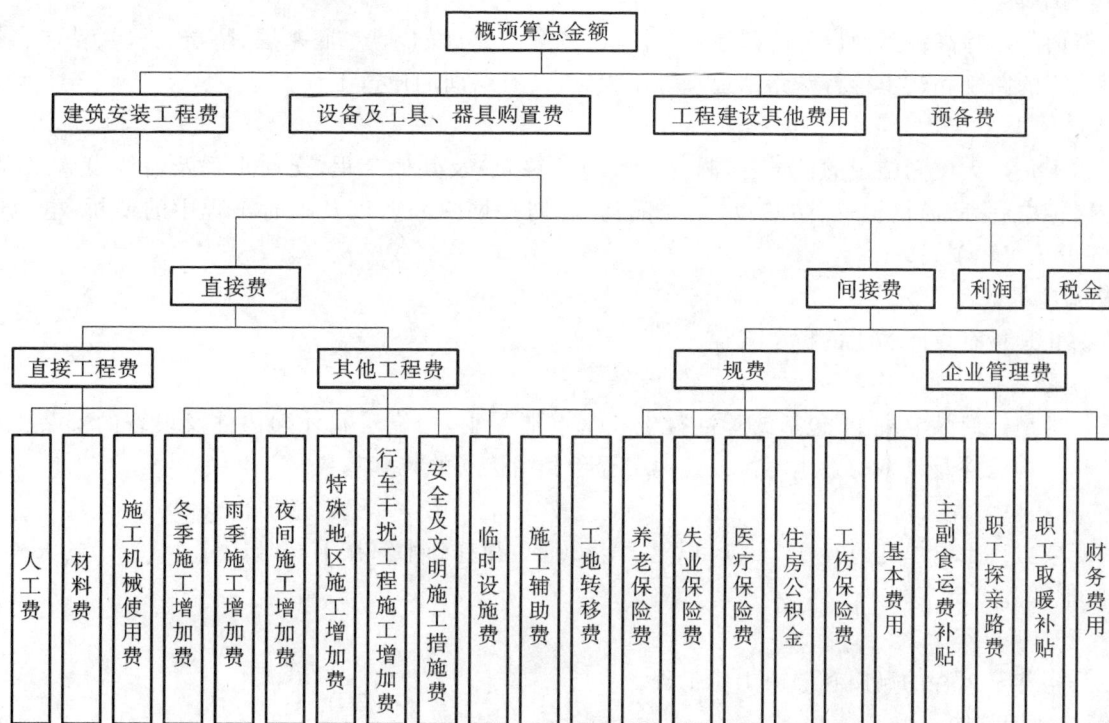

图 2-2　公路工程概预算费用组成

2.2 公路工程建筑安装工程费的编制 >>>

建筑安装工程费简称建安费,是指概预算中直接用于构成工程实体而发生的费用。现行的编制办法规定,建筑安装工程费由直接费、间接费、利润及税金四部分组成。其中,直接费计算是关键和核心,其他三部分费用则分别以规定的基数按各自的百分率计算取费。

其他工程费和间接费取费标准的工程类别划分如下。

① 人工土方。

人工土方是指人工施工的路基、改河等土方工程,以及人工施工的砍树、挖根、除草、平整场地、挖盖山土等工程项目,并适用于无路面的便道工程。

② 机械土方。

机械土方是指机械施工的路基、改河等土方工程,以及机械施工的砍树、挖根、除草等工程项目。

③ 汽车运输。

汽车运输是指使用汽车、拖拉机、机动翻斗车等运送的路基、改河土(石)方,路面基层和面层混合料、水泥混凝土、预制构件,以及绿化苗木等。

④ 人工石方。

人工石方是指人工施工的路基、改河等石方工程,以及人工施工的挖盖山石项目。

⑤ 机械石方。

机械石方是指机械施工的路基、改河等石方工程(机械打眼属于机械施工)。

⑥ 高级路面。

高级路面是指沥青混凝土路面、厂拌沥青碎石路面和水泥混凝土路面的面层。

⑦ 其他路面。

其他路面是指除高级路面以外的其他路面面层,各等级路面的基层、底基层、垫层、透层、粘层、封层,采用结合料稳定的路基和软土等特殊路基处理等工程,以及有路面的便道工程。

⑧ 构造物Ⅰ。

构造物Ⅰ是指无夜间施工的桥梁、涵洞、防护(包括绿化)及其他工程,交通工程及沿线设施工程[设备安装及金属标志牌、防撞钢护栏、防眩板(网)、隔离栅、防护网除外],以及临时工程中的便桥、电力电信线路、轨道铺设等工程项目。

⑨ 构造物Ⅱ。

构造物Ⅱ是指有夜间施工的桥梁工程。

⑩ 构造物Ⅲ。

构造物Ⅲ是指商品混凝土(包括沥青混凝土和水泥混凝土)的浇筑和外购构件及设备的安装工程。商品混凝土和外购构件及设备的费用不作为其他工程费和间接费的计算基数。

⑪ 技术复杂大桥。

技术复杂大桥是指单孔跨径在120 m以上(含120 m)和基础水深在10 m以上(含10 m)的大桥主桥部分的基础、下部和上部工程。

⑫ 隧道。

隧道是指隧道工程的洞门和洞内土建工程。

⑬ 钢材及钢结构。

钢材及钢结构是指钢桥及钢吊桥的上部构造,钢沉井、钢围堰、钢套箱及钢护筒等基础工程,钢索塔,钢锚箱,钢筋及预应力钢材,模数式及橡胶板式伸缩缝,钢盆式橡胶支座,四氟板式橡胶支座,金属标志牌,防撞钢护栏,防眩板(网),隔离栅,防护网等工程项目。购买路基填料的费用不作为其他工程费和间接费的计算基数。

2.2.1　公路工程直接费

公路工程直接费由直接工程费和其他工程费组成。

(1)直接工程费

直接工程费是指施工过程中耗费的构成工程实体和有助于工程形成的各项费用,包括人工费、材料费、施工机械使用费(简称工、料、机费或劳、材、机费)三部分。

① 人工费。

人工费是指列入概预算定额的用于直接从事建筑安装工程施工的生产工人开支的各项费用,包括以下内容。

a. 基本工资。

它是指发放给生产工人的基本工资、流动施工津贴、生产工人劳动保护费及为职工缴纳的养老保险费、失业保险费、医疗保险费和住房公积金等。

生产工人劳动保护费是指按国家有关部门规定标准发放的劳动保护用品的购置费及修理费、徒工服装补贴、防暑降温费、在有碍身体健康的环境中施工的保健费用等。

b. 工资性补贴。它是指按规定标准发放的物价补贴,煤、燃气补贴,交通补贴,地区津贴等。

c. 生产工人辅助工资。它是指生产工人年有效施工天数以外非作业天数的工资,包括开会和执行必要社会义务时间的工资,职工学习、培训期的工资,调动工作、探亲、休假期间的工资,因气候影响停工期的工资,女工哺乳时间的工资,病假在六个月以内的工资及产、婚、丧假期的工资。

d. 职工福利费。它是指按国家规定标准计提的职工福利费。

人工费以概预算定额人工工日数乘以每工日人工费计算,即

$$人工费 = 定额 \times 工程数量 \times 工资单价 \tag{2-1}$$

式中　定额——概算定额或预算定额;

工程数量——定额单位的倍数,根据设计图纸按工程量计算规则计算的定额单位工程数量;

工资单价——公路工程生产工人每工日人工费,按式(2-2)计算。

$$工资单价(元/工日) = [生产工人基本工资(元/月) + 地区生活补贴(元/月) + 工资性补贴(元/月)] \times$$
$$(1+14\%) \times 12 月/240 工日 \tag{2-2}$$

式中　生产工人基本工资——按不低于工程所在地政府主管部门发布的最低工资标准的1.2倍计算,见表2-1。

地区生活补贴——国家规定的边远地区生活补贴、特区补贴。

工资性补贴——物价补贴,煤、燃气补贴,交通补贴等。

14%——国家规定的职工福利费费率。

12——每年12个月。

表 2-1　　　　　　　　　　　　　　　　**生产工人基本工资表**

工资类别	六	七	八	九	十	十一
基本工资/元	230	235	246	251	262	268

以上各项标准由各省、自治区、直辖市公路(交通)工程造价(定额)管理站根据当地人民政府的有关规定核定后公布执行,同时抄送交通运输部公路局备案,同时应根据最低工资标准的变化情况及时调整公路工程生产工人工资标准。

人工费仅作为编制概预算的依据,不作为施工企业实发工资的依据。

【例2-1】 已知某地区生产工人基本工资为246元/月,副食品及煤粮价格补贴为55元/月,交通补贴为

10 元/月,试确定其工资单价。

【解】 由式(2-2)可得:

$$工资单价 = (246+55+10)\times(1+14\%)\times12\div240 = 17.73(元/工日)$$

【例 2-2】 已知某级配砾石路面,长 3 km,宽 8 m,面层压实厚度为 14 cm,采用机械摊铺(平地机拌和)。已知人工的基本工资为 235 元/月,物价补贴为 50 元/月,交通补贴为 30 元/月,住房补贴为 40 元/月,求预算人工费。

【解】 ① 定额:查得该工程预算定额编号为[133-2-2-3-13],则

$$4.2+0.3\times6 = 6(工日/1000m^2)$$

② 工程数量:

$$3000\times8 = 24000(m^2)$$

③ 工资单价:

$$(235+50+30+40)\times(1+14\%)\times12\div240 = 20.24(元/工日)$$

由式(2-1)可得:

$$人工费 = 定额\times工程数量\times工资单价$$

$$= 6\times\frac{24000}{1000}\times20.24 = 2914.6(元)$$

② 材料费。

材料费是指施工过程中耗用的构成工程实体的原材料、辅助材料、构(配)件、零件、半成品、成品的用量和周转材料的摊销量,按工程所在地的材料预算价格计算的费用。材料费在建筑安装工程费中占主要地位,其比例达 50% 左右。因此,准确计算材料费对概预算工作的质量具有重要意义。

a. 材料费计算。

$$材料费 = \sum[实物工程数量\times(定额、指标材料用量)\times材料预算价格+其他材料费+设备摊销费]$$

$$(2-3)$$

式中,实物工程数量从设计资料中取得;定额、指标材料用量、其他材料费及设备摊销费均从工程定额、指标中查得;材料预算价格按下述方法计算。

b. 材料预算价格计算。

材料预算价格是指材料从来源地或交货地到达工地仓库或施工地堆放材料的地点后的综合平均价格,它由材料原价、运杂费、场外运输损耗、采购及仓库保管费组成。其计算公式如下:

$$材料预算价格 = (材料原价+运杂费)\times(1+场外运输损耗率)\times(1+采购及仓库保管费费率)-包装品回收价值$$

$$(2-4)$$

(a) 材料原价。

各种材料原价按以下规定计算。

外购材料:国家或地方的工业产品按工业产品出厂价格或供销部门的供应价格计算,并根据情况加计供销部门手续费和包装费。如供应情况、交货条件不明确,可采用当地规定的价格计算。

$$外购材料原价 = 出厂价+供销手续费+包装费 \qquad (2-5)$$

$$供销手续费 = 原价\times供销部门手续费$$

$$= 材料净重\times供销部门手续费(元/t)$$

供销部门手续费费率参考表 2-2 取值。

表 2-2　　　　　　　　　　　　　　　**供销部门手续费费率取值表**

序号	材料名称	费率/%	备注
1	金属材料	2.5	包括有色金属、黑色金属、生铁
2	木材	3.0	包括竹、胶合板

续表

序号	材料名称	费率/%	备注
3	电器材料	1.8	
4	化工材料	2.0	包括液体橡胶及制品
5	轻工材料	3.0	
6	建筑材料	3.0	包括一、二、三类物质

包装费是指为便于材料运输或保护材料免受损坏而进行包装所需要的费用,包括包装材料的折旧、摊销及水运、陆运中的支撑、篷布摊销等费用。凡由生产厂家负责包装,其包装费已计入材料原价内的,不另行计算包装费,并应扣回包装器材的回收价值。如用户自备周转使用包装容器的,可按下列公式计算包装费:

$$包装费=\frac{包装材料原价\times(1-回收率\times回收残值率)+使用期维修费}{周转使用次数\times包装器材标准容量} \tag{2-6}$$

地方性材料:地方性材料包括外购的砂、石材料等,按实际调查价格或当地主管部门规定的预算价格计算。若其品种规格与设计要求不符、需要加工改制,可参考预算定额中"材料采集及加工"的规定,增加其改制加工费用,以此作为供应价格。

自采材料:自采的砂、石、黏土等材料,按定额中开采单价加辅助生产间接费(原为辅助生产现场经费)和矿产资源税(如有)计算。若开采的料场需开挖盖山石土方,可将其综合分摊在料场价格内,以简化计算。对于发生的料场征地赔偿费和复耕费,应计入征地补偿费中。

材料原价应按实计取。各省、自治区、直辖市公路(交通)工程造价(定额)管理站应通过调查,编制本地区的材料价格信息,以供编制概预算使用。

(b) 运杂费。

运杂费是指材料自供应地点至工地仓库(施工地点存放材料的地方)的运杂费用,包括装卸费、运费,如果发生,还应计入囤存费及其他杂费(如过磅、标签、支撑加固、路桥通行等费用)。

通过铁路、水路和公路运输部门运输的材料,按铁路、航运和当地交通部门规定的运价计算运费。

对于施工单位自办的运输,单程运距在15 km以上的长途汽车运输按当地交通部门规定的统一运价计算运费,单程运距为5～15 km的汽车运输按当地交通部门规定的统一运价计算运费。当工程所在地交通不便、社会运输力量缺乏时,如边远地区和某些山岭区,允许按当地交通部门规定的统一运价加50%计算运费;对于单程运距为5 km或5 km以下的汽车运输及人力场外运输,按预算定额计算运费,其中,人力装卸和运输另按人工费加计辅助生产间接费。

一种材料如有两个以上的供应点,都应根据不同的运距、运量、运价采用加权平均的方法计算运费。

由于预算定额中汽车运输台班已考虑工地便道特点,以及定额中已计入"工地小搬运"项目,故平均运距中汽车运输便道里程不得乘以调整系数,也不得在工地仓库或堆场场之外再加计场内运距或二次倒运的运距。

有容器或包装的材料及长大轻浮材料应按表2-3规定的毛重计算。桶装沥青、汽油、柴油按每吨摊销一个旧汽油桶计算包装费(不计回收)。

表2-3

材料毛重系数及单位毛重表

材料名称	单位	毛重系数	单位毛重
爆破材料	t	1.35	—
水泥、块状沥青	t	1.01	—
铁钉、铁件、焊条	t	1.10	—
液体沥青、液体燃料、水	t	桶装为1.17,油罐车装为1.00	
木料	m³	—	1.000 t
草袋	个	—	0.004 t

（c）场外运输损耗。

场外运输损耗是指材料在正常的运输过程中发生的损耗,这部分损耗应摊入材料单价内。

$$场外运输损耗=（材料的供应价格+运杂费）×场外运输损耗率 \qquad (2\text{-}7)$$

材料场外运输损耗率见表 2-4。

表 2-4   **材料场外运输损耗率表**   （单位:%）

材料名称		场外运输（包括一次装卸）	每增加一次装卸
块状沥青		0.5	0.2
石屑、碎砾石、砂砾、煤渣、工业废渣、煤		1.0	0.4
砖、瓦、桶装沥青、石灰、黏土		3.0	1.0
草皮		7.0	3.0
水泥（袋装、散装）		1.0	0.4
砂	一般地区	2.5	1.0
	多风地区	5.0	2.0

注:汽车运水泥如运距超过 500 km,袋装时增加运输损耗率 0.5%。

（d）采购及仓库保管费。

采购及仓库保管费是指材料供应部门（包括工地仓库及各级材料管理部门）在组织采购、供应和保管材料过程中所需的各项费用及工地仓库的材料储存损耗。

采购及仓库保管费以材料供应价格加运杂费及场外运输损耗的合计数为基数,乘以采购及仓库保管费费率计算。其计算公式为:

$$采购及仓库保管费=（材料供应价格+运杂费+场外运输损耗）×采购及仓库保管费费率 \qquad (2\text{-}8)$$

材料的采购及仓库保管费费率为 2.5%。

外购的构件、成品及半成品的预算价格,其计算方法与材料相同,但构件（如外购的钢桁梁、钢筋混凝土构件及加工钢材等半成品）的采购及仓库保管费费率为 1%。

商品混凝土预算价格的计算方法与材料相同,但其采购及仓库保管费费率为 0。

③ 施工机械使用费。

施工机械使用费是指列入概预算定额的施工机械台班数量,按照相应的施工机械台班费用定额计算的施工机械使用费和小型机具使用费,按如下公式计算。

$$施工机械使用费=\left[\sum（台班定额×台班单价）+小型机具使用费\right]×工程数量 \qquad (2\text{-}9)$$

式中   台班定额——预算定额或概算定额,在选用时应与预算或概算相对应;

           台班单价——由不变费用和可变费用两大部分组成;

           小型机具使用费——在概预算定额中以“元”的形式表示;

           工程数量——定额单位的倍数。

施工机械台班预算定额应按原交通部公布的《公路工程机械台班费用定额》（JTG/T B06-03—2007）计算。台班单价由不变费用和可变费用组成。其中,不变费用包括折旧费、大修理费、经常修理费、安装拆卸及辅助设施费等,可变费用包括机上人员人工费、动力燃料费、养路费及车船使用税和保险费。可变费用中的人工工日数及动力燃料消耗量应以机械台班费用定额中的数值为准,台班人工工日单价同生产工人人工单价。动力燃料费则按材料费的计算规定计算。

a. 当工程用电为自行发电时,电动机械每千瓦时（度）电的单价可按下述公式近似计算:

$$A=0.24\frac{K}{N} \qquad (2\text{-}10)$$

式中 A——每千瓦时（度）电单价,元;

           K——发电机组的台班单价,元;

           N——发电机组的总功率,kW。

b. 当工程用电采用电网供电时,则应计算电能损耗。

（a）当从施工主降压、变压器的高压侧安装电表计量收费时，要计算变配设备和配电线路损耗，一般为 6%～10%。若线路质量好，供电距离短，用电负荷比较均匀，则采用低限值，反之采用高限值。

（b）当从电网供电变电站出线侧计量收费时，还应计算主变压器高压侧高压线路（35 kV·A 及 35 kV·A 以上的电压等级）的损耗，一般为 4%～6%。

（c）当两者都要计算时，其综合电能损耗应按 17% 计算。

c. 当同时使用自行发电和电网供电时，可按各自供电的电动机械总功率所占的比例计算综合电价，也可以各自供电时间的长短作为计算综合电价的依据。

d. 运输机械的养路费、车船使用税和保险费应按当地政府规定的征收范围和标准计算，计算公式为：

养路费、车船使用税和保险费=（养路费×吨位×12+车船使用税×吨位+保险费）÷年工作台班

$$(2\text{-}11)$$

年工作台班可参考表 2-5 的数据计算。

表 2-5　　　　　　　　　　　**年工作台班参考表**

机械种类	年工作台班/台班
沥青洒铺车、汽车式画线车	150
水平板拖车组	160
机动翻斗车、载货汽车	220
液态沥青运输车、散装水泥运输车、混凝土输送泵车、自卸汽车、运油汽车、洒水汽车、内燃拖轮等	200
工程驳船	230

（2）其他工程费

其他工程费是指除直接工程费以外，在施工过程中发生的直接用于工程的费用。其内容包括冬季施工增加费、雨季施工增加费、夜间施工增加费、特殊地区施工增加费、行车干扰工程施工增加费、安全及文明施工措施费、临时设施费、施工辅助费、工地转移费共 9 项。公路工程中的水、电费及因场地狭小等特殊情况而发生的材料二次搬运等其他工程费已包括在概预算定额中，不再另计。

① 冬季施工增加费。

冬季施工增加费是指按照公路施工及验收规范规定的冬季施工要求，为保证工程质量和安全生产所需采取的防寒保温设施，因工效降低和机械作业率降低及技术操作过程的改变等所增加的有关费用。冬季施工增加费包括：

a. 因冬季施工所需增加的一切人工、材料与机械的支出。

b. 施工机具所需修建的暖棚（包括拆、移），增加的油脂及其他保温设备费用。

c. 因施工组织设计确定，需增加的一切保温、加温及照明等有关支出。

d. 与冬季施工有关的其他各项费用，如清除工作地点的冰雪等费用。

冬季气温区的划分是根据气象部门提供的满 15 年以上的气温资料确定的。每年秋冬第一次连续 5 天出现室外日平均温度在 5℃ 以下，日最低温度在 -3℃ 以下的第一天算起，至第二年春夏最后一次连续 5 天出现同样温度的最末一天为冬季期。冬季期内平均气温在 -1℃ 以上者为冬一区，-4～-1℃ 者为冬二区，-7～-4℃ 者为冬三区，-10～-7℃ 者为冬四区，-14～-10℃ 者为冬五区，-14℃ 以下为冬六区。冬一区内平均气温低于 0℃ 的连续天数在 70 天以内的为 Ⅰ 副区，在 70 天以上的为 Ⅱ 副区；冬二区内平均气温低于 0℃ 的连续天数在 100 天以内的为 Ⅰ 副区，在 100 天以上的为 Ⅱ 副区。

气温高于冬一区，但砖石混凝土工程施工需采取一定措施的地区为准冬季区，准冬季区分两个副区，简称准一区、准二区。凡一年内日最低气温在 0℃ 以下的天数多于 20 天的，日平均气温在 0℃ 以下的天数少于 15 天的为准一区，多于 15 天的为准二区。

全国各地的冬季气温区划分见相关手册。当地气温资料与相关手册中划定的冬季气温区有较大出入时，可按当地气温资料及上述划分标准确定工程所在地的冬季气温区。

冬季施工增加费的计算方法是根据各类工程的特点，规定各气温区的取费标准。为了简化计算，采用

全年平均摊销的方法,即无论是否在冬季施工,均按规定的取费标准计取冬季施工增加费。当一条路线穿过两个以上的冬季气温区时,可分段计算或按各区的工程量比例求得全线的冬季施工平均增加费费率,再计算冬季施工增加费。

冬季施工增加费以各类工程的直接工程费之和为基数,按工程所在地的冬季气温区选用表 2-6 的费率计算。

表 2-6 冬季施工增加费费率表 (单位:%)

冬季气温区\工程类别	冬季气温区平均温度/℃								准一区	准二区
	一1 以上		一4～一1		一7～一4	一10～一7	一14～一10	一14 以下		
	冬一区		冬二区		冬三区	冬四区	冬五区	冬六区		
	Ⅰ	Ⅱ	Ⅰ	Ⅱ						
人工土方	0.28	0.44	0.59	0.76	1.44	2.05	3.07	4.61	—	
机械土方	0.43	0.67	0.93	1.17	2.21	3.14	4.71	7.07	—	
汽车运输	0.08	0.12	0.17	0.21	0.40	0.56	0.84	1.27	—	
人工石方	0.06	0.10	0.13	0.15	0.30	0.44	0.65	0.98	—	
机械石方	0.08	0.13	0.18	0.21	0.42	0.61	0.91	1.37	—	
高级路面	0.37	0.52	0.72	0.81	1.48	2.00	3.00	4.50	0.06	0.16
其他路面	0.11	0.20	0.29	0.37	0.62	0.80	1.20	1.80	—	
构造物Ⅰ	0.34	0.49	0.66	0.75	1.36	1.84	2.76	4.14	0.06	0.15
构造物Ⅱ	0.42	0.60	0.81	0.92	1.67	2.27	3.40	5.10	0.08	0.19
构造物Ⅲ	0.83	1.18	1.60	1.81	3.29	4.46	6.69	10.03	0.15	0.37
技术复杂大桥	0.48	0.68	0.93	1.05	1.91	2.58	3.87	5.81	0.08	0.21
隧道	0.10	0.19	0.27	0.35	0.58	0.75	1.12	1.69	—	
钢材及钢结构	0.02	0.05	0.07	0.09	0.15	0.19	0.29	0.43	—	

② 雨季施工增加费。

雨季施工增加费是指雨季期间施工时,为保证工程质量和安全生产所需采取的防雨、排水、防潮和防护措施,因工效降低和机械作业率降低及技术作业过程的改变所需增加的有关费用。雨季施工增加费的内容包括:

a. 雨季施工所需增加的工、料、机费的支出,包括因工作效率的降低及易被雨水冲毁的工程所增加的工作内容等(如基坑坍塌和对排水沟的堵塞清理、路基边坡冲沟的填筑等)。

b. 路基土方工程的开挖和运输,因雨季施工(非土壤中水影响)而容易粘着施工工具,使工效降低所增加的费用。

c. 因防止雨水必须采取防护措施的费用,如挖临时排水沟,防止基坑坍塌所需的支撑、挡板等。

d. 材料因受潮、受湿的费用。

e. 增加防雨、防潮设备的费用。

f. 其他有关雨季施工所需增加的费用,如因河水高涨致使施工困难而增加的费用等。

雨量区和雨季期的划分是根据气象部门提供的满 15 年以上的降雨资料确定的。凡月平均降雨天数在 10 天以上,月平均日降雨量为 3.5～5 mm 者为Ⅰ区,月平均日降雨量在 5 mm 以上者为Ⅱ区。全国各地雨量区及雨季期的划分见相关手册。若当地气象资料与相关手册所划定的雨量区及雨季期出入较大,可按当地气象资料及上述划分标准确定工程所在地的雨量区及雨季期。

雨季施工增加费的计算方法是将全国划分为若干雨量区和雨季期,并根据各类工程的特点规定各雨量区和雨季期的取费标准,采用全年平均摊销的方法,即无论是否在雨季施工,均按规定的取费标准计取雨季施工增加费。

当一条路线穿过不同的雨量区和雨季期时,应分别计算雨季施工增加费或按工程量比例求得全线的雨季施工平均增加费费率,再计算全线的雨季施工增加费。

雨季施工增加费以各类工程的直接工程费之和为基数,按工程所在地的雨量区、雨季期选用表 2-7 的费率计算。

表 2-7　　　　　　　　　　　　　雨季施工增加费费率表　　　　　　　　　　　（单位:%）

工程类别＼雨季期月数→雨量区	1	1.5	2		2.5		3		3.5		4		4.5		5		6		7	8
	I	I	I	II	I	II	I	II	I	II	I	II	I	II	I	II	I	II	II	II
人工土方	0.04	0.05	0.07	0.11	0.09	0.13	0.11	0.15	0.13	0.17	0.15	0.20	0.17	0.23	0.19	0.26	0.21	0.31	0.36	0.42
机械土方	0.04	0.05	0.07	0.11	0.09	0.13	0.11	0.15	0.13	0.17	0.15	0.20	0.17	0.23	0.19	0.27	0.22	0.32	0.37	0.43
汽车运输	0.04	0.05	0.07	0.11	0.09	0.13	0.11	0.16	0.13	0.19	0.15	0.22	0.17	0.25	0.19	0.27	0.22	0.32	0.37	0.43
人工石方	0.02	0.03	0.05	0.07	0.06	0.09	0.07	0.11	0.08	0.13	0.09	0.15	0.10	0.17	0.12	0.19	0.15	0.23	0.27	0.32
机械石方	0.03	0.04	0.06	0.10	0.08	0.12	0.10	0.14	0.12	0.16	0.14	0.19	0.16	0.22	0.18	0.25	0.20	0.29	0.34	0.39
高级路面	0.03	0.04	0.06	0.10	0.08	0.13	0.10	0.15	0.12	0.17	0.14	0.19	0.16	0.22	0.18	0.25	0.20	0.29	0.34	0.39
其他路面	0.03	0.04	0.06	0.09	0.08	0.12	0.10	0.14	0.12	0.16	0.14	0.18	0.16	0.21	0.16	0.24	0.20	0.28	0.32	0.37
构造物Ⅰ	0.03	0.04	0.05	0.08	0.06	0.09	0.07	0.11	0.08	0.13	0.10	0.15	0.12	0.17	0.14	0.19	0.16	0.23	0.27	0.31
构造物Ⅱ	0.03	0.04	0.05	0.08	0.07	0.10	0.08	0.12	0.09	0.14	0.11	0.16	0.13	0.18	0.15	0.21	0.17	0.25	0.30	0.34
构造物Ⅲ	0.06	0.08	0.11	0.17	0.14	0.21	0.17	0.25	0.20	0.30	0.23	0.35	0.27	0.40	0.31	0.45	0.35	0.52	0.60	0.69
技术复杂大桥	0.03	0.05	0.07	0.10	0.08	0.12	0.10	0.14	0.12	0.16	0.14	0.19	0.16	0.22	0.18	0.25	0.20	0.29	0.34	0.39
隧道	—	—	—	—	—	—	—	—	—	—	—	—	—	—	—	—	—	—	—	—
钢材及钢结构	—	—	—	—	—	—	—	—	—	—	—	—	—	—	—	—	—	—	—	—

注:表中横向为雨季期月数和雨量区(Ⅰ、Ⅱ),纵向为工程类别。

室内管道及设备安装工程不计雨季施工增加费。

③ 夜间施工增加费。

夜间施工增加费是指根据设计、施工的技术要求和合理的施工进度要求,必须在夜间连续施工而发生的工效降低、夜班津贴及有关照明设施(包括所需照明设施的安拆、摊销、维修及油燃料、电)等增加的费用。

夜间施工增加费以夜间施工工程项目(如桥梁工程项目包括上、下部构造全部工程)的直接工程费之和为基数,按表 2-8 的费率计算。

表 2-8　　　　　　　　　　夜间施工增加费费率表　　　　　　　　　　（单位:%）

工程类别	费率
构造物Ⅱ	0.35
构造物Ⅲ	0.70
技术复杂大桥	0.35
钢材及钢结构	0.35

注:设备安装工程及金属标志牌、防撞钢护栏、防眩板(网)、隔离栅、防护网等不计夜间施工增加费。

④ 特殊地区施工增加费。

特殊地区施工增加费包括高原地区施工增加费、风沙地区施工增加费和沿海地区施工增加费三项。

a. 高原地区施工增加费。

高原地区施工增加费是指在海拔高度 1500 m 以上地区施工,由于受气候、气压的影响,致使人工、机械效率降低而增加的费用。该费用以各类工程人工费与施工机械使用费之和为基数,按表 2-9 的费率计算。

表2-9　　　　　　　　　　高原地区施工增加费费率表　　　　　　　　　　（单位:%）

工程类别＼海拔高度/m	1501～2000	2001～2500	2501～3000	3001～3500	3501～4000	4001～4500	4501～5000	5000 以上
人工土方	7.00	13.25	19.75	29.75	43.25	60.00	80.00	110.00
机械土方	6.56	12.60	18.66	25.60	36.05	49.08	64.72	83.80
汽车运输	6.50	12.50	18.50	25.00	35.00	47.50	62.50	80.00
人工石方	7.00	13.25	19.75	29.75	43.25	60.00	80.00	110.00
机械石方	6.71	12.82	19.03	27.01	38.50	52.80	69.92	92.72
高级路面	6.58	12.61	18.69	25.72	36.26	49.41	65.17	84.58
其他路面	6.73	12.84	19.07	27.15	38.74	53.17	70.44	93.60
构造物Ⅰ	6.87	13.06	19.44	28.56	41.18	56.86	75.61	102.47
构造物Ⅱ	6.77	12.90	19.17	27.54	39.41	54.18	71.85	96.03
构造物Ⅲ	6.73	12.85	19.08	27.19	38.81	53.27	70.57	93.84
技术复杂大桥	6.70	12.81	19.01	26.94	38.37	52.61	69.65	92.27
隧道	6.76	12.90	19.16	27.50	39.35	54.09	71.72	95.81
钢材及钢结构	6.78	12.92	19.20	27.66	39.62	54.50	72.30	96.80

当一条路线穿过两个以上(含两个)不同的海拔高度区时,应分别计算高原地区施工增加费或按工程量比例求得全线的高原地区施工平均增加费费率,计算全线高原地区施工增加费。

b. 风沙地区施工增加费。

风沙地区施工增加费是指在沙漠地区施工时,由于受风沙影响,按照施工及验收规范的要求,为保证工程质量和安全生产而增加的有关费用,包括防风、防沙及气候影响的措施费,材料费,人工、机械效率降低而增加的费用,以及积沙、风蚀的清理修复等费用。

根据《公路自然区划标准》(JTG 003—1986)、《沙漠地区公路建设成套技术研究报告》的公路自然区划和沙漠公路区划,结合风沙地区的气候状况将风沙地区分为三区九类:半干旱、半湿润沙漠地区为风沙一区,干旱、极干旱寒冷沙漠地区为风沙二区,极干旱炎热沙漠地区为风沙三区;根据覆盖度(沙漠中植被、戈壁等覆盖程度)又将每区分为固定沙漠(覆盖度大于50%)、半固定沙漠(覆盖度为10%～50%)、流动沙漠(覆盖度小于10%)三类。覆盖度由工程勘探设计人员在公路工程勘察设计时确定。

全国风沙地区公路施工区划见相关手册。当当地气象资料及自然特征与相关手册中的风沙地区划分有较大出入时,由项目所在省、自治区、直辖市公路(交通)工程造价(定额)管理站按当地气象资料和自然特征及上述划分标准确定工程所在地的风沙区划,并抄送交通运输部公路局备案。

当一条路线穿过两个以上不同风沙区时,按路线长度经过不同的风沙区加权计算项目全线风沙地区施工增加费。

风沙地区施工增加费以各类工程的人工费与施工机械使用费之和为基数,根据工程所在地的风沙区划及类别按表2-10中的费率计算。

表2-10　　　　　　　　　　风沙地区施工增加费费率表　　　　　　　　　　（单位:%）

工程类别＼工程所在地的风沙区划及类别	风沙一区			风沙二区			风沙三区		
	沙漠类型								
	固定	半固定	流动	固定	半固定	流动	固定	半固定	流动
人工土方	6.00	11.00	18.00	7.00	17.00	26.00	11.00	24.00	37.00
机械土方	4.00	7.00	12.00	5.00	11.00	17.00	7.00	15.00	24.00
汽车运输	4.00	8.00	13.00	5.00	12.00	18.00	8.00	17.00	26.00

续表

工程所在地的风沙区划及类别 工程类别	风沙一区			风沙二区			风沙三区		
	沙漠类型								
	固定	半固定	流动	固定	半固定	流动	固定	半固定	流动
人工石方	—	—	—	—	—	—	—	—	—
机械石方	—	—	—	—	—	—	—	—	—
高级路面	0.50	1.00	2.00	1.00	2.00	3.00	2.00	3.00	5.00
其他路面	2.00	4.00	7.00	3.00	7.00	10.00	4.00	10.00	15.00
构造物Ⅰ	4.00	7.00	12.00	5.00	11.00	17.00	7.00	16.00	24.00
构造物Ⅱ	—	—	—	—	—	—	—	—	—
构造物Ⅲ	—	—	—	—	—	—	—	—	—
技术复杂大桥	—	—	—	—	—	—	—	—	—
隧道	—	—	—	—	—	—	—	—	—
钢材及钢结构	1.00	2.00	4.00	1.00	3.00	5.00	2.00	5.00	7.00

c. 沿海地区施工增加费。

沿海地区施工增加费是指工程项目在沿海地区施工时受海风、海浪和潮汐的影响,致使人工、机械效率降低等所需增加的费用。本项费用由沿海各省、自治区、直辖市交通运输厅(局)制定具体的适用范围(地区),并抄送交通运输部公路局备案。

沿海地区施工增加费以各类工程的直接工程费之和为基数,按表2-11的费率计算。

表2-11 　　　　　　　　　　　　 沿海地区施工增加费费率表 　　　　　　　　　　　　(单位:%)

工程类别	费率
构造物Ⅱ	0.15
构造物Ⅲ	0.15
技术复杂大桥	0.15
钢材及钢结构	0.15

⑤ 行车干扰工程施工增加费。

行车干扰工程施工增加费是指由于边施工边维护通车,施工受行车干扰的影响,致使人工、机械效率降低而增加的费用。该费用以受行车影响部分工程项目的人工费与施工机械使用费之和为基数,按表2-12的费率计算。

表2-12 　　　　　　　　　　　　 行车干扰工程施工增加费费率表 　　　　　　　　　　　　(单位:%)

工程类别	施工期平均每昼夜双向行车次数(汽车、兽力车合计)/次							
	51~100	101~500	501~1000	1001~2000	2001~3000	3001~4000	4001~5000	5000以上
人工土方	1.64	2.46	3.28	4.10	4.76	5.29	5.86	6.44
机械土方	1.39	2.19	3.00	3.89	4.51	5.02	5.56	6.11
汽车运输	1.36	2.09	2.85	3.75	4.35	4.84	5.36	5.89
人工石方	1.66	2.40	3.33	4.06	4.71	5.24	5.81	6.37
机械石方	1.16	1.71	2.38	3.19	3.70	4.12	4.56	5.01
高级路面	1.24	1.87	2.50	3.11	3.61	4.01	4.45	4.88
其他路面	1.17	1.77	2.36	2.94	3.41	3.79	4.20	4.62

工程类别	施工期平均每昼夜双向行车次数(汽车、兽力车合计)/次							
	51~100	101~500	501~1000	1001~2000	2001~3000	3001~4000	4001~5000	5000 以上
构造物Ⅰ	0.94	1.41	1.89	2.36	2.74	3.04	3.37	3.71
构造物Ⅱ	0.95	1.43	1.90	2.37	2.75	3.06	3.39	3.72
构造物Ⅲ	0.95	1.42	1.90	2.37	2.75	3.05	3.38	3.72
技术复杂大桥	—	—	—	—	—	—	—	—
隧道	—	—	—	—	—	—	—	—
钢材及钢结构	—	—	—	—	—	—	—	—

⑥ 安全及文明施工措施费。

安全及文明施工措施费是指工程施工期间为保证安全生产、文明施工、职工健康生活所发生的费用。但它不包括施工期间为保证交通安全而设置临时安全设施和标志、标牌的费用,需要时应根据设计要求计算。安全及文明施工措施费以各类工程的直接工程费之和为基数,按表 2-13 的费率计算。

表 2-13 安全及文明施工措施费费率表 (单位:%)

工程类别	费率
人工土方	0.59
机械土方	0.59
汽车运输	0.21
人工石方	0.59
机械石方	0.59
高级路面	1.00
其他路面	1.02
构造物Ⅰ	0.72
构造物Ⅱ	0.78
构造物Ⅲ	1.57
技术复杂大桥	0.86
隧道	0.73
钢材及钢结构	0.53

注:对设备安装工程,按表中费率的 50% 计算。

⑦ 临时设施费。

临时设施费是指施工企业为进行建筑安装工程施工所必需的生活和生产用的临时建筑物、构筑物和其他临时设施的费用等,但不包括概预算定额中的临时工程。

临时设施包括:临时生活及居住房屋(包括职工家属房屋及探亲房屋)、文化福利及公用房屋(如广播室、文体活动室等)和生产、办公房屋(如仓库、加工厂、加工棚、发电站、变电站、空压机站、停机棚等),工地范围内各种临时的工作便道(包括汽车、马车、架子车道)、人行便道,工地临时用水、用电的水管支线和电线支线,临时构筑物(如水井、水塔等)及其他小型临时设施。

临时设施费内容包括临时设施的搭设、维修、拆除或摊销等费用。

临时设施费以各类工程的直接工程费之和为基数,按表 2-14 的费率计算。

表2-14　　　　　　　　　　　　　　临时设施费费率表　　　　　　　　　　（单位:%）

工程类别	费率
人工土方	1.57
机械土方	1.42
汽车运输	0.92
人工石方	1.60
机械石方	1.97
高级路面	1.92
其他路面	1.87
构造物Ⅰ	2.65
构造物Ⅱ	3.14
构造物Ⅲ	5.81
技术复杂大桥	2.92
隧道	2.57
钢材及钢结构	2.48

⑧ 施工辅助费。

施工辅助费包括生产工具用具使用费、检验试验费及工程定位复测、工程点交、场地清理等费用。

生产工具用具使用费是指施工所需但不属于固定资产的生产工具、检验用具、试验用具及仪器、仪表等的购置、摊销和维修等费用,以及支付给工人自备工具的补贴费。

检验试验费是指对建筑材料、构件和建筑安装工程进行一般鉴定、检查所发生的费用,包括自设试验室进行试验所耗用的材料和化学药品的费用,以及技术革新和研究试验费,但不包括新结构、新材料的试验费,以及建设单位要求对具有出厂合格证明的材料进行检验、对构件进行破坏性试验和其他特殊要求的检验所发生的费用。

施工辅助费以各类工程的直接工程费之和为基数,按表2-15的费率计算。

表2-15　　　　　　　　　　　　　　施工辅助费费率表　　　　　　　　　　（单位:%）

工程类别	费率
人工土方	0.89
机械土方	0.49
汽车运输	0.16
人工石方	0.85
机械石方	0.46
高级路面	0.80
其他路面	0.74
构造物Ⅰ	1.30
构造物Ⅱ	1.56
构造物Ⅲ	3.03
技术复杂大桥	1.68
隧道	1.23
钢材及钢结构	0.56

⑨ 工地转移费。

工地转移费是指施工企业根据建设任务的需要,由已竣工的工地或后方基地迁至新工地的搬迁费用。

其内容包括：

a. 施工单位全体职工及随职工迁移的家属向新工地转移的车费、家具行李运费、途中住宿费、行程补助费、杂费及工资与工资附加费等；

b. 公物、工具、施工设备器材、施工机械的运杂费，外租机械的往返费，以及本工程内部各工地之间施工机械、设备、公物、工具的转移费等；

c. 非固定工人进退场及一条路线上各工地转移的费用。

工地转移费以各类工程的直接工程费之和为基数，按表2-16的费率计算。

工地转移距离以工程承包单位（如工程处、工程公司等）转移前后驻地间的距离或两路线中点间的距离为准。编制概（预）算时，如施工单位不明确，高速、一级公路及独立大桥、隧道按省城（自治区首府）至工地的距离计算工地转移费，二级及二级以下公路按地（市、盟）至工地的距离计算工地转移费，工地转移距离在表列距离之间时，费率可采用内插法计算。工地转移距离在50 km以内的工程不计取本项费用。

表2-16   **工地转移费费率表**   （单位：%）

工程类别	工地转移距离/km					
	50	100	300	500	1000	1000以上每增加100
人工土方	0.15	0.21	0.32	0.43	0.56	0.03
机械土方	0.50	0.67	1.05	1.37	1.82	0.08
汽车运输	0.31	0.40	0.62	0.82	1.07	0.05
人工石方	0.16	0.22	0.33	0.45	0.58	0.03
机械石方	0.36	0.43	0.74	0.97	1.28	0.06
高级路面	0.61	0.83	1.30	1.70	2.27	0.12
其他路面	0.56	0.75	1.18	1.54	2.06	0.10
构造物Ⅰ	0.56	0.75	1.18	1.54	2.06	0.11
构造物Ⅱ	0.66	0.89	1.40	1.83	2.45	0.13
构造物Ⅲ	1.31	1.77	2.77	3.62	4.85	0.25
技术复杂大桥	0.75	1.01	1.58	2.06	2.76	0.14
隧道	0.52	0.71	1.11	1.45	1.94	0.10
钢材及钢结构	0.72	0.97	1.51	1.97	2.64	0.13

2.2.2 公路工程间接费

公路工程间接费由规费、企业管理费等组成。

（1）规费

规费是指政府和有关权力部门规定施工企业必须缴纳的费用。规费包括以下内容。

① 养老保险费：是指施工企业按规定标准为职工缴纳的基本养老保险费。

② 失业保险费：是指施工企业按规定标准为职工缴纳的失业保险费。

③ 医疗保险费：是指施工企业按规定标准为职工缴纳的基本医疗保险费和生育保险费。

④ 住房公积金：是指施工企业按规定标准为职工缴纳的住房公积金。

⑤ 工伤保险费：是指施工企业按规定标准为职工缴纳的工伤保险费。

各项规费以各类工程的人工费之和为基数，按国家或工程所在地相关部门规定的标准计算。

（2）企业管理费

企业管理费由基本费用、主副食运费补贴、职工探亲路费、职工取暖补贴和财务费用五项组成。

① 基本费用。

基本费用是指施工企业为组织施工生产和经营管理所需的费用。其包括以下内容。

a. 管理人员工资:是指管理人员的基本工资、工资性补贴、职工福利费、劳动保护费及缴纳的养老保险费、失业保险费、基本医疗保险费、生育保险费、工伤保险费和住房公积金等。

b. 办公费:是指企业办公文具、纸张、账表、印刷、邮电、书报、会议、水、电、烧水和集体取暖(包括现场临时宿舍取暖)用煤(气)等费用。

c. 差旅交通费:是指职工因公出差和工作调动的差旅费(包括随行家属的差旅费),住勤补助费,市内交通及误餐补助费,职工探亲路费,劳动力招募费,职工离退休、退职一次性路费,工伤人员就医路费,以及管理部门使用的交通工具油料、燃料、牌照及养路费等。

d. 固定资产使用费:是指管理和试验部门及附属生产单位使用的属于固定资产的房屋、设备、仪器等的折旧、大修、维修或租赁等费用。

e. 工具用具使用费:是指管理部门使用的但不属于固定资产的生产工具、用具、家具、交通工具和检验、试验、测绘、消防等用具的购置、维修和摊销费用。

f. 劳动保险费:是指企业支付离退休职工的易地安家补助费,职工退休金,六个月以上病假人员工资,职工死亡丧葬补助费、抚恤费,按规定支付给离休干部的各项经费。

g. 工会经费:是指企业按职工工资总额计提的工会经费。

h. 职工教育经费:是指企业为职工学习先进技术和提高文化水平,按职工工资总额计提的费用。

i. 保险费:是指企业财产保险、管理用车辆保险等费用。

j. 工程保修费:是指工程竣工交付使用后,在规定保修期内的修理费用。

k. 工程排污费:是指施工现场按规定缴纳的排污费用。

l. 税金:是指企业按规定缴纳的房产税、车船使用税、土地使用税、印花税。

m. 其他:是指除上述项目以外其他必要的费用支出,包括技术转让费、技术开发费、业务招待费、绿化费、广告费、投标费、公证费、定额测定费、法律顾问费、审计费、咨询费等。

基本费用以各类工程的直接费之和为基数,按表 2-17 的费率计算。

表 2-17　　　　　　　　　　　　　　　**基本费用费率表**　　　　　　　　　　　(单位:%)

工程类别	费率
人工土方	3.36
机械土方	3.26
汽车运输	1.44
人工石方	3.45
机械石方	3.28
高级路面	1.91
其他路面	3.28
构造物 Ⅰ	4.44
构造物 Ⅱ	5.53
构造物 Ⅲ	9.79
技术复杂大桥	4.72
隧道	4.22
钢材及钢结构	2.42

② 主副食运费补贴。

主副食运费补贴是指施工企业在远离城镇及乡村的野外施工时购买生活必需品所需的费用。该费用以各类工程的直接费之和为基数,按表 2-18 的费率计算。

表 2-18　　　　　　　　　　　　　**主副食运费补贴费费率表**　　　　　　　　　　（单位:%）

工程类别	综合里程/km											
	1	3	5	8	10	15	20	25	30	40	50	50 以上每增加 10
人工土方	0.17	0.25	0.31	0.39	0.45	0.56	0.67	0.76	0.89	1.06	1.22	0.16
机械土方	0.13	0.19	0.24	0.30	0.35	0.43	0.52	0.59	0.69	0.81	0.95	0.13
汽车运输	0.14	0.20	0.25	0.32	0.37	0.45	0.55	0.62	0.73	0.86	1.00	0.14
人工石方	0.13	0.19	0.24	0.30	0.34	0.42	0.51	0.58	0.67	0.80	0.92	0.12
机械石方	0.12	0.18	0.22	0.28	0.33	0.41	0.49	0.55	0.65	0.76	0.89	0.12
高级路面	0.08	0.12	0.15	0.20	0.22	0.28	0.33	0.38	0.44	0.52	0.60	0.08
其他路面	0.09	0.12	0.15	0.20	0.22	0.28	0.33	0.38	0.44	0.52	0.61	0.09
构造物 I	0.13	0.18	0.23	0.28	0.32	0.40	0.49	0.55	0.65	0.76	0.89	0.12
构造物 II	0.14	0.20	0.25	0.30	0.35	0.43	0.52	0.60	0.70	0.83	0.96	0.13
构造物 III	0.25	0.36	0.45	0.55	0.64	0.79	0.96	1.09	1.28	1.51	1.76	0.24
技术复杂大桥	0.11	0.16	0.20	0.25	0.29	0.36	0.43	0.49	0.57	0.68	0.79	0.11
隧道	0.11	0.16	0.19	0.24	0.28	0.34	0.42	0.48	0.56	0.66	0.77	0.10
钢材及钢结构	0.11	0.16	0.20	0.26	0.30	0.37	0.44	0.50	0.59	0.69	0.80	0.11

注:1. 综合里程＝粮食运距×0.06＋燃料运距×0.09＋蔬菜运距×0.15＋水运距×0.70。

2. 粮食、燃料、蔬菜、水的运距均为全线平均运距。

3. 综合里程数在表列里程之间时,费率可按内插法取值。

4. 综合里程在 1 km 以内的工程不计取本项费用。

③ 职工探亲路费。

职工探亲路费是指按照有关规定施工企业职工在探亲期间发生的往返车船费、市内交通费和途中住宿费等费用。该费用以各类工程的直接费之和为基数,按表 2-19 的费率计算。

表 2-19　　　　　　　　　　　　　**职工探亲路费费率表**　　　　　　　　　　（单位:%）

工程类别	费率
人工土方	0.10
机械土方	0.22
汽车运输	0.14
人工石方	0.10
机械石方	0.22
高级路面	0.14
其他路面	0.16
构造物 I	0.29
构造物 II	0.34
构造物 III	0.55
技术复杂大桥	0.20
隧道	0.27
钢材及钢结构	0.16

④ 职工取暖补贴。

职工取暖补贴是指按规定发放给职工的冬季取暖或在施工现场设置临时取暖设施的费用。该费用以各类工程的直接工程费之和为基数,按工程所在地的冬季气温区(见相关手册)选用表 2-20 的费率计算。

表 2-20　职工取暖补贴费率表　　　　　　　　　　　　　　　　　　　　　（单位:%）

工程类别	冬季气温区						
	准二区	冬一区	冬二区	冬三区	冬四区	冬五区	冬六区
人工土方	0.03	0.06	0.10	0.15	0.17	0.26	0.31
机械土方	0.06	0.13	0.22	0.33	0.44	0.55	0.66
汽车运输	0.06	0.12	0.21	0.31	0.41	0.51	0.62
人工石方	0.03	0.06	0.10	0.15	0.17	0.25	0.31
机械石方	0.05	0.11	0.17	0.26	0.35	0.44	0.53
高级路面	0.04	0.07	0.13	0.19	0.25	0.31	0.38
其他路面	0.04	0.07	0.12	0.18	0.24	0.30	0.36
构造物 I	0.06	0.12	0.19	0.28	0.36	0.46	0.56
构造物 II	0.06	0.13	0.20	0.30	0.41	0.51	0.62
构造物 III	0.11	0.23	0.37	0.56	0.74	0.93	1.13
技术复杂大桥	0.05	0.10	0.17	0.26	0.34	0.42	0.51
隧道	0.04	0.08	0.14	0.22	0.28	0.36	0.43
钢材及钢结构	0.04	0.07	0.12	0.19	0.25	0.31	0.37

⑤ 财务费用。

财务费用是指施工企业为筹集资金而发生的各项费用,包括企业经营期间发生的短期贷款利息净支出、汇兑净损失、调剂外汇手续费、金融机构手续费,以及企业因筹集资金而发生的其他财务费用。

财务费用以各类工程的直接费之和为基数,按表 2-21 的费率计算。

表 2-21　　　　　　　　　　　　　　　　　　财务费用费率表　　　　　　　　　　　　　　　　　（单位:%）

工程类别	费率
人工土方	0.23
机械土方	0.21
汽车运输	0.21
人工石方	0.22
机械石方	0.20
高级路面	0.27
其他路面	0.30
构造物 I	0.37
构造物 II	0.40
构造物 III	0.82
技术复杂大桥	0.46
隧道	0.39
钢材及钢结构	0.48

（3）辅助生产间接费

辅助生产间接费是指由施工单位自行开采加工砂、石等材料及其自办的人工装卸和运输的间接费。

辅助生产间接费按人工费的 5% 计取。该项费用并入材料预算单价内构成材料费,不直接出现在概

（预）算中。

对于高原地区施工单位的辅助生产,可按其他工程费中高原地区施工增加费费率,以直接工程费为基数计算辅助生产高原地区施工增加费(其中,人工采集、加工材料费,人工装卸、运输材料费按人工土方费费率计算;机械采集、加工材料费按机械石方费费率计算;机械装卸、运输材料费按汽车运输费费率计算)。辅助生产高原地区施工增加费不作为辅助生产间接费的计算基数。

2.2.3　利润

利润是指施工企业完成所承包工程应取得的盈利。利润按直接费与间接费之和扣除规费的 7% 计算。

2.2.4　税金

税金是指按国家税法规定应计入建筑安装工程造价内的营业税、城市维护建设税及教育费附加等。其计算公式为:

$$税金=(直接费+间接费+利润)×综合税率 \qquad (2-12)$$

式中,综合税率的计算情况如下。

① 纳税地点在市区的企业,其综合税率为:

$$综合税率=\left(\frac{1}{1-3\%-3\%×7\%-3\%×3\%}-1\right)×100\%=3.41\%$$

② 纳税地点在县城、乡镇的企业,其综合税率为:

$$综合税率=\left(\frac{1}{1-3\%-3\%×5\%-3\%×3\%}-1\right)×100\%=3.35\%$$

③ 纳税地点不在市区、县城、乡镇的企业,其综合税率为:

$$综合税率=\left(\frac{1}{1-3\%-3\%×1\%-3\%×3\%}-1\right)×100\%=3.22\%$$

2.3　公路工程设备及工具、器具购置费的编制　　>>>

2.3.1　设备购置费

设备购置费是指为满足公路的营运、管理、养护需要而购置的达到固定资产标准的设备和虽低于固定资产标准但属于设计明确列入设备清单的设备的费用。其包括渡口设备,隧道照明、消防、通风的动力设备,高等级公路的收费、监控、通信、供电设备,养护用的机械、设备和工具、器具等的购置费用。

设备购置费应由设计单位列出计划购置的清单(包括设备的规格、型号、数量),以设备原价加综合业务费和运杂费按以下公式计算。

设备购置费=设备原价+设备运杂费(包括运输费、装卸费、搬动费)+设备运输保险费+设备采购及保管费

$$\qquad (2-13)$$

对于需要安装的设备,应在第一部分建筑安装工程费的有关项目内另计设备的安装工程费。

设备与材料的划分标准见相关手册。

(1) 国产设备原价的构成及计算

国产设备原价一般是指设备制造厂的交货价,即出厂价或订货合同价。它一般根据生产厂或供应商的询价、报价、订货合同价确定,或采用一定的方法计算确定。其内容包括设备出厂价,按专业标准规定的在运输过程中不受损失的一般包装费和按产品设计规定配备的工具、附件和易损件的费用,即:

$$国产设备原价=设备出厂价(或供货地点价)+包装费+手续费 \qquad (2-14)$$

（2）进口设备原价的构成及计算

进口设备原价是指进口设备的抵岸价，即抵达买方边境港口或边境车站，且缴完关税后形成的价格，即：

$$进口设备原价＝货价＋国际运费＋运输保险费＋银行财务费＋外贸手续费＋关税＋$$

$$增值税＋消费税＋商检费＋检疫费＋进口车辆购置附加费 \quad (2\text{-}15)$$

① 货价。

货价一般是指装运港船上交货价（FOB，习惯上称为离岸价）。设备货价分为原币货价和人民币货价。原币货价一律折算为美元表示，人民币货价按原币货价乘以外汇市场美元兑换人民币的中间价确定。进口设备货价按有关生产厂商询价、报价、订货合同价确定。

② 国际运费。

国际运费是指从装运港（站）到达我国抵达港（站）的运费，即

$$国际运费＝原币货价（FOB）×运费费率 \quad (2\text{-}16)$$

我国进口设备大多采用海洋运输，小部分采用铁路运输，个别采用航空运输。其运费费率参照有关部门或进出口公司的规定执行，海运费费率一般为6%。

③ 运输保险费。

运输保险费是指由保险人（保险公司）与被保险人（出口人或进口人）订立保险契约，在被保险人交付议定的保险费后，保险人根据保险契约的规定对货物在运输过程中发生承保责任范围内的损失给予经济上的补偿。这是一种财产保险，计算公式如下。

$$运输保险费＝[原币货价（FOB）＋国际运费]÷(1－保险费费率)×保险费费率 \quad (2\text{-}17)$$

保险费费率按保险公司规定的进口货物保险费费率计算，一般为0.35%。

④ 银行财务费。

银行财务费一般是指中国银行手续费，可按下式简化计算。

$$银行财务费＝人民币货价（FOB）×银行财务费费率 \quad (2\text{-}18)$$

银行财务费费率一般为0.4%～0.5%。

⑤ 外贸手续费。

外贸手续费是指按规定计取的外贸手续费，计算公式如下。

$$外贸手续费＝[人民币货价（FOB）＋国际运费＋运输保险费]×外贸手续费费率 \quad (2\text{-}19)$$

外贸手续费费率一般为1%～1.5%。

⑥ 关税。

关税是指海关对进出国境或境的货物和物品征收的一种税。其计算公式为：

$$关税＝[人民币货价（FOB）＋国际运费＋运输保险费]×进口关税税率 \quad (2\text{-}20)$$

进口关税税率按中华人民共和国海关总署发布的进口关税税率确定。

⑦ 增值税。

增值税是对从事进口贸易的单位和个人，在进口商品报关进口后征收的一种税种。按《中华人民共和国增值税暂行条例》的规定，进口应纳税产品均按组成计税价格和增值税税率直接计算应纳税额，即：

$$增值税＝[人民币货价（FOB）＋国际运费＋运输保险费＋关税＋消费税]×增值税税率 \quad (2\text{-}21)$$

增值税税率根据规定的税率确定，目前进口设备适用的增值税税率为17%。

⑧ 消费税。

对部分进口设备（如轿车、摩托车等）征收消费税，一般计算公式为：

$$消费税＝[人民币货价（FOB）＋国际运费＋运输保险费＋关税]÷(1－消费税税率)×消费税税率 \quad (2\text{-}22)$$

消费税税率根据规定的税率确定。

⑨ 商检费。

商检费是指进口设备按规定付给商品检验部门的进口设备检验鉴定费。其计算公式为：

$$商检费＝[人民币货价（FOB）＋国际运费＋运输保险费]×商检费费率 \quad (2\text{-}23)$$

商检费费率一般为 0.8%。

⑩ 检疫费。

检疫费是指进口设备按规定付给商品检疫部门的进口设备检验鉴定费。其计算公式为：

$$检疫费 = [人民币货价(FOB) + 国际运费 + 运输保险费] \times 检疫费费率 \tag{2-24}$$

检疫费费率一般为 0.17%。

⑪ 进口车辆购置附加费。

它是指进口车辆需缴纳的进口车辆购置附加费。其计算公式为：

$$进口车辆购置附加费 = [人民币货价(FOB) + 国际运费 + 运输保险费 + 关税 + 消费税 + 增值税] \times$$
$$进口车辆购置附加费费率 \tag{2-25}$$

在计算进口设备原价时,应注意工程项目的性质,以及有无按国家有关规定减免进口环节税的可能。

(3) 设备运杂费的构成及计算

国产设备运杂费是指由设备制造厂交货地点起至工地仓库(或施工组织设计指定的需要安装设备的堆放地点)止所发生的运费和装卸费;进口设备运杂费是指由我国到岸港口或边境车站起至工地仓库(或施工组织设计指定的需要安装设备的堆放地点)止所发生的运费和装卸费。其计算公式为：

$$设备运杂费 = 设备原价 \times 运杂费费率 \tag{2-26}$$

设备运杂费费率见表 2-22。

表 2-22   设备运杂费费率表   (单位:%)

运输里程/km	100 以内	101~200	201~300	301~400	401~500	501~750	751~1000	1001~1250	1251~1500	1501~1750	1751~2000	2000 以上每增 250
费率	0.8	0.9	1.0	1.1	1.2	1.5	1.7	2.0	2.2	2.4	2.6	0.2

(4) 设备运输保险费的构成及计算

设备运输保险费是指国内运输保险费。其计算公式为：

$$设备运输保险费 = 设备原价 \times 设备运输保险费费率 \tag{2-27}$$

设备运输保险费费率一般为 1%。

(5) 设备采购及保管费的构成及计算

设备采购及保管费是指采购、验收、保管和收发设备所发生的各种费用,包括设备采购人员、保管人员和管理人员的工资、工资附加费、办公费、差旅交通费,设备部门办公和仓库所占固定资产的使用费、工具用具使用费、劳动保护费、检验试验费等。其计算公式为：

$$设备采购及保管费 = 设备原价 \times 设备采购及保管费费率 \tag{2-28}$$

需要安装的设备的采购及保管费费率为 2.4%,不需要安装的设备的采购及保管费费率为 1.2%。

2.3.2 工器具及生产家具(简称工器具)购置费

工器具购置费是指建设项目交付使用后,为满足初期正常运营而必须购置的第一套不构成固定资产的设备、仪器、仪表、工卡模具、器具、工作台(框、架、柜)等的费用。该费用不包括构成固定资产的设备、工器具和备品备件及已列入设备购置费中的专用工具和备品备件的费用。

2.3.3 办公和生活用家具购置费

办公和生活用家具购置费是指为保证新建、改建项目初期正常生产、使用和管理所必须购置的办公和生活用家具、用具的费用。

其范围包括行政、生产部门的办公室,会议室,资料档案室,阅览室,单身宿舍及生活福利设施等的家具、用具的购置费用。

办公和生活用家具购置费按表 2-23 的规定计算。

表 2-23
办公和生活用家具购置费标准表

工程所在地	路线/(元/千米)				有看桥房的独立大桥/(元/座)	
	高速公路	一级公路	二级公路	三、四级公路	一般大桥	技术复杂大桥
内蒙古、黑龙江、青海、新疆、西藏	21500	15600	7800	4000	24000	60000
其他省、自治区、直辖市	17500	14600	5800	2900	19800	49000

注:改建工程按表列数据的 80% 计。

2.4 公路工程工程建设其他费用的计算

2.4.1 公路工程土地征用及拆迁补偿费的计算

土地征用及拆迁补偿费是指按照《中华人民共和国土地管理法》《中华人民共和国土地管理法实施条例》及《中华人民共和国基本农田保护条例》等法律、法规的规定,为进行公路建设需征用土地所支付的土地征用及拆迁补偿的费用。

(1)费用内容

① 土地补偿费。

土地补偿费是指被征用土地地上、地下附着物及青苗补偿费,因征用城市郊区的菜地等而缴纳的菜地开发建设基金,租用土地费,耕地占用税,地图编制费及勘界费,征地管理费等。

② 征用耕地安置补助费。

征用耕地安置补助费是指征用耕地需要安置农业人口的补助费。

③ 拆迁补偿费。

拆迁补偿费是指被征用或占用土地上的房屋及附属构筑物、城市公用设施等的拆除、迁建补偿费,拆迁管理费等。

④ 复耕费。

复耕费是指临时占用的耕地、鱼塘等,待工程竣工后将其恢复原有标准所发生的费用。

⑤ 耕地开垦费。

耕地开垦费是指因公路建设项目占用耕地的,由建设项目法人(业主)负责补充耕地所发生的费用。没有条件开垦或者开垦的耕地不符合要求的,应按规定缴纳耕地开垦费。

⑥ 森林植被恢复费。

森林植被恢复费是指公路建设项目需要占用、征用或者临时占用林地的,经县级以上林业主管部门审核同意或批准后,建设项目法人(业主)按照有关规定向县级以上林业主管部门预缴的森林植被恢复费。

(2)计算方法

土地征用及拆迁补偿费应根据审批单位批准的建设工程用地和临时用地的面积及其附着物的情况,以及实际发生的费用项目,按国家有关规定及工程所在地的省(自治区、直辖市)人民政府颁发的有关规定和标准计算。

森林植被恢复费应根据审批单位批准的建设工程占用林地的类型及面积,按国家有关规定及工程所在地的省(自治区、直辖市)人民政府颁发的有关规定和标准计算。

当与原有的电力电信设施、水利工程、铁路及铁路设施互相干扰时,应与有关部门联系,商定合理的解决方案和赔偿金额,也可由这些部门按规定的编制费用确定赔偿金额。

2.4.2 建设项目管理费

建设项目管理费包括建设单位(业主)管理费、工程质量监督费、工程监理费、工程定额测定费、设计文件审查费和竣(交)工验收试验检验费。

（1）建设单位(业主)管理费

建设单位(业主)管理费是指建设单位(业主)为建设项目的立项、筹建、建设、竣(交)工验收、总结等工作所发生的管理费用,不包括应计入设备、材料预算价格的建设单位采购及保管设备、材料所需的费用。

其费用内容包括:工作人员的工资、工资性补贴、施工现场津贴、社会保障费用(养老保险费、医疗保险费、失业保险费、工伤保险费)、住房公积金、职工福利费、工会经费、劳动保护费;办公费、差旅交通费、固定资产使用费(包括办公及生活房屋折旧、维修或租赁费,车辆折旧、维修、使用或租赁费,通信设备购置、使用费,测量、试验设备、仪器折旧、维修或租赁费,其他设备折旧、维修或租赁费等)、零星固定资产购置费、招募生产工人费;技术图书资料费、职工教育经费、工程招标费(不含招标文件及标底或造价控制值编制费);合同契约公证费、法律顾问费、咨询费;建设单位的临时设施费、完工清理费、竣(交)工验收费(含其他行业或部门要求的竣工验收费用)、各种税费(包括房产税、车船使用税、印花税等);建设项目审计费、境内外融资费用(不含建设期贷款利息)、业务招待费和其他管理性开支。

由施工企业代建设单位(业主)办理"土地、青苗等补偿费"的工作人员所发生的费用,应从建设单位(业主)管理费中支付。当建设单位(业主)委托有资质的单位代理招标时,其代理费应从建设单位(业主)管理费中支出。

建设单位(业主)管理费以建筑安装工程费总额为基数,按表 2-24 的费率以累进办法计算。

表 2-24   建设单位(业主)管理费费率表

第一部分 建筑安装工程费/万元	费率/%	算例	
		建筑安装工程费/万元	建设单位(业主)管理费/万元
500 以下	3.48	500	$500 \times 3.48\% = 17.4$
501～1000	2.73	1000	$17.4 + 500 \times 2.73\% = 31.05$
1001～5000	2.18	5000	$31.05 + 4000 \times 2.18\% = 118.25$
5001～10000	1.84	10000	$118.25 + 5000 \times 1.84\% = 210.25$
10001～30000	1.52	30000	$210.25 + 20000 \times 1.52\% = 514.25$
30001～50000	1.27	50000	$514.25 + 20000 \times 1.27\% = 768.25$
50001～100000	0.94	100000	$768.25 + 50000 \times 0.94\% = 1238.25$
100001～150000	0.76	150000	$1238.25 + 50000 \times 0.76\% = 1618.25$
150001～200000	0.59	200000	$1618.25 + 50000 \times 0.59\% = 1913.25$
200001～300000	0.43	300000	$1913.25 + 100000 \times 0.43\% = 2343.25$
300000 以上	0.32	310000	$2343.25 + 10000 \times 0.32\% = 2375.25$

注:1. 水深大于 15 m,跨度不小于 400 m 的斜拉桥和跨度不小于 800 m 的悬索桥等独立特大型桥梁工程的建设单位(业主)管理费按表中所列费率乘以 1.0～1.2 的系数计算。

　　2. 海上工程[其指由于风浪影响,工程施工期(不包括封冻期)全年月平均工作日少于 15 天的工程]的建设单位(业主)管理费按表中所列费率乘以 1.0～1.3 的系数计算。

（2）工程质量监督费

工程质量监督费是指根据国家有关部门的规定,各级公路工程质量监督机构对工程建设质量和安全生产实施监督应收取的管理费用。

工程质量监督费以建筑安装工程费总额为基数,按 0.15％的费率计算。

（3）工程监理费

工程监理费是指建设单位(业主)委托的持有公路工程监理资格证书的单位,按施工监理办法进行全面的监督与管理所发生的费用。

其费用内容包括:工作人员的基本工资、工资性津贴、社会保障费用(养老保险费、医疗保险费、失业保险费、工伤保险费)、住房公积金、职工福利费、工会经费、劳动保护费；办公费、会议费、差旅交通费、固定资产使用费(包括办公及生活房屋折旧、维修或租赁费，车辆折旧、维修、使用或租赁费，通信设备购置、使用费，测量、试验、检测设备、仪器折旧、维修或租赁费，其他设备折旧、维修或租赁费等)、零星固定资产购置费、招募生产工人费；技术图书资料费、职工教育经费、投标费用；合同契约公证费、咨询费、业务招待费；财务费用、监理单位的临时设施费、各种税费和其他管理性开支。

工程监理费以建筑安装工程费总额为基数，按表 2-25 的费率计算。

表 2-25　　　　　　　　　　　　　　　**工程监理费费率表**

工程类别	高速公路	一、二级公路	三、四级公路	桥梁及隧道
费率/%	2.0	2.5	3.0	2.5

表 2-25 中，桥梁是指水深大于 15 m 的斜拉桥和悬索桥等独立特大型桥梁工程；隧道是指水下隧道工程。

建设单位(业主)管理费和工程监理费均为实施建设项目管理费用，执行时可根据建设单位(业主)和施工监理单位实际所承担的工作内容和工作量统筹使用。

(4) 工程定额测定费

工程定额测定费是指各级公路(交通)工程造价(定额)管理站为测定劳动定额，搜集定额资料，编制工程定额及定额管理所需要的工作经费。

工程定额测定费以建筑安装工程费总额为基数，按 0.12% 的费率计算。

(5) 设计文件审查费

设计文件审查费是指国家和省级交通主管部门在项目审批前，为保证勘察设计工作的质量，组织有关专家或委托有资质的单位对设计单位提交的建设项目可行性研究报告和勘察设计文件及对设计变更、调整概算进行审查所需要的相关费用。

设计文件审查费以建筑安装工程费总额为基数，按 0.1% 的费率计算。

(6) 竣(交)工验收试验检测费

竣(交)工验收试验检测费是指在公路建设项目交工验收和竣工验收前，由建设单位(业主)或工程质量监督机构委托有资质的公路工程质量检测单位按照有关规定对建设项目的工程质量进行检测，并出具检测意见所需要的相关费用。

竣(交)工验收试验检测费按表 2-26 的规定计算。

表 2-26　　　　　　　　　　　　　　**竣(交)工验收试验检测费标准表**

项目	路线/(元/公路公里)				独立大桥/(元/座)	
	高速公路	一级公路	二级公路	三、四级公路	一般大桥	技术复杂大桥
竣(交)工验收试验检测费	15000	12000	10000	5000	30000	100000

关于竣(交)工验收试验检测费，高速公路、一级公路按四车道计算，二级及二级以下等级公路按二车道计算，每增加一条车道，按表 2-26 中的费用增加 10%。

2.4.3　研究试验费

研究试验费是指为建设项目提供或验证设计数据、资料进行必要的研究试验和按照设计规定在施工过程中必须进行试验所需的费用，以及支付科技成果、先进技术的一次性技术转让费，但不包括以下内容。

① 应由科技三项费用(即新产品试制费、中间试验费和重要科学研究补助费)开支的项目。

② 应由施工辅助费开支的施工企业对建筑材料、构件和建筑物进行一般鉴定、检查所发生的费用及技术革新研究试验费。

③ 应由勘察设计费或建筑安装工程费开支的项目。

其计算方法是按照设计提出的研究试验内容和要求进行编制，不需验证设计基础资料的不计取本项费用。

2.4.4 建设项目前期工作费

建设项目前期工作费是指建设单位(业主)委托勘察设计、咨询单位对建设项目进行可行性研究、工程勘察设计,以及编制设计、监理、施工招标文件及招标标底或造价控制值文件时,按规定应支付的费用。其包括:

① 编制项目建议书(或预可行性研究报告)、可行性研究报告、投资估算,以及相应的勘察、设计、专题研究报告等所需的费用。

② 初步设计和施工图设计的勘察费(包括测量、水文调查、地质勘探等)、设计费、概(预)算及调整概算编制费等。

③ 设计、监理、施工招标文件及招标标底(或造价控制值或清单预算)文件编制费等。

其计算方法是依据委托合同计列,或按国家颁发的收费标准和有关规定进行编制。

2.4.5 专项评价(估)费

专项评价(估)费是指依据国家法律、法规规定需进行评价(评估)、咨询时按规定应支付的费用。其包括环境影响评价费、水土保持评估费、地震安全性评价费、地质灾害危险性评价费、压覆重要矿产评估费、文物勘察费、通航认证费、行洪认证(评估)费、使用林地可行性研究报告编制费、用地预审报告编制费等。

其计算方法是按国家颁发的收费标准和有关规定进行编制。

2.4.6 施工机构迁移费

施工机构迁移费是指施工机构根据建设任务的需要,经有关部门决定成建制地(指工程处等)由原驻地迁移到另一地区所发生的一次性搬迁费用,但不包括以下内容:

① 应由施工企业自行负担的,在规定距离范围内调动施工力量及内部平衡施工力量所发生的迁移费用;

② 由于违反基本建设程序,盲目调迁队伍所发生的迁移费;

③ 因中标而引起施工机构迁移所发生的迁移费。

该费用内容包括职工及随同家属的差旅费,调迁期间的工资,施工机械、设备、工具、用具和周转性材料的搬运费。

施工机构迁移费应经建设项目的主管部门同意据实计算。但计算施工机构迁移费后,如迁移地点为新工地地点(如独立大桥),则其他工程费中的工地转移费应不再计算;如施工机构迁移地点至新工地地点还有部分距离,则工地转移费的距离应以施工机构新工地地点为计算起点。

2.4.7 供电贴费(停止征收)

供电贴费是指按照国家规定,建设项目应交付的供电工程贴费、施工临时用电贴费。

其计算方法按国家有关规定计列。

2.4.8 联合试运转费

联合试运转费是指新建、改(扩)建工程项目,在竣工验收前按照设计规定的工程质量标准,进行动(静)荷载试验所需的费用,或整套设备进行带负荷联合试运转期间所需的全部费用抵扣试车期间收入的差额。它不包括应由设备安装工程项目中开支的调试费。

该费用内容包括:联合试运转期间所需的材料、油燃料和动力的消耗,机械和检测设备使用费,工具、用具和低值易耗品费用,参加联合试运转人员工资及其他费用等。

联合试运转费以建筑安装工程费总额为基数,独立特大型桥梁按 0.075% 的费率计算,其他工程按 0.05% 的费率计算。

2.4.9 生产人员培训费

生产人员培训费是指新建、改(扩)建公路工程项目,为保证生产的正常运行,在工程竣工验收交付使用前对运营部门生产人员和管理人员进行培训所需的费用。

该费用内容包括:培训人员的工资、工资性补贴、职工福利费、差旅交通费、劳动保护费、培训及教学实习费等。

生产人员培训费按设计定员和 2000 元/人的标准计算。

2.4.10 固定资产投资方向调节税(暂停征收)

固定资产投资方向调节税是指为了贯彻国家产业政策,控制投资规模,引导投资方向,调整投资结构,加强重点建设,促进国民经济持续、稳定、协调发展,依照《中华人民共和国固定资产投资方向调节税暂行条例》的规定,公路建设项目应缴纳的固定资产投资方向调节税。

2.4.11 建设期贷款利息

建设期贷款利息是指建设项目分年度使用国内贷款或国外贷款部分,在项目建设期内应归还的贷款利息。该费用内容包括各种金融机构贷款、企业集资、建设债券和外汇贷款等利息。

其计算方法是根据资金的不同来源按需要付息的分年度投资进行计算。

其计算公式如下:

建设期贷款利息 $= \sum ($上年年末付息贷款本息累计 $+$ 本年度付息贷款额 $\div 2) \times$ 贷款年利率

(2-29)

即

$$S = \sum_{n=1}^{N} \left(F_{n-1} + \frac{b_n}{2} \right) i$$

式中　S——建设期贷款利息;

N——项目建设期,年;

n——施工年度;

F_{n-1}——项目建设期第$(n-1)$年年末需付息贷款本息累计;

b_n——项目建设期第 n 年度付息贷款额;

i——项目建设期贷款年利率。

2.5　公路工程预备费与回收金额的计算　>>>

预备费由价差预备费和基本预备费两部分组成。在公路工程建设期限内,凡需动用预备费时,属于公路交通运输部门投资的项目,需经建设单位提出,按建设项目隶属关系,报交通运输部或交通运输厅(局)基本建设主管部门核定批准;属于其他部门投资的建设项目,按其隶属关系报有关部门核定批准。

2.5.1 价差预备费的计算

价差预备费是指设计文件编制年至建设项目工程竣工年期间,第一部分费用的人工费、材料费、施工机械使用费、其他工程费、间接费等及第二、三部分费用由于政策、价格变化可能发生上浮而预留的费用和外资贷款汇率变动部分的费用。

① 计算方法：价差预备费以概（预）算或修正概算第一部分建筑安装工程费总额为基数，按设计文件编制年始至建设项目工程竣工年终的年数和年工程造价增长率计算。

其计算公式如下：

$$价差预备费 = P[(1+i)^{n-1}-1] \qquad (2\text{-}30)$$

式中　P——建筑安装工程费总额；

　　　i——年工程造价增长率，%；

　　　n——设计文件编制年始至建设项目开工年终的年数与建设项目建设期限之和。

② 年工程造价增长率按有关部门公布的工程投资价格指数计算，或由设计单位会同建设单位根据该工程人工费、材料费、施工机械使用费、其他工程费、间接费及第二、三部分费用可能发生的上浮因素，以第一部分建筑安装工程费为基数进行综合分析预测。

③ 自设计文件编制至建设项目工程竣工在一年以内的工程，不列此项费用。

2.5.2　基本预备费的计算

基本预备费是指经初步设计和概算中难以预料的工程费用，其用途如下：

① 进行技术设计、施工图设计和施工过程中，在批准的初步设计和概算范围内所增加的工程费用。

② 在设备订货时，由于规格、型号的改变，材料货源变更，运输距离或方式的改变，以及因规格不同而代换使用等发生的价差。

③ 由于一般自然灾害所造成的损失和预防自然灾害所采取的措施费用。

④ 在项目主管部门组织竣（交）工验收时，验收委员会（或小组）为鉴定工程质量必须开挖和修复隐蔽工程的所发生费用。

⑤ 投保的工程根据工程特点和保险合同发生的工程保险费用。

基本预备费以第一、二、三部分费用之和（扣除固定资产投资方向调节税和建设期贷款利息两项费用）为基数，按下列费率计算：设计概算按 5% 计列，修正概算按 4% 计列，施工图预算按 3% 计列。

采用施工图预算加系数包干承包的工程，包干系数为施工图预算中直接费与间接费之和的 3%。施工图预算包干费用由施工单位包干使用。

该包干费用的内容为：

① 在施工过程中，设计单位对分部、分项工程修改设计而增加的费用，但不包括因水文、地质条件变化造成的基础变更、结构变更、标准提高、工程规模改变而增加的费用。

② 预算审定后，施工单位负责采购的材料由于货源变更、运输距离或方式的改变及规格不同而代换使用等发生的价差。

③ 由于一般自然灾害所造成的损失和预防自然灾害所采取的措施费用（如一般防台风、防洪的费用）等。

2.5.3　回收金额的计算

概预算定额所列材料一般不计回收，只对按全部材料计价的一些临时工程项目及由于工程规模或工期限制达不到规定周转次数的拱盔、支架和施工金属设备的材料计算回收金额。回收率见表 2-27。

表 2-27　　　　　　　　　　　　　　　　　　回收率表

回收项目	使用年限或周转次数				计算基数
	一年或一次	两年或两次	三年或三次	四年或四次	
临时电力、电信线路	50%	30%	10%	—	材料原价
拱盔、支架	60%	45%	30%	15%	
施工金属设备	65%	65%	50%	30%	

注：施工金属设备指钢壳沉井、钢护筒等。

2.6 公路工程建设各项费用的计算程序及计算方式 >>>

公路工程建设各项费用的计算程序及计算方式见表 2-28。

表 2-28   公路工程建设各项费用的计算程序及计算方式

代号	项目	说明及计算式
一	直接工程费(即工、料、机费)	按编制年工程所在地的预算价格计算
二	其他工程费	(一)×其他工程费综合费率或各类工程人工费与施工机械费之和×其他工程费综合费率
三	直接费	(一)+(二)
四	间接费	各类工程人工费×规费综合费率+(三)×企业管理费综合费率
五	利润	[(三)+(四)-规费]×利润率
六	税金	[(三)+(四)+(五)]×综合税率
七	建筑安装工程费	(三)+(四)+(五)+(六)
八	设备及工具、器具购置费(包括备品备件及办公和生活用家具购置费)	$\sum$(设备及工具、器具购置数量×单价+运杂费)×(1+设备采购及保管费费率) 按有关定额计算
九	工程建设其他费用	
	土地征用及拆迁补偿费	按有关规定计算
	建设单位(业主)管理费	(七)×费率
	工程质量监督费	(七)×费率
	工程监理费	(七)×费率
	工程定额测定费	(七)×费率
	设计文件审查费	(七)×费率
	竣(交)工验收试验检测费	按有关规定计算
	研究试验费	按批准的计划编制
	建设项目前期工作费	按有关规定计算
	专项评价(估)费	按有关规定计算
	施工机构迁移费	据实计算
	供电贴费	按有关规定计算
	联合试运转费	(七)×费率
	生产人员培训费	按有关规定计算
	固定资产投资方向调节税	按有关规定计算
	建设期贷款利息	按实际贷款数额及利率计算
十	预备费	包括价差预备费和基本预备费两项
	价差预备费	按规定的公式计算
	基本预备费	[(七)+(八)+(九)-固定资产投资方向调节税-建设期贷款利息]×费率
	预备费中施工图预算包干系数	[(三)+(四)]×费率
十一	建设项目总费用	(七)+(八)+(九)+(十)

知识归纳

（1）公路工程概预算编制依据、公路工程概预算文件组成、公路工程概预算项目和公路工程概预算费用组成。

（2）公路工程建筑安装工程费的编制方法。

（3）公路工程设备及工具、器具购置费的编制方法。

（4）公路工程工程建设其他费用的计算方法。

（5）公路工程预备费与回收金额的计算方法及公路工程建设各项费用的计算程序及计算方式。

独立思考

2-1 公路工程概预算编制依据有哪些？公路工程概预算文件组成包括哪些内容？公路工程概预算由哪些项目和费用构成？

2-2 简述公路工程建筑安装工程费的编制方法。

2-3 简述公路工程除建筑安装工程费以外的其他各项费用的计算方法。

3

公路工程工程量
计算与计量

课前导读

▽ 内容提要

　　本章主要介绍公路工程工程量计算方法与工程量计量规则的基本知识，包括公路工程工程量清单格式，公路路基工程工程量计量规则与方法，公路路面工程工程量计量规则与方法，公路桥涵工程工程量计量规则与方法，公路隧道工程工程量计量规则与方法，公路安全设施及预埋管线工程工程量计量规则与方法，公路绿化及环境保护工程工程量计量规则与方法，公路房建工程工程量计量规则与方法。

▽ 能力要求

　　通过本章的学习，学生应了解公路工程工程量计算方法和工程量清单格式；理解公路路基工程、公路路面工程、公路桥涵工程、公路隧道工程、公路安全设施及预埋管线工程、公路绿化及环境保护工程、公路房建工程等的结构类型及组成；掌握它们的工程量清单计量规则和方法。

3.1 公路工程工程量清单格式 >>>

3.1.1 工程细目

公路工程工程量清单共分为八章：第一章　总则，第二章　路基工程，第三章　路面工程，第四章　桥梁、涵洞工程，第五章　隧道工程，第六章　安全设施及预埋管线工程，第七章　绿化及环境保护工程，第八章　房建工程。第八章是依据公路建设项目房建工程内容增编的。

3.1.2 计量规则总说明

①《公路工程工程量清单计量规则》（以下简称《规则》）主要依据交通运输部《公路工程国内招标文件范本》（2003 年版）中的技术规范，结合公路建设项目内容编制。

②《规则》是《公路基本建设工程造价计价规范》的组成部分，是编制工程量清单的依据。《规则》由项目号、项目名称、项目特征、计量单位、工程量计算规则和工程内容构成。

a.《规则》项目号的编写分别按项、目、节、细目表达，根据实际情况可按厚度、标号、规格等增列细目或子细目，与工程量清单细目号对应方式示例见图 3-1。

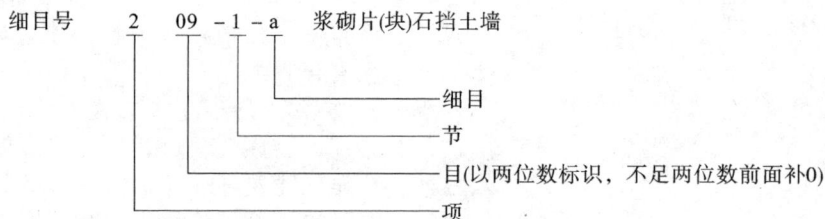

```
细目号    2   09 - 1 - a    浆砌片(块)石挡土墙
                    │  │  └── 细目
                    │  └───── 节
                    └──────── 目(以两位数标识，不足两位数前面补0)
          └───────────────── 项
```

图 3-1　与工程量清单细目号对应方式示例

b. 项目名称以工程和费用名称命名，如有缺项，招标人可按《规则》的原则进行补充，并报工程造价管理部门核备。

c. 项目特征是按不同的工程部位，施工工艺或材料品种、规格等对项目作的描述，是设置工程量清单项目的依据。

d. 计量单位采用基本单位，除各章另有特殊规定外，均按以下单位计量：

以体积计算的项目——m^3。

以面积计算的项目——m^2。

以质量计算的项目——t、kg。

以长度计算的项目——m。

以自然体计算的项目——个、棵、根、台、套、块……

没有具体数量的项目——总额。

e. 工程量计算规则是对清单项目工程量的计算规定，除另有说明外，清单项目工程量均按设计图示以工程实体的净值计算；材料及半成品采备和损耗，场内二次转运，常规的检测、试验等均包括在相应工程项目中，不另行计量。

f. 工程内容为完成该项目的主要工作；凡工程内容中未列的其他工作为该项目的附属工作，应参照各项目对应的招标文件范本技术规范章节的规定或设计图纸在报价中综合考虑。

③ 施工现场交通组织、维护费应在各项目内综合考虑，不另行计量。

④ 为满足项目管理成本核算的需要，对于第四章　桥梁、涵洞工程，第五章　隧道工程，应按特大桥、大桥、中小桥、分离式立交桥和隧道单洞、连洞分类使用《规则》的计量项目。

⑤《规则》在具体使用过程中，可根据实际情况补充个别项目的技术规范内容，与工程量清单配套使用。

3.2   公路路基工程工程量计量规则与方法   >>>

公路是一种空间线形工程构造物。从大的方面来讲,它由路基、路面、桥梁、涵洞、隧道、防护工程、排水设施、山区特殊构造物等基本部分组成。此外,为了保证汽车行驶的安全、畅通和舒适,还需有特种附属工程,如公路标志、护栏、路用房屋、加油站、通信设施及绿化植被等。要确定公路工程造价,做好公路工程概预算工作,其基本前提是要熟悉公路工程结构物的构造,为准确计算其工程数量打下基础。

路基是路面的基础,并起着与路面共同承担行车荷载的作用。为使路面坚固、稳定,或不占用太多的土地,路基必须有一些其他附属构造物,如挡土墙、护坡、护脚、排水沟、跃水、急流槽等。

3.2.1   路基的结构类型与组成

路基横断面是指在垂直于道路中线方向所作的一垂直剖面。路基横断面图反映了路基的形状和尺寸,是路基设计的主要技术文件。路基横断面由行车道、路肩、分隔带、边沟及截水沟、护坡道等组成,对于高速公路,还有变速车道、爬拉车道、紧急停车带、慢行道及上设施等。

根据原地面起伏状况和不同的设计要求,路基横断面设计有 4 种基本类型,即路堤、路堑、半填半挖及不填不挖。

(1)路堤

路堤是指高于原地面,由填方筑成的路基,如图 3-2 所示。路堤都应设置边坡,坡度以 $1:m$ 表示。当地面横坡太陡,或填方数量太大,占地太多时,常在填方坡脚处设置石砌护脚,以防止填方沿山坡向下滑动,如图 3-2(d)所示。

(2)路堑

路堑是低于原地面,由挖方构成的路基,如图 3-3 所示。路堑的典型横断面为全挖路堑,如图 3-3(a)所示。

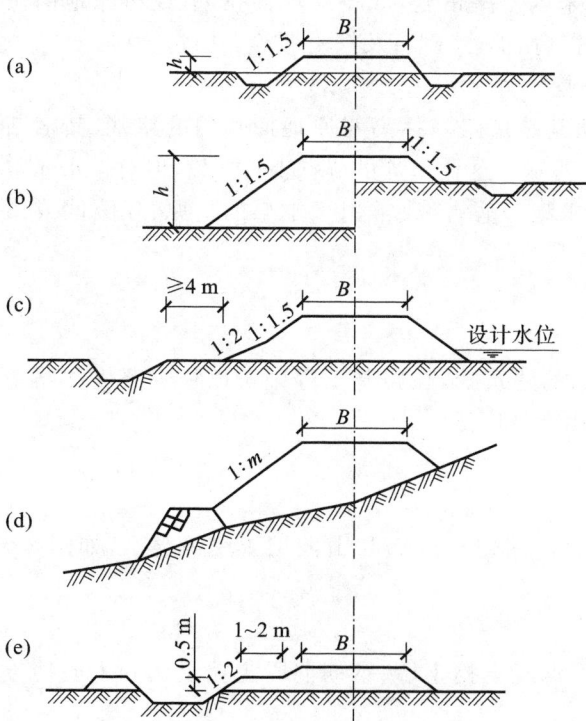

图 3-2   填方路基横断面的基本形式

(a)矮路堤;(b)一般路堤;(c)沿河路堤;

(d)护脚路堤;(e)挖渠填筑路堤

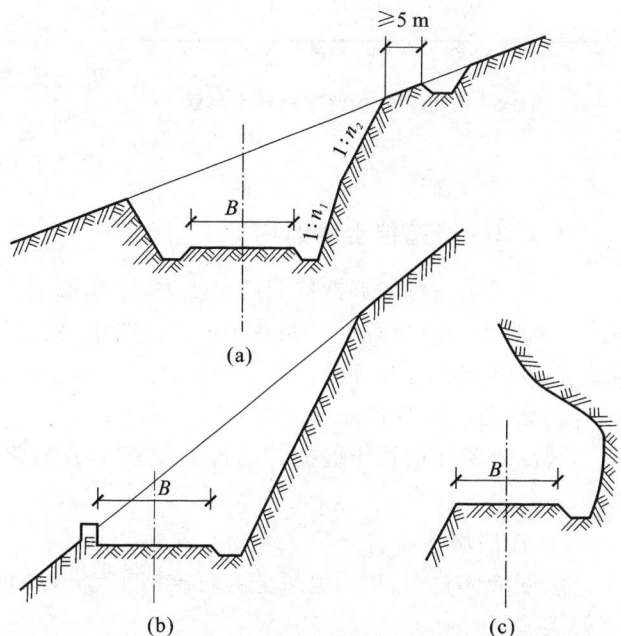

图 3-3   路堑横断面的基本形式

(a)路堑;(b)台口式路基;(c)半山洞路基

该路基两侧均需设置边沟,为防止山坡水流进路基,应在路堑边坡的上方设置截水沟,其位置要求距坡顶大于 5 m。

在整体坚硬的岩层上,有时可采用半山洞路基,如图 3-3(c)所示,但要确保安全,不可滥用。

（3）半填半挖

半填半挖路基横断面形式如图 3-4 所示。它的特征是在同一个断面上既有挖方又有填方。

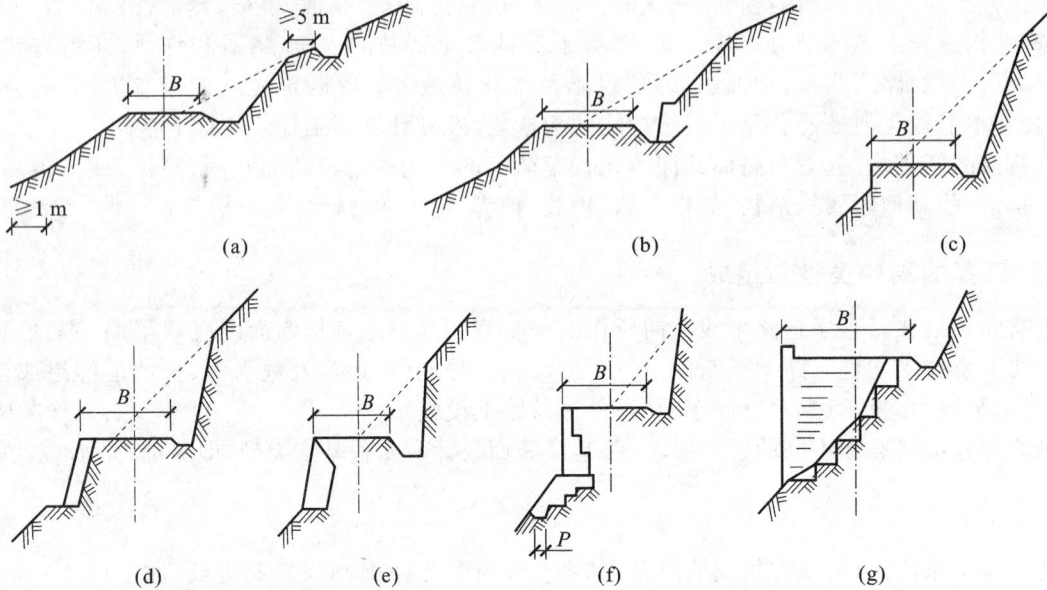

图 3-4　半填半挖路基横断面的基本形式
（a）一般半填半挖路基；（b）矮挡土墙路基；（c）护肩路基；（d）砌石路基；（e）护墙路基；（f）挡土墙路基；（g）半山桥路基

以挖做填是一种比较经济的断面形式。由于半填半挖断面往往用在横坡较陡的山坡上,为了使路基稳定,避免填方部分在自重作用下沿地面下滑,故路基往往要采取一些措施,如将原地面拉毛,或将原地面做成台阶,或修筑护肩、护墙、砌石及挡土墙等支挡建筑物。

（4）不填不挖

不填不挖路基是指路基标高与原地面相同的路基,其横断面形式如图 3-5 所示。这种路基虽节省土石方量,但对排水非常不利,容易发生水淹等病害,故常用于干旱的平原、丘陵区或山岭区的山脊线。

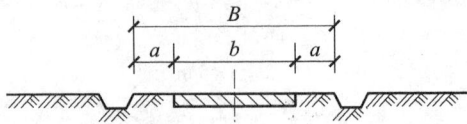

图 3-5　不填不挖的路基横断面形式
B—路基宽度；a—路肩宽度；b—路面宽度

3.2.2　路基挡土墙的构造

挡土墙是一种能够抵抗侧向土压力,防止墙后土体坍塌的建筑物,在路基工程中可以稳定路堤和路堑边坡,减少土石方工程量。尤其在山区公路中,挡土墙的运用十分广泛。

（1）挡土墙的类型

① 按照墙的位置分。

公路上常用的挡土墙按其设置的位置可分为路堑挡土墙、路肩挡土墙和山坡挡土墙等类型,如图 3-6 所示。

② 按照墙体材料分。

按照墙体材料,挡土墙可分为石砌挡土墙、砖砌挡土墙、混凝土挡土墙、钢筋混凝土挡土墙和木质挡土墙等类型。

③ 按照墙的结构形式分。

按照墙的结构形式,挡土墙可分为重力式、衡重式、半重力式、悬臂式、扶壁式、拱式、锚杆式、锚碇板式、带卸荷板的柱板式、桩板式和垛式（又称框架式）等类型（图 3-7）。其中,重力式、衡重式多用石砌（在缺乏石

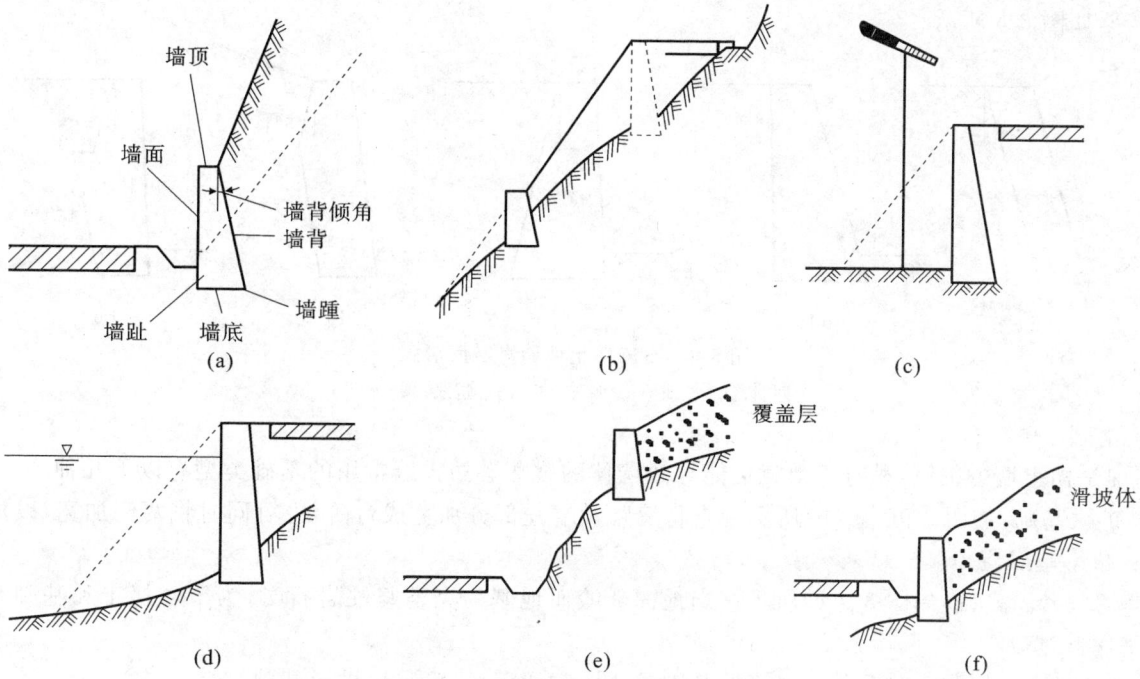

图 3-6 挡土墙按设置的位置划分

(a) 路堑挡土墙;(b) 路堤挡土墙(虚线为路肩挡土墙);(c) 路肩挡土墙;(d) 浸水挡土墙;(e) 山坡挡土墙;(f) 抗滑挡土墙

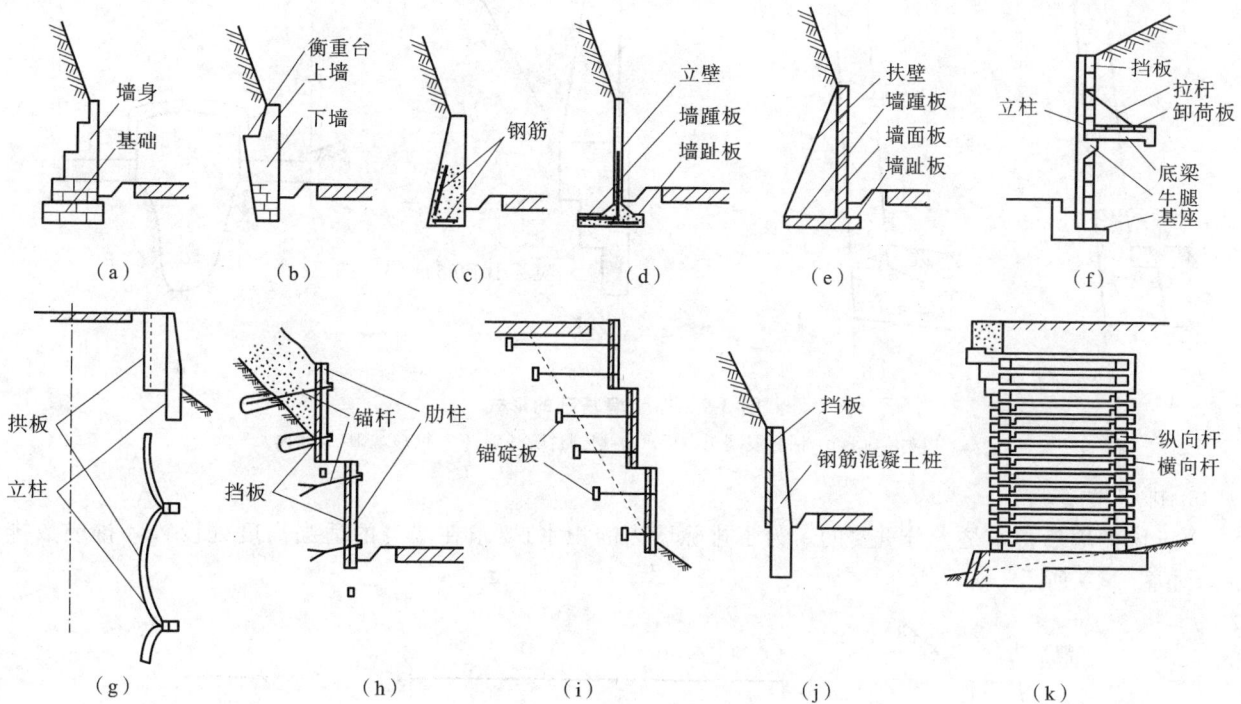

图 3-7 挡土墙按结构形式分

(a) 重力式;(b) 衡量式;(c) 半重力式;(d) 悬臂式;(e) 扶壁式;(f) 带卸荷板的柱板式;
(g) 拱式;(h) 锚杆式;(i) 锚碇板式;(j) 桩板式;(k) 垛式

料地区有用砖砌的);半重力式用混凝土浇筑,视需要也可在受拉区加少量钢筋,以节省圬工;其他类型多用钢筋混凝土就地制作或预制拼装。

(2) 石砌挡土墙的构造

石砌挡土墙是工程中常用的挡土墙。它由墙身、基础、排水设施、沉降缝和伸缩缝等部分组成。

① 墙身。

墙身是挡土墙的主体结构。根据墙背的倾斜方向,墙身断面形式可分为仰斜、垂直、俯斜、凸形折线和衡重式等,如图 3-8 所示。

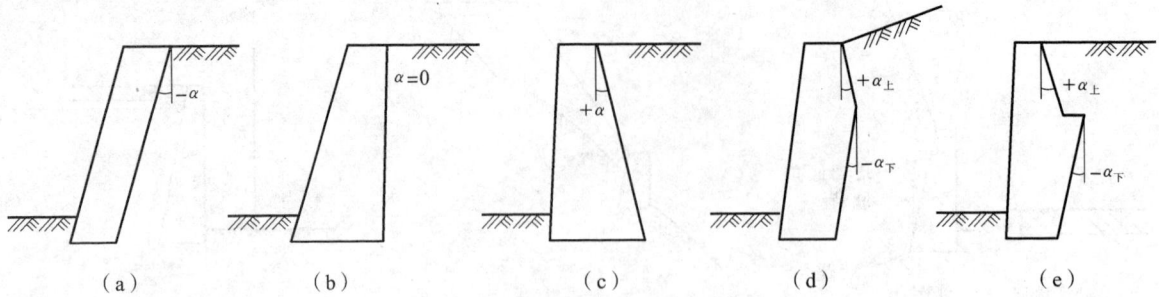

图 3-8 石砌挡土墙墙身断面形式
(a) 仰斜;(b) 垂直;(c) 俯斜;(d) 凸形折线;(e) 衡重式

② 基础。

基础是挡土墙的关键,稍有不慎就可能导致墙体的破坏。挡土墙常用的基础类型有以下几种。

a. 扩大基础,如图 3-9(a)、(b)所示。它将墙趾和墙踵部分加宽成台阶,也可同时将两侧加宽,以加大承比面积,减小基底应力。

b. 切割台阶基础,如图 3-9(c)所示。当地面陡峻而地基为完整坚硬岩石时,为节省圬工和基础开挖数量,可采用此基础。

c. 拱形基础,如图 3-9(d)所示。当挖基困难或跨越沟涧时,可采用拱形基础。

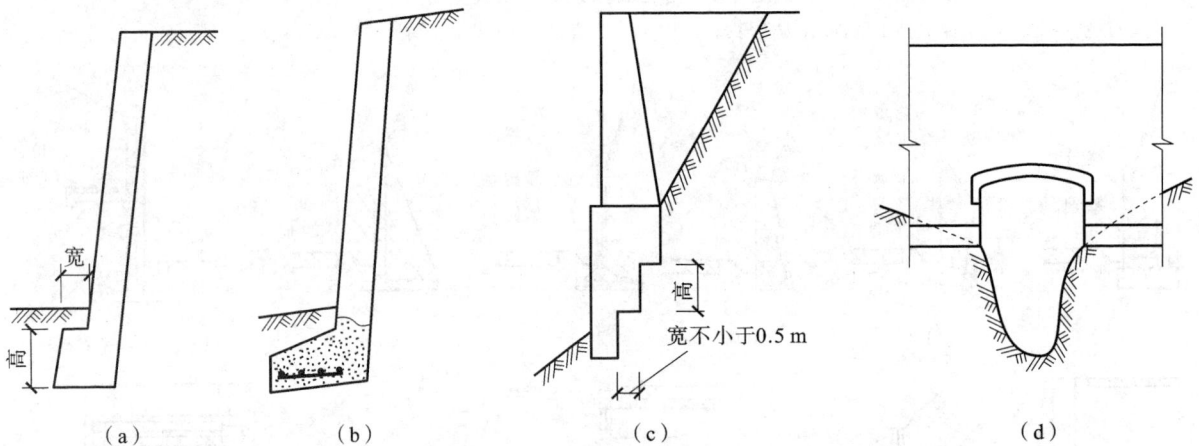

图 3-9 挡土墙基础的形式
(a) 加宽墙趾;(b) 钢筋混凝土底板;(c) 切割台阶基础;(d) 拱形基础(纵断面)

③ 排水设施。

挡土墙的墙后排水是十分重要的。为了排除墙内的积水,要求在墙身的适当高度处设置一排或数排泄水孔,如图 3-10 所示。

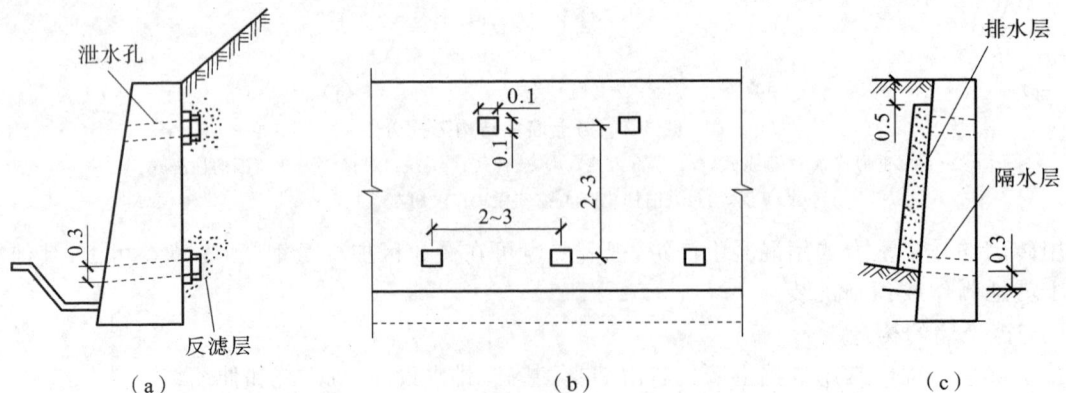

图 3-10 挡土墙的泄水孔及排水层(单位:m)
(a) 不设置排水层的泄水孔;(b) 泄水孔的布置;(c) 设置排水层的泄水孔

④ 沉降缝与伸缩缝。

沉降缝与伸缩缝是为了防止地基不均匀沉降或圬工砌体因硬化收缩及温度变化产生不均匀伸缩而设置的,如图 3-11 所示。

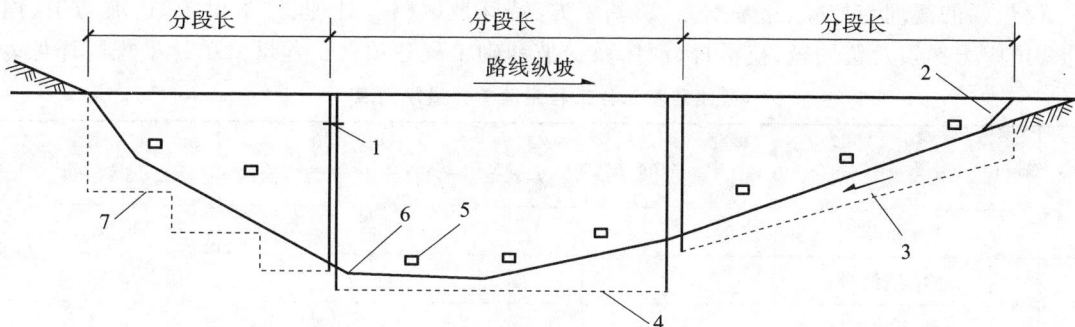

图 3-11 挡土墙正面图

1—沉降缝、伸缩缝;2—锥坡;3—基底纵坡(坡度小于或等于 5%);4—基底线;5—泄水孔;
6—地面线;7—基底台阶(按地形设置,高宽比不大于 1:2)

沉降缝与伸缩缝一般都设在一起,称为沉降伸缩缝。一般每隔 10～15 m 设置一道,缝宽 3 cm,自墙顶做到基底,缝内用胶泥或沥青麻筋等弹性材料沿墙的内、外、顶三侧填塞而成。

3.2.3 公路路基工程工程量清单计量规则

(1) 路基工程

路基工程包括清理与挖除、路基挖方、路基填方、特殊地区路基处理、排水设施、边坡防护、挡土墙、挂网坡面防护、预应力锚索及锚固板、抗滑桩、河床及护坡铺砌工程。

(2) 计算说明

① 路基石方的界定。用功率不小于 165 kW(220 马力)的推土机单齿松土器无法勾动,需用爆破、钢楔或气钻方法开挖,且体积大于或等于 1 m³ 的孤石为石方。

② 土石方体积用平均断面面积法计算。与似棱体公式计算结果比较,如果误差超过 5%,采用似棱体公式计算。

③ 路基挖方以批准的路基设计图纸所示界限为限,均以开挖天然密实体积计量。其包括边沟、排水沟、截水沟、改河、改渠、改路的开挖。

④ 挖方作业应保持边坡稳定,应做到开挖与防护同步施工。如因施工方法不当、排水不良或开挖后未按设计及时进行防护而造成塌方,则塌方的清除和回填工作由承包人负责。

⑤ 借土挖方按天然密实体积计量。借土场或取土坑中非适用材料的挖除、弃运及场地清理、地貌恢复,施工便道、便桥的修建与养护、临时排水与防护作为借土挖方的附属工程处理,不另行计量。

⑥ 路基填料中石料含量大于或等于 70% 时,按填石路堤计量;小于 70% 时,按填土路堤计量。

⑦ 路基填方以批准的路基设计图纸所示界限为限,按压实后路床顶面设计高程计算;应扣除跨径大于 5 m 的通道、涵洞空间体积,跨径大于 5 m 的桥则按桥长范围的空间体积扣除。为保证压实度而两侧加宽超填的增加体积,零填零挖的翻松压实体积,均不另行计量。

⑧ 桥涵台背回填只计取按设计图纸或工程师指示进行的桥涵台背特殊处理数量,但在路基土石方填筑计量中应扣除涵洞、通道台背及桥梁桥长范围外台背特殊处理的数量。

⑨ 回填土是指零挖以下或填方路基(扣除 10～30 m 清表土)路段挖除非适用材料后回填的好土。

⑩ 填方按压实的体积以立方米计量,包括挖台阶、摊平、压实、整形,其开挖作业在挖方中计量。

⑪ 本章项目未明确指出的工程内容,如养护,场地清理,脚手架的搭拆,模板的安装、拆除及场地运输等,均包括在相应的工程项目中,不另行计量。

⑫ 排水、防护、支挡工程的钢筋、锚杆、锚索除锈、制作、安装、运输,以及锚具、锚垫板、注浆管、封锚、护

套、支架等均包括在相应的工程项目中,不另行计量。

⑬ 取、弃土场的防护,排水及绿化在本章的相应工程项目中计量。

（3）工程量清单计量规则

路基工程包括的清理与挖除、路基挖方、路基填方、特殊地区路基处理、排水设施、边坡防护、挡土墙、挂网坡面防护、预应力锚索及锚固板、抗滑桩、河床及护坡铺砌工程各项目工程量清单计量规则详见表 3-1。

表 3-1　　　　　　　　　　　　**公路路基工程工程量清单计量规则表**

项	目	节	细目	项目名称	项目特征	计量单位	工程量计量规则	工程内容
二				路基				第 200 章
	2			场地清理				第 202 节
		1		清理与挖除				
			a	清理现场	1. 表土 2. 深度	m²	按设计图表所示,以投影平面面积计算	1. 清除路基范围内所有的垃圾 2. 清除草皮或农作物的根系与表土(10～30 cm 厚) 3. 清除灌木、竹林、树木(胸径小于 150 mm)和石头 4. 废料运输及堆放 5. 坑穴填平夯实
			b	砍树、挖根	胸径	棵	按设计图所示胸径(离地面 1.3 m 处的直径)大于 150 mm 的树木,以累计棵数计算	1. 砍树、截锯、挖根 2. 运输堆放 3. 坑穴填平夯实
		2		挖除旧路面				
			a	水泥混凝土路面	厚度	m²	按设计图所示,以面积计算	1. 挖除,坑穴回填、压实 2. 装卸、运输、堆放
			b	沥青混凝土路面				
			c	碎(砾)石路面				
		3		拆除结构物				
			a	钢筋混凝土结构	形状	m³	按设计图所示,以体积计算	1. 拆除,坑穴回填、压实 2. 装卸、运输、堆放
			b	混凝土结构				
			c	砖、石及其他砌体结构				
	3			挖方				第 203、206 节
		1		路基挖方				
			a	挖土方	1. 土壤类别 2. 运距	m³	按路线中线长度乘以核定的断面面积(扣除 10～30 cm 的清表土及路面厚度),以开挖天然密实体积计算	1. 施工防、排水 2. 开挖、装卸、运输 3. 路基顶面挖松、压实 4. 整修边坡 5. 弃方和剩余材料的处理(包括弃土堆的堆置、整理)

项	目	节	细目	项目名称	项目特征	计量单位	工程量计量规则	工程内容
			b	挖石方	1. 岩石类别 2. 爆破要求 3. 运距	m³	按路线中线长度乘以核定的断面面积(扣除10～30 cm的清表土及路面厚度),以开挖天然密实体积计算	1. 施工防、排水 2. 石方爆破、开挖、装卸、运输 3. 岩石开凿、解小,清理坡面危石 4. 路基顶面凿平或填平压实 5. 整修路基 6. 弃方和剩余材料的处理(包括弃土堆的堆置、整理)
			c	挖除非适用材料(包括淤泥)	1. 土壤类别 2. 运距	m³	按设计图所示,以体积计算(不包括清理原地面线以下10～30 cm以内的表土)	1. 围堰排水 2. 开挖、装运 3. 运弃(包括弃土堆的堆置、整理)
		2		改路、改河、改渠挖方				
			a	挖土方	1. 土壤类别 2. 运距	m³	按路线中线长度乘以核定的断面面积(扣除10～30 cm的清表土及路面厚度),以开挖天然密实体积计算	1. 施工防、排水 2. 开挖、装运、堆放、分理填料 3. 路基顶面挖松、压实 4. 整修边坡 5. 弃方和剩余材料的处理(包括弃土堆的堆置、整理)
			b	挖石方	1. 岩石类别 2. 爆破要求 3. 运距			1. 施工防、排水 2. 石方爆破、开挖、装运、堆放、分理填料 3. 岩石开凿、解小,清理坡面危石 4. 路基顶面凿平或填平压实 5. 弃方和剩余材料的处理(包括弃土堆的堆置、整理)
			c	挖除非适用材料(包括淤泥)	1. 土壤类别 2. 运距	m³	按设计图所示,以体积计算(不包括清理原地面线以下10～30 cm以内的表土)	1. 围堰排水 2. 开挖、装运 3. 运弃(包括弃土堆的堆置、整理)
		3		借土挖方				
			a	借土(石)方	1. 土壤类别 2. 爆破要求 3. 运距(图纸规定)	m³	按设计图所示,经监理工程师验收的取土场借土或以监理工程师批准的由于变更引起增加的借土,以体积计算(不包括借土场表土及不适宜材料)	1. 借土场的表土清除、移运,整平、修坡 2. 土方开挖(或石方爆破)、装运、堆放、分理填料 3. 岩石开凿、解小,清理坡面危石

项目	目	节	细目	项目名称	项目特征	计量单位	工程量计量规则	工程内容
			b	借土(石)方增(减)运费	1. 土壤类别 2. 超运里程	m³·km	按设计图所示,若经监理工程师批准变更或增加的取土场导致借方超过(或低于)图纸规定运距,则借方增加或减小的运量按该部分借土的数量乘以增加或减小的超运里程计算	借方增(减)运距
	4			填方				第 204、206 节
		1		路基填筑				
			a	回填土	1. 土壤类别 2. 压实度	m³	按设计图表所示,以压实体积计算	回填好土的摊平、压实
			b	土方			按路线中线长度乘以核定的断面面积(含 10～30 cm 清表回填但不含路面的厚度),以压实体积计算(为保证压实度,路基两侧加宽超填的土石方不予以计量)	1. 施工防、排水 2. 填前压实或挖台阶 3. 摊平、洒水或晾晒压实 4. 整修路基和边坡
			c	石方	1. 土壤类别 2. 粒径 3. 碾压要求	m³		1. 施工防、排水 2. 填前压实或挖台阶 3. 人工码砌嵌锁、改渣 4. 摊平、洒水或晾晒压实 5. 整修路基和边坡
		2		改路、改河、改渠填筑				
			a	回填土	1. 土壤类别 2. 运距 3. 压实度	m³	按设计图所示,以压实体积计算	回填好土的摊平、压实
			b	土方				1. 施工防、排水 2. 填前压实或挖台阶 3. 摊平、洒水或晾晒压实 4. 整修路基和边坡
			c	石方	1. 土壤类别 2. 粒径 3. 碾压要求	m³	按设计图所示,以压实体积计算	1. 施工防、排水 2. 填前压实或挖台阶 3. 人工码砌嵌锁、改渣 4. 摊平、洒水或晾晒压实 5. 整修路基和边坡
		3		结构物台背及锥坡填筑				
			a	涵洞、通道台背回填	1. 材料规格、类别 2. 压实度 3. 碾压要求	m³	按设计图所示,以压实体积计算	1. 挖运、掺配、拌和 2. 摊平、压实 3. 洒水、养护 4. 整形
			b	桥梁台背回填				
			c	锥坡填筑				

项	目	节	细目	项目名称	项目特征	计量单位	工程量计量规则	工程内容
	5			特殊地区路基处理				第205节
		1		软土地基处理				
			a	抛石挤淤	材料规格	m³	按设计图所示,以体积计算	1. 排水、清淤 2. 抛填片石 3. 填塞垫平、压实
			b	干砌片石				1. 干砌片石 2. 填塞垫平、压实
			c	砂(砂砾)垫层、碎石垫层				1. 运料 2. 铺料、整平 3. 压实
			d	灰土垫层	1. 材料规格 2. 配合比			1. 拌和 2. 摊铺、整形 3. 碾压 4. 养生
			e	浆砌片石	1. 材料规格 2. 强度等级			1. 浆砌片石 2. 养生
			f	预压与超载预压	1. 材料规格 2. 时间			1. 布载 2. 卸载 3. 清理场地
			g	袋装砂井	1. 材料规格 2. 桩径		按设计图所示,按不同孔径长度计算(砂及砂袋不单独计量)	1. 轨道铺设 2. 装砂袋 3. 定位 4. 打钢管 5. 下砂袋 6. 拔钢管 7. 桩机移位 8. 拆卸
			h	塑料排水板	材料规格	m	按设计图所示,按不同宽度以长度计算(不计伸入垫层内的长度)	1. 轨道铺设 2. 定位 3. 穿塑料排水板 4. 按桩靴 5. 打拔钢管 6. 剪断排水板 7. 桩机移位 8. 拆卸
			i	粉喷桩	1. 材料规格 2. 桩径 3. 喷粉量		按设计图所示,按不同桩径以长度计算	1. 场地清理 2. 设备安装、移位、拆除 3. 成孔喷粉 4. 二次搅拌
			j	碎石桩	1. 材料规格 2. 桩径		按设计图所示,按不同桩径以长度计算	1. 设备安装、移位、拆除 2. 试桩 3. 冲孔填料
			k	砂桩				
			l	松木桩			按设计图所示,以桩打入土中的长度计算	1. 打桩 2. 锯桩头

项	目	节	细目	项目名称	项目特征	计量单位	工程量计量规则	工程内容
			m	土工布	材料规格	m²	按设计图所示尺寸,以净面积计算(不计入按规范要求的搭接卷边部分)	1. 铺设 2. 搭接 3. 铆固或缝接或粘接
			n	土工格栅				1. 铺设 2. 搭接 3. 铆固
			o	土工格室				
		2		滑坡处理	1. 土质 2. 运距	m³	按实际量测的体积计算	1. 排水 2. 挖、装、运、卸
		3		岩溶洞回填	1. 材料规格 2. 填实	m³	按实际量测验收的填筑体积计算	1. 排水 2. 挖、装、运、回填 3. 夯实
		4		改良土				
			a	水泥	1. 标号 2. 掺配料剂量 3. 含水量	t	按设计图所示,以掺配料质量计算	1. 掺配、拌和 2. 养护
			b	石灰				
		5		黄土处理				
			a	陷穴	1. 体积 2. 压实度	m³	按实际回填体积计算	1. 排水 2. 开挖 3. 运输 4. 取料回填 5. 压实
			b	湿陷性黄土	1. 范围 2. 压实度	m²	按设计图所示,以强夯处理合格面积计算	1. 排水 2. 开挖、运输 3. 设备安装及拆除 4. 强夯等加固处理 5. 取料回填、压实
		6		盐渍土处理				
			a	厚…mm	1. 含盐量 2. 厚度 3. 压实度	m²	按设计图所示,按规定的厚度以换算面积计算	1. 清除 2. 运输 3. 取料换填 4. 压实
		7		水沟				第207节
			1	边沟				
			a	浆砌片石边沟	1. 材料规格 2. 垫层厚度 3. 断面尺寸 4. 强度等级	m³	按设计图所示,以体积计算	1. 扩挖整形 2. 砌筑勾缝或预制混凝土块、铺砂砾垫层、砌筑 3. 伸缩缝填塞 4. 抹灰压顶 5. 预制、安装(钢筋)混凝土盖板
			b	浆砌混凝土预制块边沟				

项目	目	节	细目	项目名称	项目特征	计量单位	工程量计量规则	工程内容
		2		排水沟				
			a	浆砌片石排水沟	1. 材料规格 2. 垫层厚度 3. 断面尺寸 4. 强度等级	m³	按设计图所示,以体积计算	1. 扩挖整形 2. 砌筑勾缝或预制混凝土块、铺砂砾垫层、砌筑 3. 伸缩缝填塞 4. 抹灰压顶 5. 预制、安装(钢筋)混凝土盖板
			b	浆砌混凝土预制块排水沟				
		3		截水沟				
			a	浆砌片石截水沟	1. 材料规格 2. 垫层厚度 3. 断面尺寸 4. 强度等级	m³	按设计图所示,以体积计算	1. 扩挖整形 2. 砌筑勾缝或预制混凝土块、铺砂砾垫层、砌筑 3. 伸缩缝填塞 4. 抹灰压顶 5. 预制、安装(钢筋)混凝土盖板
			b	浆砌混凝土预制块截水沟				
		4		浆砌片石急流槽(沟)	1. 材料规格 2. 断面尺寸 3. 强度等级	m³	按设计图所示,以体积计算(包括消力池、消力槛、抗滑台等附属设施)	1. 挖基整形 2. 砌筑勾缝 3. 伸缩缝填塞 4. 抹灰压顶
		5		暗沟 (…mm×…mm)		m³	按设计图所示,以体积计算	1. 挖基整形 2. 铺设垫层 3. 砌筑 4. 预制、安装(钢筋)混凝土盖板 5. 铺砂砾反滤层 6. 回填
		6		渗(盲)沟				
			a	带PVC管的渗(盲)沟	1. 材料规格 2. 断面尺寸	m	按设计图所示,以长度计算	1. 挖基整形 2. 铺混凝土垫层 3. 埋PVC管 4. 渗水土工布包碎砾石填充 5. 出水口砌筑 6. 试通水 7. 回填
			b	无PVC管的渗(盲)沟				1. 挖基整形 2. 铺混凝土垫层 3. 渗水土工布包碎砾石填充 4. 出水口砌筑 5. 回填

项目	节	细目	项目名称	项目特征	计量单位	工程量计量规则	工程内容
8			边坡防护				第 208 节
	1		植草				
		a	播种草籽	1. 草籽种类 2. 养护期	m²	按设计图所示,按合同规定成活率,以面积计算	1. 修整边坡、铺设表土 2. 播草籽 3. 洒水覆盖 4. 养护
		b	铺(植)草皮	1. 草皮种类 2. 铺设形式			1. 修整边坡、铺设表土 2. 铺设草皮 3. 洒水 4. 养护
		c	挂镀锌网、铺客土、喷播植草	1. 镀锌网规格 2. 草籽种类 3. 养护期			1. 镀锌网、种子、客土等的采购、运输 2. 边坡找平、拍实 3. 挂网、喷播 4. 清理、养护
		d	挂镀锌网、铺客土、喷混植草	1. 镀锌网规格 2. 混植草种类 3. 养护期			1. 材料采购、运输 2. 混合草籽 3. 边坡找平、拍实 4. 挂网、喷播 5. 清理、养护
		e	土工格室植草	1. 格室尺寸 2. 植草种类 3. 养护期	m²	按设计图所示,按合同规定成活率,以面积计算	1. 挖槽、清底、找平、混凝土浇筑 2. 安装格室、铺种植土、播草籽、拍实 3. 清理、养护
		f	植生袋植草	1. 植生袋种类 2. 草籽种类 3. 营养土类别			1. 找坡、拍实 2. 灌袋、摆放、拍实 3. 清理、养护
		g	土壤改良、喷播植草	1. 改良种类 2. 草籽种类			1. 挖土、耙细 2. 土、改良剂、草籽拌和 3. 喷播改良土 4. 清理、养护
	2		浆砌片石护坡				
		a	满砌护坡	1. 材料规格 2. 断面尺寸 3. 强度等级	m³	按设计图所示,以体积计算	1. 整修边坡 2. 挖槽 3. 铺垫层、铺筑滤水层,制作、安装沉降缝、伸缩缝、泄水孔 4. 砌筑、勾缝
		b	骨架护坡				
	3		预制(现浇)混凝土护坡				

项	目	节	细目	项目名称	项目特征	计量单位	工程量计量规则	工程内容
			a	预制块满铺护坡				1. 整修边坡 2. 预制、安装混凝土块 3. 铺筑砂砾垫层、铺设滤水层,制作、安装沉降缝、泄水孔 4. 预制、安装预制块
			b	预制块骨架护坡	1. 材料规格 2. 断面尺寸 3. 强度等级 4. 垫层厚度	m³	按设计图所示,以体积计算	
			c	现浇骨架护坡				1. 整修边坡 2. 浇筑 3. 铺筑砂砾垫层、铺设滤水层,制作、安装沉降缝、泄水孔
		4		护面墙				
			a	浆砌片(块)石	1. 材料规格 2. 断面尺寸 3. 强度等级	m³	按设计图所示,以体积计算	1. 整修边坡 2. 基坑开挖、回填 3. 砌筑、勾缝、抹灰压顶 4. 铺筑垫层、铺设滤水层,制作、安装沉降缝、伸缩缝、泄水孔
			b	混凝土				1. 整修边坡 2. 浇筑 3. 铺筑垫层、铺设滤水层,制作、安装沉降缝、泄水孔
	9			挡土墙				第 209 节
		1		挡土墙				
			a	浆砌片(块)石挡土墙				1. 围堰排水 2. 挖基、基底清理 3. 砌石、勾缝 4. 沉降缝、伸缩缝填塞,铺设滤水层,制作、安装泄水孔 5. 抹灰压顶 6. 基坑及墙背回填
			b	混凝土挡土墙	1. 材料规格 2. 断面尺寸 3. 强度等级	m³	按设计图所示,以体积计算	1. 围堰排水 2. 挖基、基底清理 3. 浇筑、养生 4. 沉降缝、伸缩缝填塞,铺筑滤水层,制作、安装泄水孔 5. 基坑及墙背回填
			c	钢筋混凝土挡土墙				1. 围堰排水 2. 挖基、基底清理 3. 钢筋制作、安装 4. 浇筑、养生 5. 沉降缝、伸缩缝填塞,铺筑滤水层,制作、安装泄水孔 6. 基坑及墙背回填

项目	目	节	细目	项目名称	项目特征	计量单位	工程量计量规则	工程内容
			d	砂砾(碎石)垫层	1. 材料规格 2. 厚度	m³	按设计图所示,以体积计算	1. 运料 2. 铺料整平 3. 夯实
	10			锚杆挡土墙				第210节
		1		锚杆挡土墙				
			a	混凝土立柱(C…)	1. 材料规格 2. 断面尺寸 3. 强度等级	m³	按设计图所示,以体积计算	1. 挖基、基底清理 2. 模板制作、安装 3. 现浇混凝土或预制、安装构件 4. 墙背回填
			b	混凝土挡板(C…)				
			c	钢筋				钢筋制作、安装
			d	锚杆	1. 材料规格 2. 抗拉强度等级	kg	按设计图所示,以质量计算	1. 钻孔、清孔 2. 锚杆制作、安装 3. 注浆 4. 张拉 5. 抗拔力试验
	11			加筋土挡土墙				第211节
		1		加筋土挡土墙				
			a	钢筋混凝土带挡土墙	1. 材料规格 2. 断面尺寸 3. 加筋用量 4. 强度等级	m³	按设计图所示,以体积计算	1. 围堰排水 2. 挖基、基底清理 3. 浇筑或砌筑基础 4. 预制、安装墙面板 5. 铺设加筋带 6. 沉降缝填塞,铺设滤水层,制作、安装泄水孔 7. 填筑与碾压 8. 墙面封顶
			b	聚丙烯土工带挡土墙				
	12			喷射混凝土和喷浆边坡防护				第212节
		1		挂网喷浆防护边坡				
			a	挂铁丝网喷浆防护	1. 材料规格 2. 厚度 3. 强度等级	m²	按设计图所示,以面积计算	1. 整修边坡 2. 挂网、锚固 3. 喷浆 4. 养生
			b	挂土工格栅喷浆防护				
		2		挂网锚喷混凝土防护边坡(全坡面)				
			a	挂钢筋网喷混凝土防护	1. 结构形式 2. 材料规格 3. 厚度 4. 强度等级	m²	按设计图所示,以面积计算	1. 整修边坡 2. 挂网、锚固 3. 喷射混凝土 4. 养生
			b	挂铁丝网喷混凝土防护				
			c	挂土工格栅喷混凝土防护				

项目	节	细目	项目名称	项目特征	计量单位	工程量计量规则	工程内容
		d	锚杆	1. 材料规格 2. 抗拉强度	kg	按设计图所示,以质量计算	1. 清理边坡 2. 钻孔、清孔 3. 注浆 4. 放入锚杆,安装端头垫板 5. 抗拔力试验
	3		坡面防护				
		a	喷射水泥砂浆	1. 材料规格 2. 厚度 3. 强度等级	m²	按设计图所示,以面积计算	1. 整修边坡 2. 喷水泥砂浆 3. 养生
		b	喷射混凝土				1. 整修边坡 2. 喷混凝土 3. 养生
13			边坡加固				第213节
	1		预应力锚索		kg	按设计图所示,以质量计算	1. 整修边坡 2. 钻孔、清孔 3. 锚索制作、安装 4. 张拉 5. 注浆 6. 锚固、封端 7. 抗拔力试验
	2		锚杆	1. 材料规格 2. 抗拉强度			
	3		锚固板		m³	按设计图所示,以体积计算	1. 整修边坡 2. 钢筋制作、安装 3. 现浇混凝土或预制、安装构件 4. 养护
14			混凝土抗滑桩				第214节
	1		混凝土抗滑桩				
		a	…m×…m 钢筋混凝土抗滑桩	1. 材料规格 2. 断面尺寸 3. 强度等级	m	按设计图所示,按不同桩尺寸以长度计算	1. 挖运土石方 2. 通风排水 3. 支护 4. 钢筋制作、安装 5. 灌注混凝土 6. 无破损检验
		b	钢筋混凝土挡板	1. 材料规格 2. 强度等级	m³	按设计图所示,以体积计算	1. 钢筋制作、安装 2. 现浇混凝土或预制、安装挡板
15			河道防护				第215节

续表

项目	节	细目	项目名称	项目特征	计量单位	工程量计量规则	工程内容
		1	浆砌片石河床铺砌	1. 材料规格 2. 强度等级	m³	按设计图所示,以体积计算	1. 围堰排水 2. 挖基、铺垫层 3. 砌筑(或抛石)、勾缝 4. 回填、夯实
		2	浆砌片石坝				
		3	浆砌片石护坡				
		4	抛片石				
	16		取弃土场恢复				第203、204节
		1	浆砌片石挡土墙	1. 材料规格 2. 断面尺寸 3. 强度等级	m³	按设计图所示,以体积计算	1. 围堰排水 2. 挖基、基底清理 3. 砌石、勾缝 4. 沉降缝填塞,铺设滤水层,制作、安装泄水孔 5. 抹灰压顶 6. 墙背回填
		2	浆砌片石水沟		m³		1. 挖基、整形 2. 砌筑、勾缝 3. 伸缩缝填塞 4. 抹灰压顶
		3	播种草籽	1. 草籽种类 2. 养护期	m²	按设计图所示,以面积计算	1. 修整边坡、铺设表土 2. 播草籽 3. 洒水覆盖 4. 养护
		4	铺(植)草皮	1. 草皮种类 2. 铺设形式			1. 修整边坡、铺设表土 2. 铺设草皮 3. 洒水 4. 养护
		5	人工种植乔木	1. 胸径(离地面1.2 m处树干直径) 2. 高度	棵	按累计棵数计算	1. 挖坑 2. 苗木运输 3. 施肥 4. 栽植 5. 清理、养护

3.3 公路路面工程工程量计量规则与方法 ≫≫

3.3.1 路面的构造

(1)路面的横断面形式

路面横断面形式主要有两种:槽式和全铺式。

① 槽式。

槽式横断面是指在整个行车道宽度范围内将路基挖成同深度的槽形,然后分层铺筑路面的结构形式,如图 3-12(a)所示。

② 全铺式。

全铺式横断面是指在整个路基宽度范围内铺筑路面的结构形式,如图 3-12(b)所示。

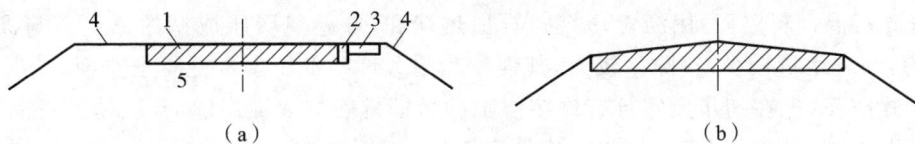

图 3-12　路面横断面形式

(a) 槽式;(b) 全铺式

1—路面;2—路缘石;3—加固路肩;4—土路肩;5—路基

（2）路面结构层的划分

路面是用各种材料铺筑而成的,如图 3-13 所示。

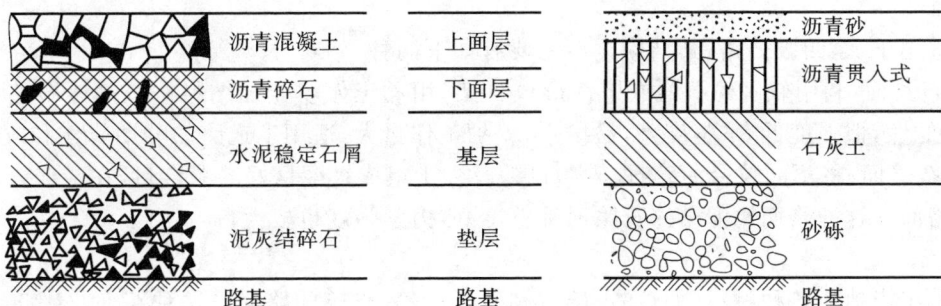

图 3-13　路面结构层示意图

① 面层。

面层是路面结构层最上面的一层,直接承受行车荷载和大气作用。因此,面层材料应具有较高的强度、刚度、稳定性、耐久性、耐磨性,表层还应具有不透水、耐磨等性能。面层可由一层或数层组成,水泥混凝土面层通常由一层或两层(上层、下层)组成,沥青混凝土面层通常由数层(表面层、中面层、下面层等)组成,有的还在基层顶面设置了连接层或封水层。

② 基层。

基层是路面结构层中的承重部分,位于面层之下、垫层或路基之上,主要承受车轮荷载的竖向力,并将面层传下来的应力扩散到垫层或路基中。因此,它应具有较高的强度、刚度和足够的水稳定性,同时应具有良好的应力扩散能力。当基层为双层时,上面一层称为基层,下面一层称为底基层。

③ 垫层。

垫层是介于基层与路基之间的一层,起排水、隔水、传递和扩散荷载等多方面的作用,以保证面层、基层有足够的强度和稳定性,同时扩散由基层传来的应力,以减小路基产生的变形。它要求材料强度不一定很高,但水稳定性要好,且其隔温、隔水和隔土性能均应较好。

用于垫层的材料主要有两种:一种是松散颗粒材料,如砂、砾石、炉渣、片石等,起透水作用;另一种是水泥稳定土、石灰煤渣稳定土等,起稳定作用。

（3）路面的分级

根据路面的使用品质和服务能力,其可分为如下四个技术等级。

① 高级路面。

高级路面平整无尘,结构强度大,使用寿命长,养护费用少,运输成本低,能保证高速行驶和适应较大的交通量,适用于高速公路和一级公路。高级路面主要有以下两种类型。

a. 沥青混凝土路面:将沥青、砂、碎石、矿粉等材料加热后按比例拌和,并趁热碾压成型的路面。这种路面坚实平整,密实,不透水。

b. 水泥混凝土路面:以水泥为胶结材料,将其与砂、石、水等材料拌和均匀,经摊铺、振捣、整平、养护后形成的路面。这种路面强度大,耐久性好,使用寿命长。

② 次高级路面。

次高级路面适用于二级公路和三级公路,主要类型如下。

a. 热拌沥青碎石混合料路面:用沥青、砂、碎石加热拌和,并趁热碾压成型的路面。与沥青混凝土路面不同,它不用矿粉,沥青用量较少,空隙率较大,其强度和耐久性略低于沥青混凝土路面。

b. 沥青贯入式路面:先在初步压实且有许多空隙的新铺碎石层表面浇灌沥青,使沥青灌入石缝中,然后用小碎石铺一薄层作为嵌缝料,压实后再浇一次沥青,最后用石屑铺一薄层,经压实后形成的路面。它具有较高的强度和稳定性。

c. 沥青表面处治路面:在原有的石灰土路面或级配路面的表层上加铺薄层的沥青与小石子的混合料,然后碾压成型的路面。这种路面主要用于改善行车条件,避免下层路面直接遭受行车荷载的作用和自然因素的影响。

③ 中级路面。

中级路面适用于三、四级公路,其结构类型主要有如下两种。

a. 泥结碎石路面:利用轧制碎石的嵌挤性形成骨架,用黏土做填充黏结料修筑的碎石路面。这种路面施工方便,造价低廉,但强度低,平整度差,易扬尘,养护工作量大,适用于道路的分期修建和改善。

b. 级配碎石路面:将不同粒径的碎石、砂(石屑)及黏土组成级配良好的混合料,在最佳含水量状态下经碾压而形成的路面。这种路面比泥结碎石路面平整度好,力学强度也较大。

④ 低级路面。

低级路面是用当地的各种材料(如炉渣、碎石和砂砾土等)修筑的路面。这种路面平整度差,强度小,仅适用于四级公路或乡村道路。

3.3.2 公路路面工程工程量清单计量规则

(1)路面工程

路面工程的内容包括在路基上铺筑的各种垫层、底基层、基层、沥青混凝土面层、水泥混凝土面层、其他面层、透层、粘层、封层、路面排水、路面其他工程等。

(2)计算说明

① 水泥混凝土路面的模板制作、安装及缩缝、胀缝的填灌缝材料,高密度橡胶板均包含在浇筑不同厚度水泥混凝土面层的工程项目中,不另行计量。

② 水泥混凝土路面养生用的养护剂、覆盖的麻袋、养护器材等均包含在浇筑不同厚度水泥混凝土面层的工程项目中,不另行计量。

③ 水泥混凝土路面的钢筋包括传力杆、拉杆、补强角隅钢筋及结构受力连续钢筋、支架钢筋。

④ 沥青混凝土路面和水泥混凝土路面所需的外掺剂不另行计量。

⑤ 沥青混合料、水泥混凝土和(底)基层混合料拌和场站、储料场的建设、拆除、恢复均包括在相应工程项目中,不另行计量。

⑥ 钢筋的除锈、制作、安装、成品运输均包含在相应工程项目中,不另行计量。

(3)工程量清单计量规则

路面工程中包括的各种垫层、底基层、基层、沥青混凝土面层、水泥混凝土面层、其他面层、透层、粘层、封层、路面排水、路面其他工程等各项目工程量清单计量规则详见表3-2。

表 3-2 **公路路面工程工程量清单计量规则表**

项	目	节	细目	项目名称	项目特征	计量单位	工程量计量规则	工程内容
三				路面				第300章
	2			路面垫层				第302节

项目	节	细目	项目名称	项目特征	计量单位	工程量计量规则	工程内容
		1	碎石垫层	1. 材料规格 2. 厚度 3. 强度等级	m²	按设计图所示,按不同厚度以顶面面积计算	1. 清理下承层、洒水 2. 配运料 3. 摊铺、整形 4. 碾压 5. 养护
		2	砂砾垫层				
	3		路面底基层				第303~306节
		1	石灰稳定土（或粒料）底基层	1. 材料规格 2. 配合比 3. 厚度 4. 强度等级	m²	按设计图所示,按不同厚度以顶面面积计算	1. 清理下承层、洒水 2. 拌和、运输 3. 摊铺、整形 4. 碾压 5. 养护
		2	水泥稳定土（或粒料）底基层				
		3	石灰粉煤灰稳定土（或粒料）底基层				
		4	级配碎（砾）石底基层	1. 材料规格 2. 级配 3. 厚度 4. 强度等级			
	4		路面基层				第304~306节
		1	水泥稳定粒料基层	1. 材料规格 2. 掺配量 3. 厚度 4. 强度等级	m²	按设计图所示,以顶面面积计算	1. 清理下承层、洒水 2. 拌和、运输 3. 摊铺、整形 4. 碾压 5. 养护
		2	石灰粉煤灰稳定粒料基层				
		3	级配碎（砾）石基层	1. 材料规格 2. 级配 3. 厚度 4. 强度等级			
		4	贫混凝土基层	1. 材料规格 2. 厚度 3. 强度等级			
		5	沥青稳定碎石基层	1. 材料规格 2. 沥青含量 3. 厚度 4. 强度等级			1. 清理下承层 2. 铺碎石 3. 洒铺沥青 4. 碾压
	7		透层、粘层、封层				第307节
		1	透层	1. 材料规格 2. 沥青用量	m²	按设计图所示,以面积计算	1. 清理下承层 2. 沥青加热、掺配运油 3. 洒油、撒矿料 4. 养护
		2	粘层				
		3	封层				

项目	节	细目	项目名称	项目特征	计量单位	工程量计量规则	工程内容
		a	沥青表处封层	1. 材料规格 2. 厚度 3. 沥青用量	m²	按设计图所示,按不同厚度以面积计算	1. 清理下承层 2. 沥青加热、运输 3. 洒油、撒矿料 4. 碾压 5. 养护
		b	稀浆封层				1. 清理下承层 2. 拌和 3. 摊铺 4. 碾压 5. 养护
	8		沥青混凝土面层				第308节
		1	细粒式沥青混凝土面层	1. 材料规格 2. 配合比 3. 厚度 4. 压实度	m²	按设计图所示,按不同厚度以面积计算	1. 清理下承层 2. 拌和、运输 3. 摊铺、整形 4. 碾压
		2	中粒式沥青混凝土面层				
		3	粗粒式沥青混凝土面层				
	9		表面处治及其他面层				第309节
		1	沥青表面处治				
		a	沥青表面处治(层铺)	1. 材料规格 2. 沥青用量 3. 厚度	m²	按设计图所示,按不同厚度以面积计算	1. 清理下承层 2. 沥青加热、运输 3. 铺矿料 4. 洒油 5. 整形 6. 碾压 7. 养护
		b	沥青表面处治(拌和)	1. 材料规格 2. 配合比 3. 厚度 4. 压实度	m²	按设计图所示,按不同厚度以面积计算	1. 清理下承层 2. 拌和、运输 3. 摊铺、整形 4. 碾压
		2	沥青贯入式面层	1. 材料规格 2. 沥青用量 3. 厚度	m²	按设计图所示,按不同厚度以面积计算	1. 清理下承层 2. 沥青加热、运输 3. 铺矿料 4. 洒油 5. 整形 6. 碾压 7. 养护

续表

项目	节	细目	项目名称	项目特征	计量单位	工程量计量规则	工程内容
		3	泥结碎(砾)石路面	1. 材料规格 2. 厚度	m²	按设计图所示,按不同厚度以面积计算	1. 清理下承层 2. 铺料、整平 3. 调浆、灌浆 4. 撒嵌缝料 5. 洒水 6. 碾压 7. 铺保护层
		4	级配碎(砾)石面层	1. 材料规格 2. 级配 3. 厚度			1. 清理下承层 2. 配运料 3. 摊铺 4. 洒水 5. 碾压
		5	天然砂砾面层	1. 材料规格 2. 厚度			1. 清理下承层 2. 运输、铺料、整平 3. 洒水 4. 碾压
	10		改性沥青混凝土面层				第310节
		1	改性沥青面层	1. 材料规格 2. 配合比 3. 外掺材料品种、用量 4. 厚度 5. 压实度	m²	按设计图所示,按不同厚度以面积计算	1. 清理下承层 2. 拌和、运输 3. 摊铺、整形 4. 碾压 5. 养护
		2	SMA面层				
	11		水泥混凝土面层				第311节
		1	水泥混凝土面层	1. 材料规格 2. 配合比 3. 外掺剂品种、用量 4. 厚度 5. 强度等级	m²	按设计图所示,按不同厚度以面积计算	1. 清理下承层、湿润 2. 拌和、运输 3. 摊铺、抹平 4. 压(刻)纹 5. 胀缝制作、安装 6. 切缝、灌缝 7. 养生
		2	连续配筋混凝土面层				1. 清理下承层、湿润 2. 拌和、运输 3. 摊铺、抹平 4. 压(刻)纹 5. 胀缝制作、安装 6. 灌缝 7. 养生
		3	钢筋	1. 材料规格 2. 抗拉强度	kg	按设计图所示,各规格钢筋按有效长度(不计入规定的搭接长度)以质量计算	钢筋制作、安装

项	目	节	细目	项目名称	项目特征	计量单位	工程量计量规则	工程内容
	12			培土路肩、中央分隔带回填土、土路肩加固及路缘石				第312节
		1		培土路肩	1. 土壤类别 2. 压实度	m³	按设计图所示，按压实体积计算	1. 挖运土 2. 培土、整形 3. 压实
		2		中央分隔带回填土				
		3		现浇混凝土加固土路肩	1. 材料规格 2. 断面尺寸 3. 垫层厚度 4. 强度等级	m	按设计图所示，沿路肩表面量测，以长度计算	1. 清理下承层 2. 配运料 3. 浇筑 4. 接缝处理 5. 养生
		4		混凝土预制块加固土路肩				
		5		混凝土预制块路缘石	1. 断面尺寸 2. 强度等级		按设计图所示，以长度计算	1. 预制构件 2. 运输 3. 砌筑、勾缝
	13			路面及中央分隔带排水				第313节
		1		中央分隔带排水				
			a	沥青油毡防水层	材料规格	m²	按设计图所示，以铺设的净面积计算（不计入按规范要求的搭接卷边部分）	1. 挖运土石方 2. 粘贴沥青油毡 3. 处理接头 4. 涂刷沥青 5. 回填
			b	中央分隔带渗沟	1. 材料规格 2. 断面尺寸	m	按设计图所示，按不同断面尺寸以长度计算	1. 挖运土石方 2. 铺设土工布 3. 埋设PVC管 4. 填碎（砾）石 5. 回填
		2		超高排水				
			a	纵向雨水沟（管）	1. 材料规格 2. 断面尺寸 3. 强度等级	m	按设计图所示，按不同断面尺寸以长度计算	1. 挖运土石方 2. 现浇（预制）沟管或安装PVC管 3. 伸缩缝填塞 4. 现浇或预制、安装端部混凝土 5. 栅形盖板预制、安装 6. 回填
			b	混凝土集水井		座	按设计图所示，按不同尺寸以座数计算	1. 按运土石方 2. 现浇或预制混凝土 3. 钢筋混凝土盖板预制、安装 4. 回填

项目	目	节	细目	项目名称	项目特征	计量单位	工程量计量规则	工程内容
			c	横向排水管	材料规格	m	按设计图所示,按不同孔径以长度计算	1. 挖运土石方 2. 铺垫层 3. 安装排水管 4. 处理接头 5. 回填
		3		路肩排水				
			a	沥青混凝土拦水带	1. 材料规格 2. 断面尺寸 3. 配合比	m	按设计图所示,沿路肩表面量测,以长度计算	1. 拌和、运输 2. 铺筑
			b	水泥混凝土拦水带	1. 材料规格 2. 断面尺寸 3. 强度等级			1. 配运料 2. 现浇或预制混凝土 3. 砌筑(包括漫槽) 4. 勾缝
			c	混凝土路肩排水沟				
			d	砂砾(碎石)垫层	1. 材料规格 2. 厚度	m³	按设计图所示,以压实体积计算	1. 运料 2. 铺料、整平 3. 夯实
			e	土工布	材料规格	m²	按设计图所示,以铺设净面积计算(不计入按规范要求的搭接卷边部分)	1. 整平下层 2. 铺设土工布 3. 搭接及锚固土工布

3.4 公路桥涵工程工程量计量规则与方法 >>>

3.4.1 桥梁的主要类型

桥梁是人类为克服天然障碍而建造的建筑物。它既是一种功能性的构造物,又是一个壮观、美丽的建筑工程。桥梁种类繁多,姿态各异,以下仅按其不同的结构体系阐述桥梁的主要类型。

(1)梁式桥

梁式桥是一种在竖向荷载作用下无水平反力的结构,如图 3-14 所示。

这种结构由于外力的作用方向与承重结构的轴线接近于垂直,故梁内容易产生很大的弯矩,需用抗弯能力强的材料来建造。目前,在公路上应用最广泛的是预制装配式钢筋混凝土简支梁桥。这种桥梁的结构简单、施工方便,对地基的承载力要求不高,但其跨径较小,一般在 25 m 以下。

(2)拱式桥

拱式桥的主要承重结构是拱圈或拱肋,如图 3-15、图 3-16 所示。这种结构在竖向荷载作用下,桥墩或桥

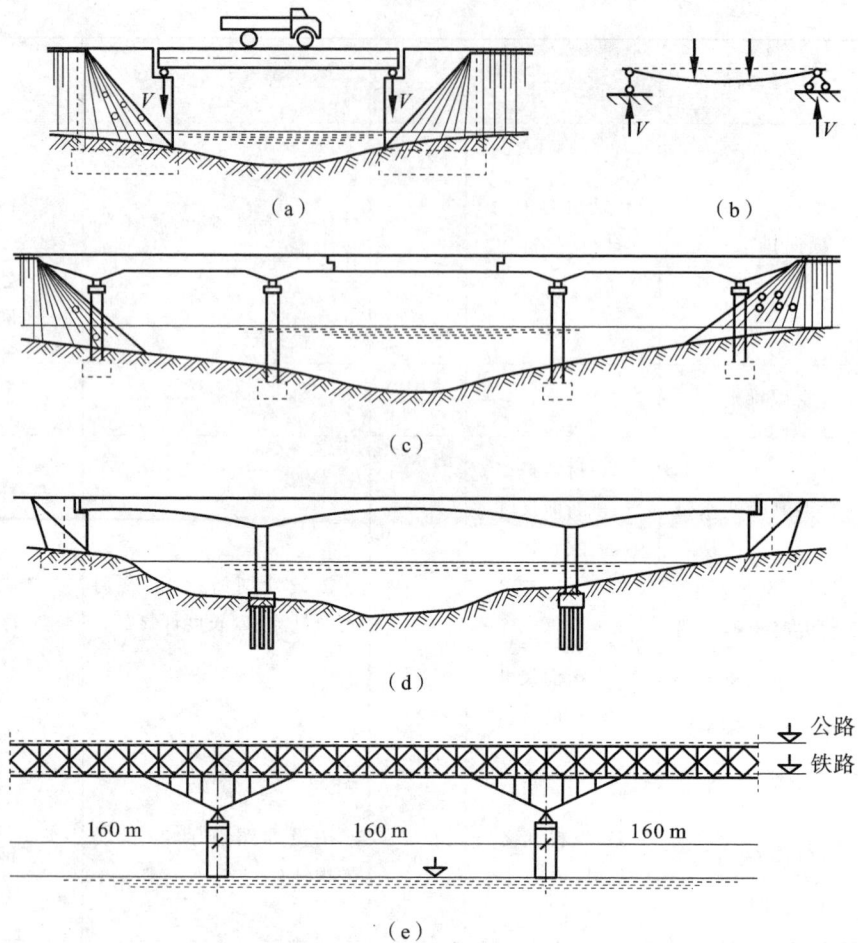

（a）

（b）

（c）

（d）

公路
铁路

160 m 160 m 160 m

（e）

图 3-14 梁式桥

台将承受水平推力,如图 3-15（b）所示。同时,这种水平推力将显著抵消拱圈内由荷载引起的弯矩作用,因此常用抗压能力强的圬工材料(砖、石、混凝土)来建造。

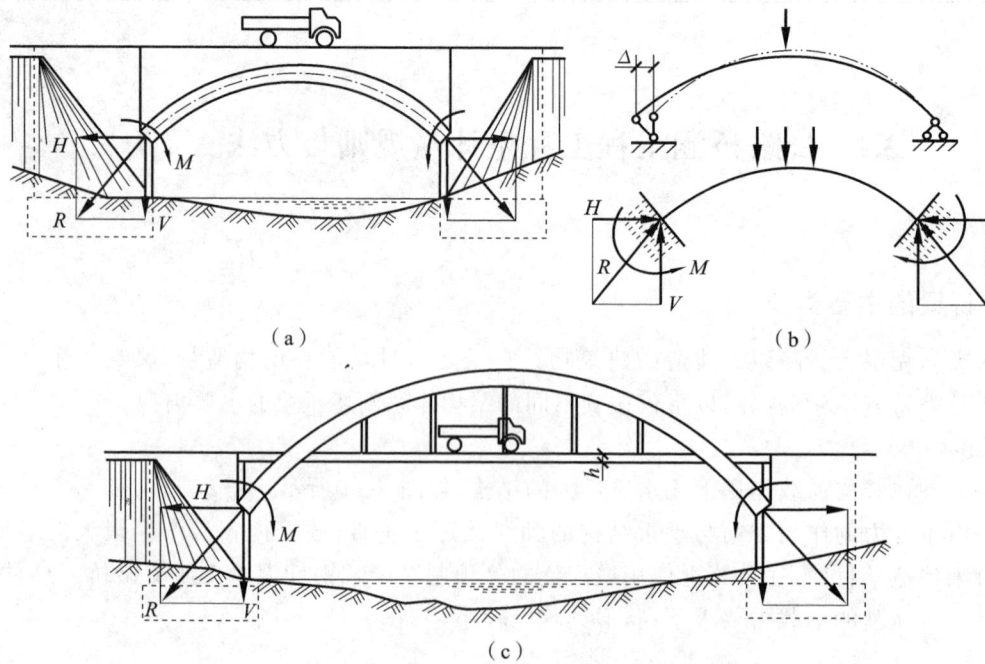

（a）

（b）

（c）

图 3-15 拱式桥（一）

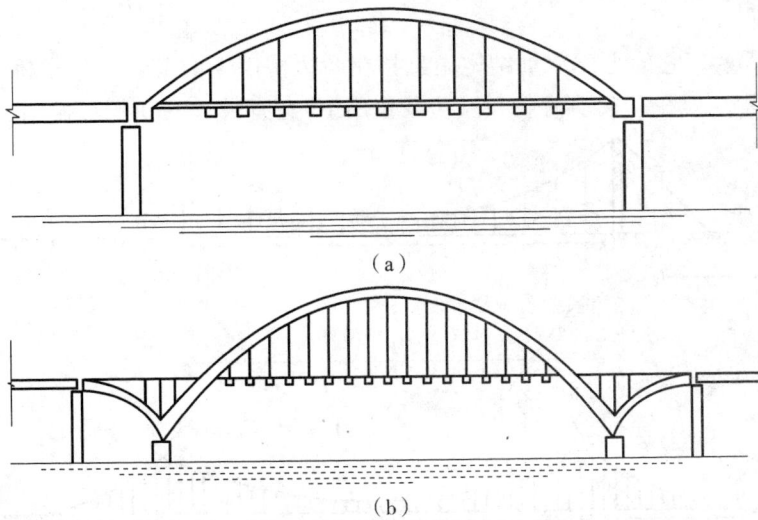

图 3-16 拱式桥(二)

(3) 刚构桥

刚构桥的主要承重结构是梁(或板)和立柱(或竖墙)整体结合在一起的刚构结构,梁和柱的连接处具有很大的刚性,如图 3-17 所示。在竖向荷载作用下,梁主要受弯,在柱脚处有水平反力,其受力状态介于梁式桥与拱式桥之间。

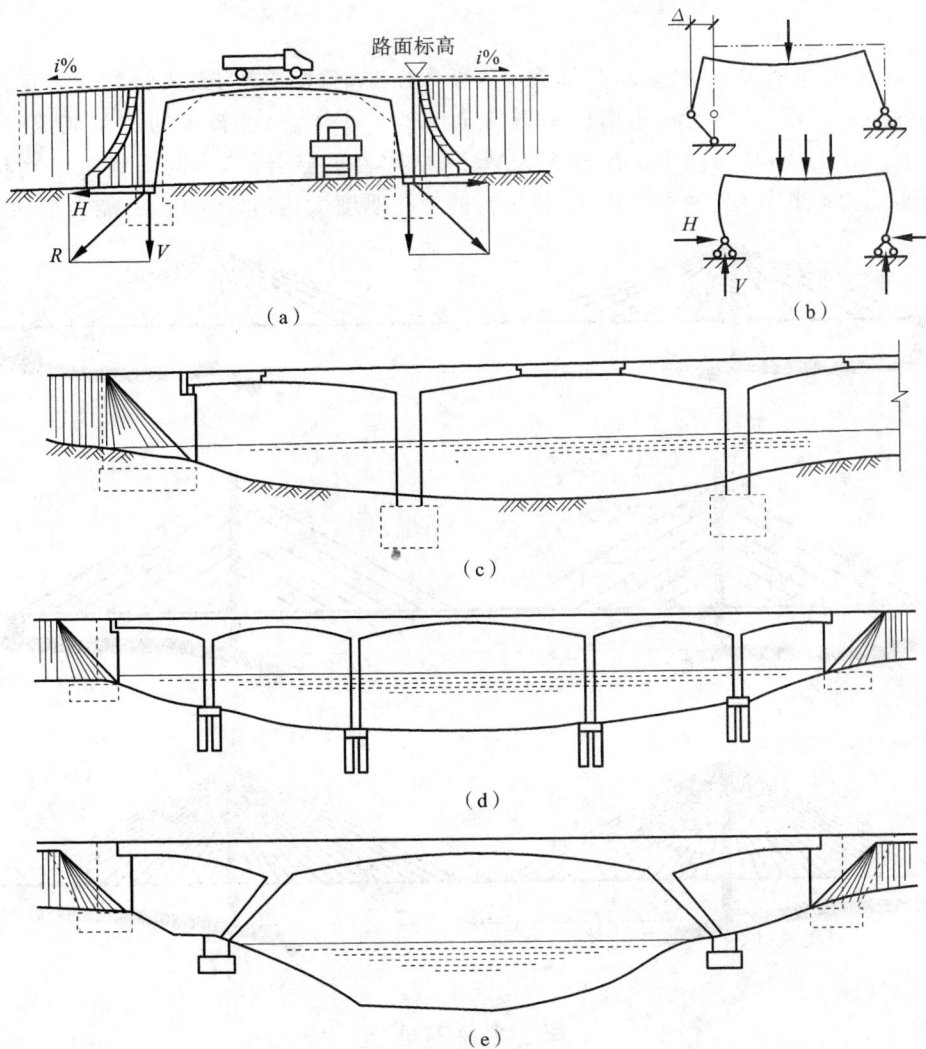

图 3-17 刚构桥

（4）悬索桥（又称吊桥）

悬索桥如图 3-18 所示。它的主要承重结构是悬挂在两边桥塔上的缆索。悬索桥一般自重较轻，跨度很大，便于无支架悬吊拼装。但在车辆动荷载和风荷载作用下，它有较大的变形和振动。

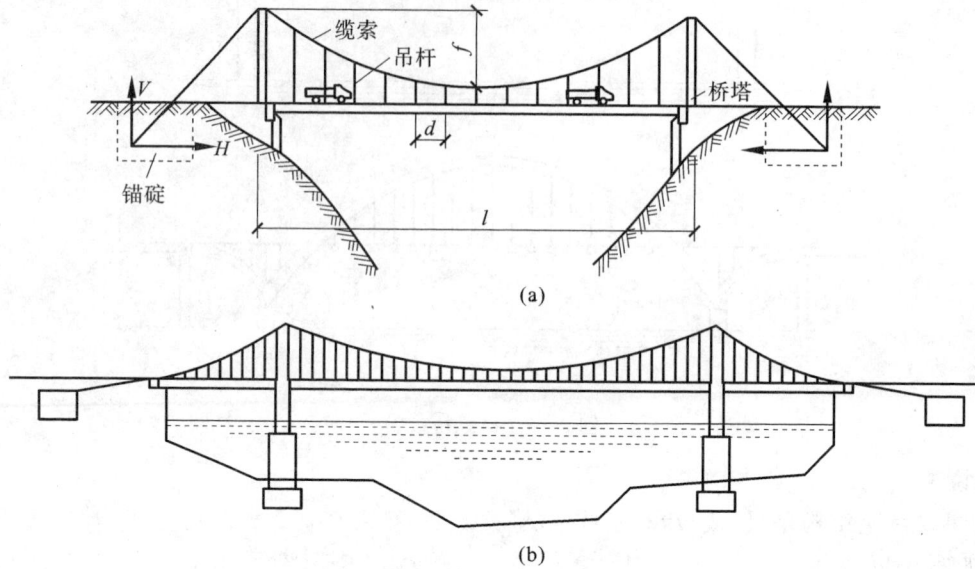

（a）

（b）

图 3-18　悬索桥（吊桥）

（5）斜拉桥

斜拉桥由斜索、索塔和主梁组成，如图 3-19 所示，用高强度钢材制成的斜索将主梁多点吊起，并将主梁的恒荷载和车辆荷载传至索塔，再通过索塔的基础传至地基。这样，跨度较大的主梁就像一根多点弹性支承（吊起）的连续梁一样工作，从而使主梁尺寸大大减小，结构自重显著减轻，既节省了结构材料，又大幅度增强了桥拱的跨越能力。此外，与悬索桥相比，斜拉桥的结构刚度大，且抵抗风振的能力很强。

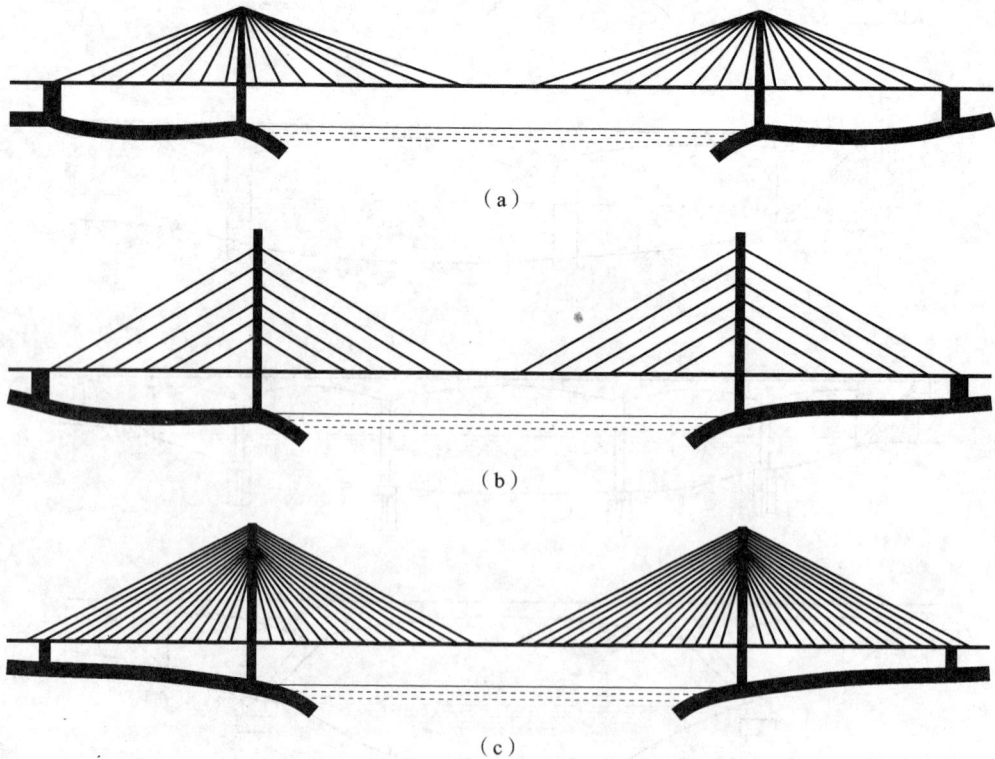

（a）

（b）

（c）

图 3-19　斜拉桥

（a）放射形；（b）竖琴形；（c）扇形

3.4.2　桥梁上部结构

桥梁是由上部结构和下部结构两个主要部分组成的。上部结构是指桥墩以上的部分;下部结构是指桥墩、桥台和基础,如图 3-20 所示。

桥梁上部结构类型很多,其横断面形式具体如下。

(1) 梁式桥主梁横断面形式

① 承受正弯矩的简支梁桥。

a. 实心板梁,如图 3-21(a)所示,一般用于小跨径(16 m 以下)的现浇钢筋混凝土结构。

b. 矮肋板梁,如图 3-21(b)所示,适用于小跨径(16 m 以下)的现浇钢筋混凝土结构。

c. 空心板梁,如图 3-21(c)、(d)所示,常用于预制装配式钢筋混凝土结构和预应力混凝土结构,跨径一般为 12～30 m。

d. T 形梁,如图 3-21(e)、(f)所示,多用于预制装配式钢筋混凝土结构和预应力混凝土结构,跨径为 20～50 m。

② 承受正、负弯矩的悬臂式或连续式梁桥。

a. 多室箱形梁,如图 3-21(g)所示,其跨径常小于 50 m。

b. 大挑臂箱形梁,如图 3-21(h)所示,适用于预应力混凝土大跨径结构。

c. 带横肋的箱形梁,如图 3-21(i)所示,适用于预应力混凝土大跨径结构。

d. 具有金属腹板的组合箱形梁,如图 3-21(j)所示。在腹板处用金属或格架[图 3-21(k)]代替箱形梁的混凝土实体腹板,可显著减轻大跨度桥梁的自重。

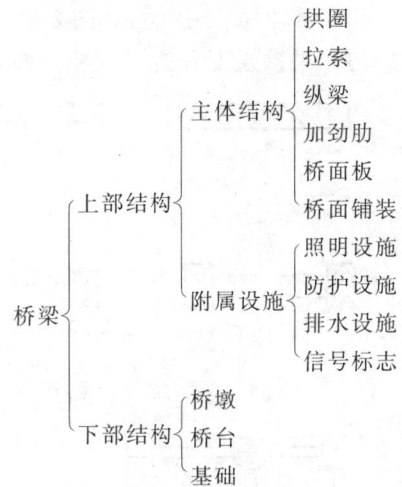

图 3-20　桥梁基本组成图

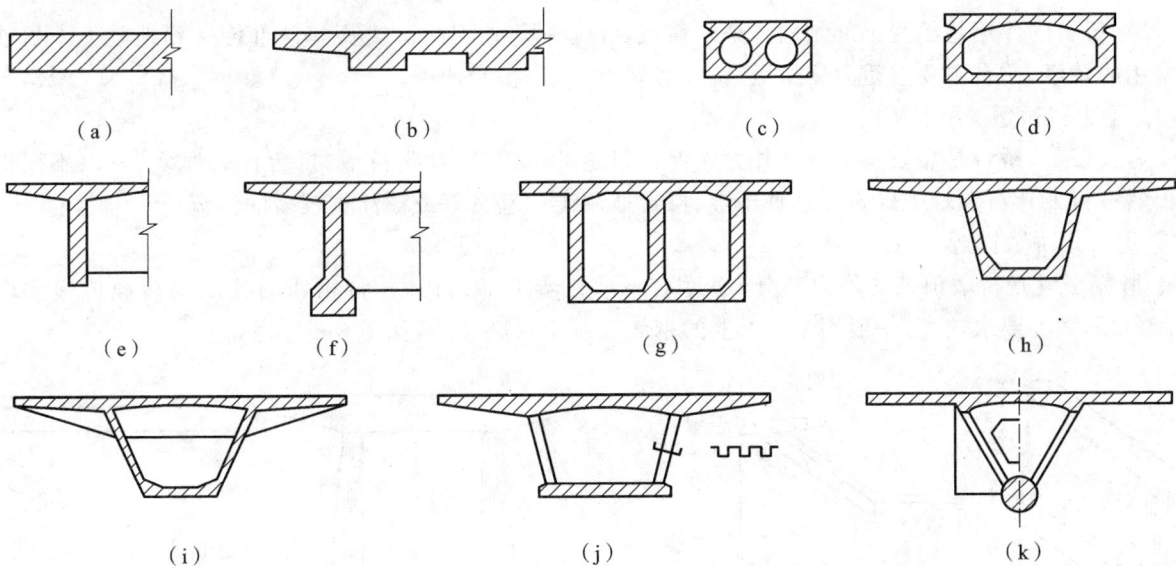

图 3-21　梁式桥主梁的横断面形式

(a) 实心板梁;(b) 矮肋板梁;(c),(d) 空心板梁;(e) T 形梁;(f) 带马蹄形 T 形梁;(g) 多室箱形梁;
(h) 大挑臂箱形梁;(i) 带横肋的箱形梁;(j) 具有金属腹板的组合箱形梁;(k) 具有钢管混凝土下弦的三角形箱形梁(或桁架)

(2) 拱式桥主拱横断面形式

① 实心板拱圈,如图 3-22(a)、(b)所示,常用于圬工拱桥。

② 双曲拱圈,如图 3-22(c)所示。这种结构虽能简化施工支架,减轻拱圈的吊装质量,但其整体性较差,易产生裂缝,且不易施工。

③ 箱形拱圈,如图 3-22(d)所示。这种结构拱圈质量轻,便于预制、装配,且整体性较好。

④ 钢筋混凝土拱肋,如图 3-22(e)、(f)、(g)所示。

⑤ 钢管混凝土拱肋,如图 3-22(h)、(l)所示。其拱肋均由钢管混凝土建造,是近几年来的研究成果。这种结构在主拱强度和施工性能方面有很多优点。

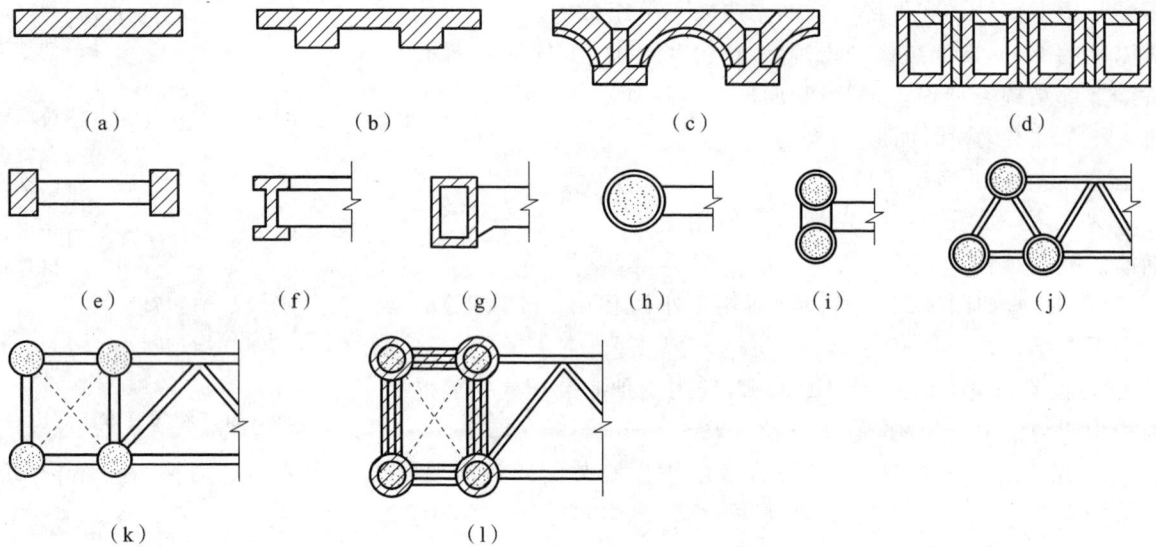

（a）　　　　　　　　（b）　　　　　　　　（c）　　　　　　　　（d）

（e）　　　（f）　　　（g）　　　（h）　　　（i）　　　（j）

（k）　　　　　　　　（l）

图 3-22　拱式桥主拱的横截面形式

（a）实心板拱圈;（b）肋板拱圈;（c）双曲拱圈;（d）箱形拱圈;（e）矩形拱肋;（f）工字形拱肋;（g）箱形拱肋;

（h）~（k）钢管混凝土拱肋;（l）具有钢管混凝土劲性骨架的钢筋混凝土箱形拱肋

3.4.3　桥梁下部结构

桥墩、桥台主要由墩(台)帽、墩(台)身、基础三部分组成,如图 3-23 所示。

桥墩、桥台的作用是承受上部结构传来的荷载,并通过基础将此荷载及其自重传递到地基上。目前,公路上常用的桥墩、桥台主要有重力式桥墩、桥台和轻型桥墩、桥台两种。

（1）重力式桥墩、桥台构造

重力式桥墩、桥台是靠自重来平衡外力而保持稳定的。因此,这类桥墩、桥台比较厚实,可以不用钢筋,而用天然石材或片石混凝土砌筑。这种桥墩、桥台适用于地基良好或漂浮物较多的河流。

① 重力式桥墩构造。

a. 墩帽。它是桥墩顶端的传力部分,通过支座承托着上部结构,并将相邻两孔上的荷载传递到墩身。因此,墩帽的强度要求较高,一般用 20# 以上的钢筋混凝土材料建造,如图 3-24 所示。

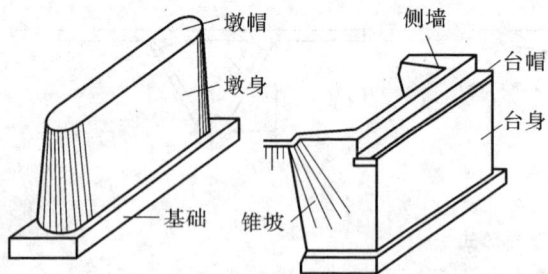

图 3-23　重力式桥墩、桥台

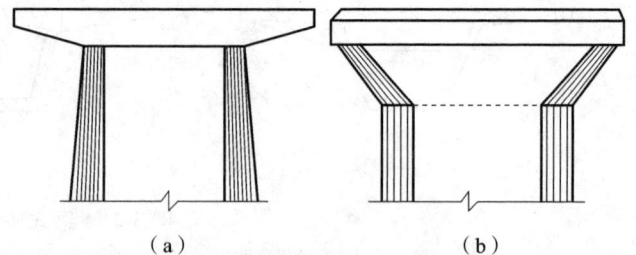

（a）　　　　　　　　（b）

图 3-24　悬臂式和托盘式墩帽

b. 墩身。墩身是桥梁的主体,通常由块石、混凝土或钢筋混凝土建造。为了便于水流或漂浮物流过,墩身平面形状可以做成圆端形或尖端形,无水的岸墩或高架桥墩身可以做成矩形,如图 3-25 所示。

c. 基础。基础是介于墩身与地基之间的传力结构。公路桥梁工程的基础主要有以下三种。

（a）天然地基上的刚性扩大基础。

这种基础也称为明挖基础,通常用块石、混凝土砌筑成实体基础。这种基础构造简单,深度较小,容易施工,一般适用于中小桥涵基础。

(b) 桩基础。

桩基础由若干根桩和承台两部分组成。桩在平面上可以排成一排或多排,所有桩的顶部由承台连成一个整体,然后在承台上修筑桥墩。由墩身传下来的荷载通过承台分配到各个桩头,再通过各桩传递到深层土中,故桩基础属于深基础,如图 3-26 所示。桩基础结构自重轻,施工进度快,是一种较经济的基础结构。按施工方法不同,桩基础可以分为钻孔灌注桩、挖孔桩、打入桩和管桩基础等。

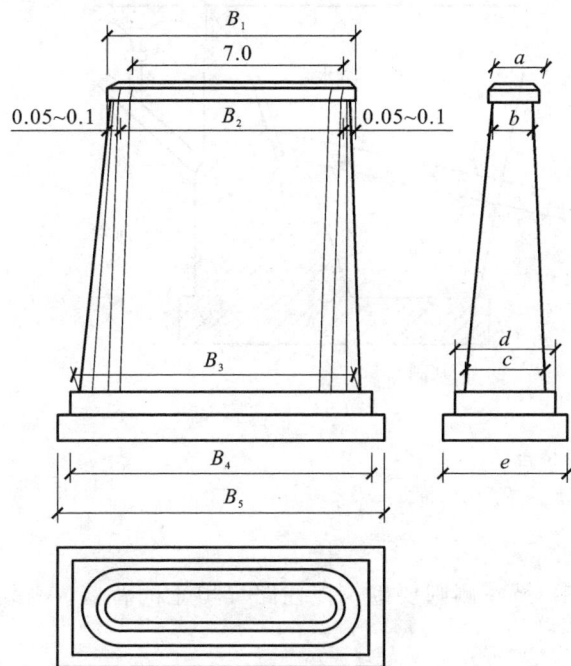

图 3-25　主体墩身构造图

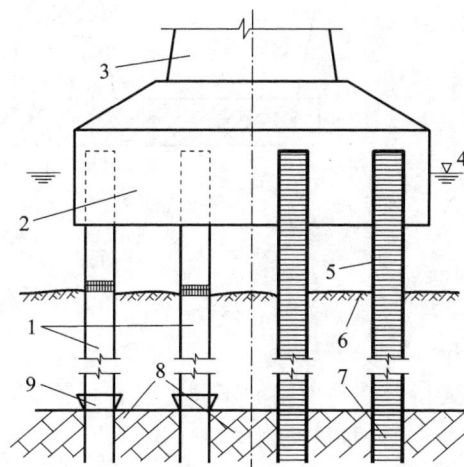

图 3-26　管桩基础

1—管桩;2—承台;3—墩身;4—低水位;

5—钢筋骨架;6—覆盖层;7—嵌固于岩层;8—岩层;9—钢管靴

(c) 沉井基础。

沉井是井筒状的结构物。施工时先在井内挖土,使沉井在自重作用下下沉至设计标高后,再用水泥混凝土封底,并填塞井孔,使其成为桥墩的基础,如图 3-27 所示。

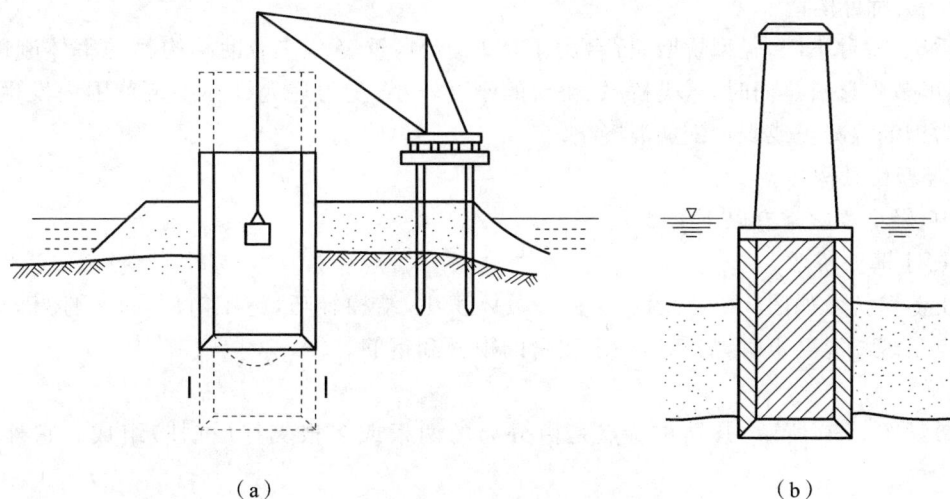

(a)　　　　　　　　　　(b)

图 3-27　沉井基础示意图

(a) 沉井基础施工;(b) 沉井基础

② 重力式桥台构造。

梁式桥和拱式桥的重力式桥台常为 U 形桥台。它由台帽、台身和基础三部分组成。由于台身为由前墙和两个侧墙构成的 U 形结构,故称为 U 形桥台。梁式桥、拱式桥桥台构造示意图如图 3-28 所示,从图中比较可以看出,两者除在台帽部分有所差别外,其余部分基本相同。

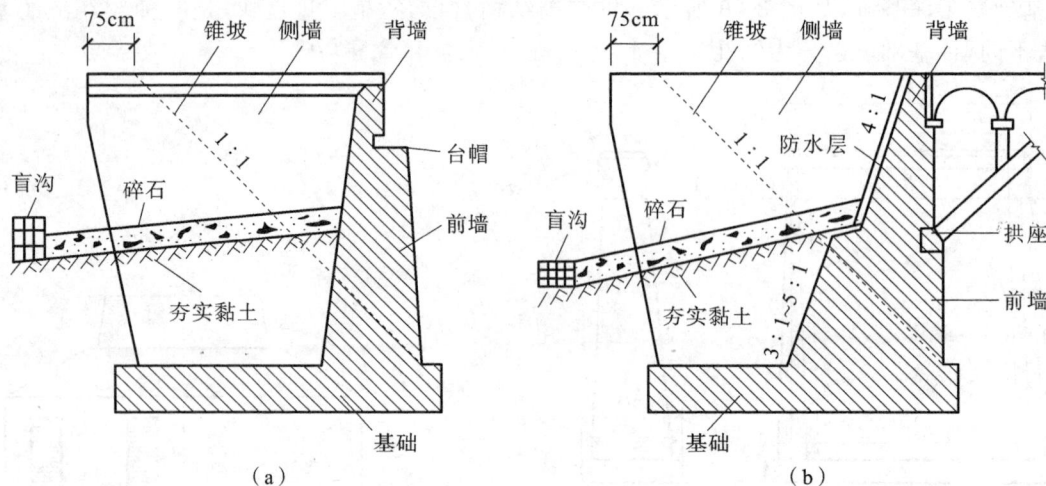

图 3-28 U 形桥台
(a) 梁式桥重力式桥台;(b) 拱式桥重力式桥台

a. 台帽。

梁式桥台帽与墩帽的不同点是台帽顶面只设单排支座,另一侧则要砌筑挡住路堤填土的背墙。背墙一般做成垂直的,并与两侧侧墙连接。

拱式桥桥台只在向河心的一侧设置拱座。对于空腹式拱桥,在前墙顶面上还要砌筑背墙,用来挡住路堤土和支承腹拱。

b. 台身。

台身由前墙和侧墙组成,并结合成一体,起挡土墙和支挡墙的作用。侧墙正面一般是直立的,其长度视桥台高度和锥坡坡度而定,前墙的下缘一般与斜坡下缘平齐。因此,桥台越高,锥坡越平坦,侧墙则越长。侧墙尾端应有不小于 0.75 m 的长度伸入路堤内,以保证与路堤有良好的衔接。台身的宽度通常与路基的宽度相同。

(2)轻型桥墩、桥台构造

与重力式桥墩、桥台不同,轻型桥墩、桥台力求体积小,自重轻。它借助结构物的整体刚度和材料强度承受外力,从而可节省材料。同时,这类桥墩、桥台的刚度较小,受力后允许在一定范围内发生弹性变形,所用的材料大多为钢筋混凝土或少量配筋混凝土。

① 梁式桥轻型桥墩构造。

在梁式桥中,轻型桥墩常有以下类型。

a. 钢筋混凝土薄壁桥墩。

钢筋混凝土薄壁桥墩如图 3-29 所示。这种桥墩体积小,结构轻巧,施工简便,过水性好,适用于地基软弱地区。其缺点是现浇混凝土时,需耗用一定数量的模板和钢筋。

b. 桩柱式桥墩。

桩柱式桥墩如图 3-30 所示,其结构特点是由分离的两根或多根支柱(桩柱)组成。它外形美观,结构轻巧。

c. 柔性排架桩墩。

如图 3-31 所示,柔性排架桩墩是由单排或双排的钢筋混凝土桩与钢筋混凝土盖梁连接而成的。其一般采用预制的矩形桩,桩长不超过 14 m,否则柔性过大,不便于施工。

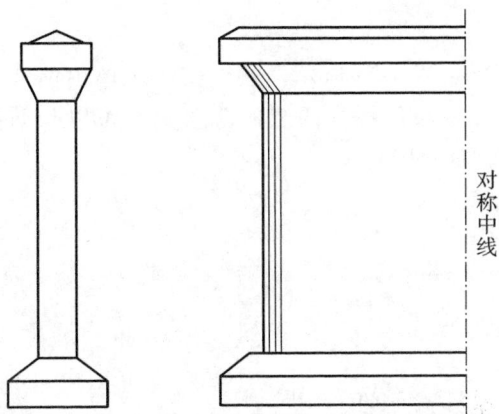

图 3-29 钢筋混凝土薄壁桥墩

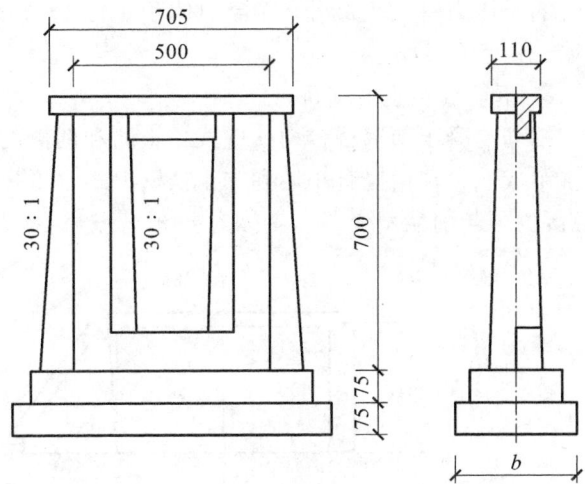

图 3-30 桩柱式桥墩(单位:cm)

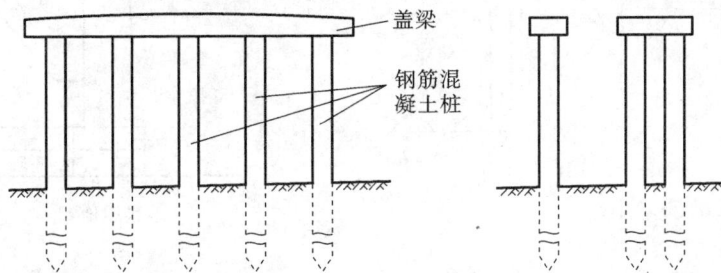

图 3-31 柔性排架桩墩

② 拱式桥轻型桥墩构造。

拱式桥轻型桥墩一般是配合钻孔灌注桩基础的桩柱式桥墩。从外形上看,它与梁式桥上的桩柱式桥墩非常相似,如图 3-32 所示。两者主要差别是:梁式桥在墩帽上设置支座,而拱式桥在墩顶部分设置支座。采用轻型桥墩的多孔拱式桥,应每隔 3~5 孔设一个单向推力墩。

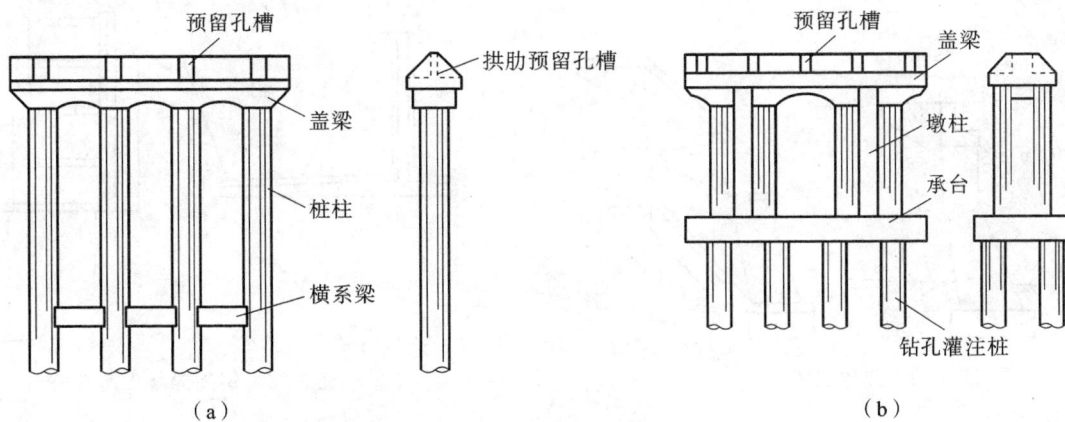

（a）

（b）

图 3-32 拱式桥桩柱式桥墩

③ 轻型桥台。

a. 设有支撑梁的轻型桥台。

这种桥台的特点是台身为直立的薄臂墙,台身两侧有翼墙。在两桥台下部设置钢筋混凝土支撑梁,上部结构与桥台通过螺栓连接,并借助两桥台后的被动土压力来保持稳定,如图 3-33 所示。

b. 埋置式桥台。

如图 3-34 所示,埋置式桥台是将台身埋在锥形护坡中,只露出台帽以安置支座及上部构造。因此,桥台所受的土压力将大大减小,桥台的体积也随之减小。埋置式桥台不需设侧墙,仅附有短小的钢筋混凝土耳墙。

c. 钢筋混凝土薄壁桥台。

钢筋混凝土薄壁桥台由扶壁式挡土墙和两侧的薄壁侧墙构成,如图 3-35 所示。扶壁式挡土墙由前墙和扶壁组成。台顶由竖直小墙和支于扶壁上的水平板构成,用于支撑桥跨结构。两侧的薄壁侧墙可以与前墙垂直,也可与前墙斜交。前者称为 U 形薄壁桥台,后者称为八字形薄壁桥台。

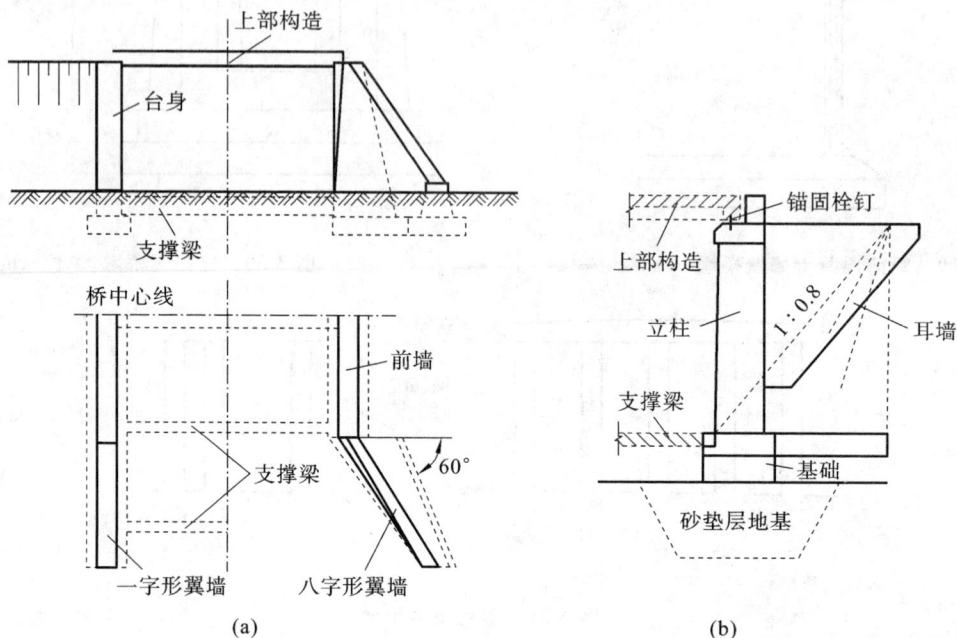

图 3-33 设有地下支撑梁的轻型桥台

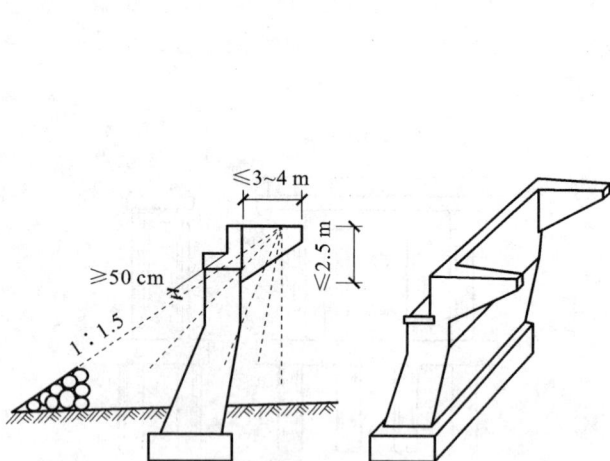

图 3-34 埋置式桥台

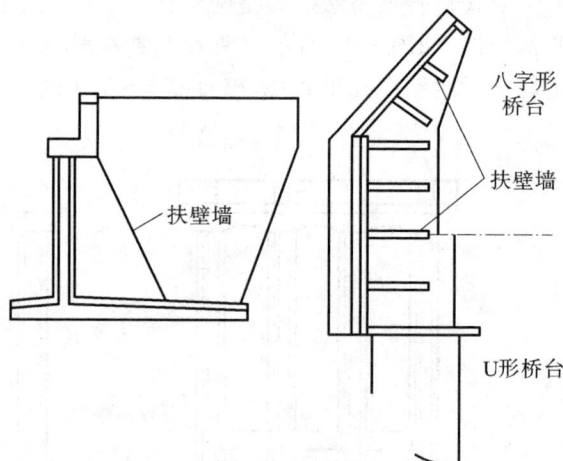

图 3-35 钢筋混凝土薄壁桥台

3.4.4 涵洞构造

涵洞是路基下的一个过水孔道,用以宣泄路堤下水流的构造物。涵洞一般由洞身和洞口建筑两部分组成,如图 3-36 所示。

(1) 洞身

洞身是形成过水孔道的主要结构。它一方面保证水流通过,另一方面直接承受荷载压力和填土压力,并将其传给地基。涵洞洞身(简称涵身)按构造形式可分为以下几种。

① 圆管涵。涵身为钢筋混凝土或预应力混凝土圆管,管径一般为 0.5～3.5 m。

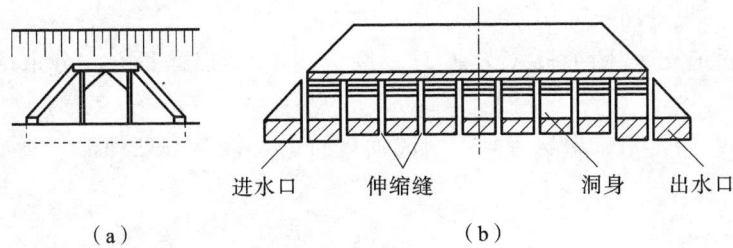

图 3-36　涵洞组成

（a）洞口；（b）纵断面

② 盖板涵。涵身由涵台、基础、盖板组成。跨度小时可采用混凝土或石盖板,跨度大时采用钢筋混凝土盖板。

③ 拱涵。涵身由涵台、基础、拱圈组成。拱圈可采用块石砌筑,跨度大时采用混凝土或钢筋混凝土拱圈。

④ 箱涵。在地基条件较差地段,涵身通常做成钢筋混凝土箱形截面。这种截面整体性好,便于施工。

（2）洞口建筑

洞口建筑是墙身、路基、河道三者的连接构造物。它一方面使涵洞与河道顺接,使水流进出顺畅;另一方面确保路基边坡稳定,使之免受水流冲刷。位于涵洞上游侧的洞口建筑称为进水口,位于涵洞下游侧的洞口建筑称为出水口。常用的洞口建筑形式有八字式、锥坡式、端墙式,如图 3-37 所示。

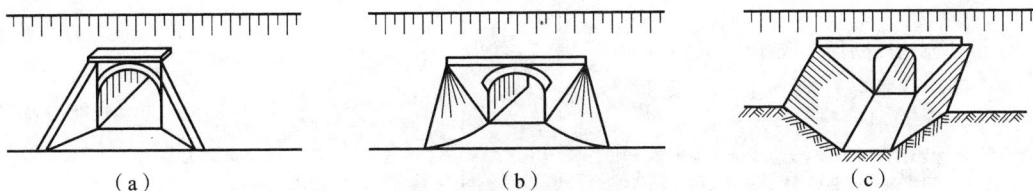

图 3-37　常见的洞口建筑形式

（a）八字式；（b）锥坡式；（c）端墙式

3.4.5　公路桥涵工程工程量清单计量规则

（1）桥涵工程

桥涵工程包括:桥梁荷载试验、补充地质勘探、钢筋、挖基、混凝土灌注桩、钢筋混凝土沉桩、钢筋混凝土沉井、扩大基础;现浇混凝土下部构造、现浇混凝土上部构造;预应力钢材、现浇预应力上部构造、预制预应力混凝土上部构造、斜拉桥上部构造、钢架拱上部构造;浆砌块片石及混凝土预制块、桥面铺装、桥梁支座、伸缩缝装置、涵洞工程。

（2）计算说明

① 所列出的基础、下部结构、上部结构混凝土的钢筋栏目,包括钢筋及钢筋骨架用的铁丝、钢板、套筒、焊接、钢筋垫块或其他固定钢筋的材料及钢筋除锈、制作、安装、成品运输等工作,作为钢筋工程的附属工作,不另行计量。

② 附属结构、圆管涵、倒虹吸管、盖板涵、拱涵、通道的钢筋均包括在各项目中,不另行计量。附属结构包括缘石、人行道、防撞墙、栏杆、护栏、桥头搭板、枕梁、抗震挡块、支座垫块等构造物。

③ 预应力钢材、斜拉索的除锈、制作、安装、运输及锚具、锚垫板、定位筋、连接件、封锚、护套、支架、附属装置和所有预埋件,均包括在相应的工程项目中,不另行计量。

④ 所列工程项目涉及的养护、场地清理,吊装设备、拱盔、支架、工作平台、脚手架的搭设及拆除,模板的安装及拆除,均包括在相应的工程项目中,不另行计量。

⑤ 混凝土拌和场站、构件预制场、储料场的建设、拆除、恢复,安装架设设备摊销,预应力张拉台座的设置及拆除均包括在相应的工程项目中,不另行计量。

⑥ 材料的计量尺寸为设计净尺寸。

⑦ 桥梁支座,包括固定支座、圆形板式支座、球冠圆板式支座,以体积立方分米(dm³)计量,盆式支座按套计量。

⑧ 设计图纸标明的及由于地基出现溶洞等情况而进行的桥涵基底处理的计量规则见公路路基工程中"特殊地区路基处理"。

(3) 工程量清单计量规则

桥涵工程包括的检测,钢筋,基础挖方及回填,混凝土灌注桩,沉桩,沉井,结构混凝土,预应力钢材,砌石,桥面铺装,桥梁支座,桥梁伸缩缝,圆管涵及倒虹吸管,盖板涵、箱涵,拱涵,通道工程等各工程项目工程量清单计量规则详见表 3-3。

表 3-3 公路桥涵工程工程量清单计量规则表

项目	节	细目	项目名称	项目特征	计量单位	工程量计量规则	工程内容
四			桥梁涵洞				第 400 章
	1		检测				第 401、408 节
		1	桥梁荷载试验(暂定工程量)	1. 结构类型 2. 桩长、桩径			1. 荷载试验(桥梁、桩基) 2. 破坏试验
		2	补充地质勘探及取样钻探(暂定工程量)	1. 地质类别 2. 深度	总额	按规定检测内容,以总额计算	按试验合同内容(主要检验桥梁整体或部分工程的承载能力及变形)钻探
		3	钻取混凝土芯样(暂定工程量)	桩长、桩径			钻孔取芯
		4	无破损检测				检测
	3		钢筋				第 403 节
		1	基础钢筋				
		a	光圆钢筋	1. 材料规格 2. 抗拉强度	kg	按设计图所示,各规格钢筋按有效长度(不计入规定的搭接长度),以质量计算	1. 制作、安装 2. 搭接
		b	带肋钢筋				
		2	下部结构钢筋				
		a	光圆钢筋	1. 材料规格 2. 抗拉强度	kg	按设计图所示,各规格钢筋按有效长度(不计入规定的搭接长度),以质量计算	1. 制作、安装 2. 搭接
		b	带肋钢筋				
		3	上部结构钢筋				
		a	光圆钢筋	1. 材料规格 2. 抗拉强度	kg	按设计图所示,各规格钢筋按有效长度(不计入规定的搭接长度及吊钩),以质量计算	1. 制作、安装 2. 搭接
		b	带肋钢筋				
		4	钢管拱钢材	1. 材料规格 2. 技术指标	kg	按设计图所示,以质量计算	1. 除锈、防锈 2. 制作、焊接 3. 定位、安装 4. 检测

续表

项目	节	细目	项目名称	项目特征	计量单位	工程量计量规则	工程内容
4			基础挖方及回填				第 404 节
	1		干处挖土方	土壤类别	m³	按设计图所示，基础所占面积周边外加宽 0.5 m，垂直由河床顶面至基础底标高实际工程体积计算（因施工、放坡、立模而超挖的土方不另行计算）	1. 防、排水 2. 基坑支撑 3. 挖运土石方 4. 清理回填
	2		干处挖石方				
	3		水中挖土方				1. 围堰、排水 2. 基坑支撑 3. 挖运土石方 4. 清理回填
	4		水中挖石方				
5			混凝土灌注桩				第 405、407 节
	1		水中钻孔灌注桩	1. 土壤类别 2. 桩长、桩径 3. 强度等级	m	按设计图所示，在设计施工水位以下，按不同桩径的钻孔灌注桩以长度（桩底标高至承台底面或系梁顶面标高；无承台或系梁时，则以桩位处地面线为分界线，地面线以下部分为灌注桩桩长）计算	1. 搭设作业平台或围堰筑岛 2. 安置护筒 3. 护壁、钻进成孔、清孔 4. 埋检测管 5. 浇筑混凝土 6. 锉桩头
	2		陆上钻孔灌注桩			按设计图所示，按不同桩径的钻孔灌注桩以长度（桩底标高至承台底面或系梁顶面标高；无承台或系梁时，则以桩位处地面线为分界线，地面线以下部分为灌注桩桩长）计算	
	3		人工挖孔灌注桩				1. 挖孔、抽水 2. 护壁 3. 浇筑混凝土
6			沉桩				第 406 节
	1		钢筋混凝土沉桩	1. 土壤类别 2. 桩长、桩径 3. 强度等级	m	按设计图所示，以桩尖标高至承台底或盖梁底标高长度计算	1. 预制混凝土桩 2. 运输 3. 锤击、射水、接桩
	2		预应力钢筋混凝土沉桩				
9			沉井				第 409 节
	1		混凝土或钢筋混凝土沉井				1. 围堰筑岛 2. 现浇或预制沉井 3. 浮运 4. 抽水、下沉 5. 浇筑混凝土 6. 挖井内土及基底处理 7. 浇筑混凝土 8. 清理、恢复河道
		a	井壁混凝土	1. 土壤类别 2. 桩长、桩径 3. 强度等级	m³	按设计图所示，以体积计算	
		b	顶板混凝土				
		c	填芯混凝土				
		d	封底混凝土				
	2		钢沉井				

续表

项目	节	细目	项目名称	项目特征	计量单位	工程量计量规则	工程内容
		a	钢壳沉井	1. 材料规格 2. 土壤类别 3. 断面尺寸	t	按设计图所示,以质量计算	1. 制作 2. 浮运或筑岛 3. 下沉 4. 挖井内土及基底处理 5. 切割回收 6. 清理、恢复河道
		b	顶板混凝土	强度等级	m³	按设计图所示,以体积计算	浇筑混凝土
		c	填芯混凝土				
		d	封底混凝土				
10			结构混凝土工程				第410、412、414、418节
	1		基础				
		a	混凝土基础(包括支撑梁、桩基承台,但不包括桩基)	1. 断面尺寸 2. 强度等级 3. 结构类型	m³	按设计图所示,以体积计算	1. 套箱或模板制作、安装、拆除 2. 混凝土浇筑 3. 养生
	2		下部结构混凝土				
		a	斜拉桥索塔	1. 断面尺寸 2. 强度等级 3. 部位	m³	按设计图所示,以体积计算	1. 支架、模板、劲性骨架制作、安装及拆除 2. 浇筑混凝土 3. 养生
		b	重力式U形桥台				
		c	肋板式桥台				
		d	轻型桥台				
		e	柱式桥墩				
		f	薄壁式桥墩				
		g	空心桥墩				
	3		上部结构混凝土				
		a	连续刚构	1. 断面尺寸 2. 强度等级	m³	按设计图所示,以体积计算	1. 支架、模板制作、安装、拆除 2. 预埋钢筋、钢材制作、安装 3. 浇筑混凝土 4. 构件运输、安装 5. 养生
		b	混凝土箱形梁				
		c	混凝土T形梁				
		d	钢管拱				
		e	混凝土拱				
		f	混凝土空心板				
		g	混凝土矩形板				
		h	混凝土肋板				
	6		现浇混凝土附属结构				
		a	人行道	1. 结构形式 2. 材料规格 3. 强度等级	m³	按设计图所示,以体积计算	1. 钢筋、钢板、钢管制作、安装 2. 浇筑混凝土 3. 运输构件 4. 养生
		b	防撞墙(包括金属扶手)				
		c	护栏				
		d	桥头搭板				
		e	抗震挡块				
		f	支座垫石				

续表

项目	节	细目	项目名称	项目特征	计量单位	工程量计量规则	工程内容
	7		预制混凝土附属结构(栏杆、路缘石、人行道)				
		a	路缘石	1. 结构形式 2. 强度等级	m³	按设计图所示,以体积计算	1. 钢筋制作、安装 2. 预制混凝土构件 3. 运输 4. 砌筑、安装 5. 勾缝
		b	人行道				
		c	栏杆				
11			预应力钢材				第411节
	1		先张法预应力钢丝	1. 材料规格 2. 抗拉强度	m	按设计图所示,以埋入混凝土中的实际长度(不计入工作长度)计算	1. 制作、安装预应力钢材 2. 制作、安装管道 3. 安装锚具、锚板 4. 张拉 5. 压浆 6. 封锚头
	2		先张法预应力钢绞线				
	3		先张法预应力钢筋				
	4		后张法预应力钢丝			按设计图所示,以两端锚具间的理论长度(不计入工作长度)计算	
	5		后张法预应力钢绞线				
	6		后张法预应力钢筋				
	7		斜拉索		kg	按设计图所示,以斜拉索的质量计算	1. 放索 2. 牵引 3. 安装 4. 张拉 5. 索力调整 6. 锚固 7. 防护 8. 安装放松、减振设施 9. 静荷载试验
13			砌石工程				第413节
	1		浆砌片石	1. 材料规格 2. 强度等级	m³	按设计图所示,以体积计算	1. 选修石料 2. 拌运砂浆 3. 运输 4. 砌筑,沉降缝填塞 5. 勾缝
	2		浆砌块石				
	3		浆砌料石				
	4		浆砌预制混凝土块	1. 断面尺寸 2. 强度等级			1. 预制混凝土块 2. 拌运砂浆 3. 运输 4. 砌筑 5. 勾缝

项	目	节	细目	项目名称	项目特征	计量单位	工程量计量规则	工程内容
	15			桥面铺装				第415节
		1		沥青混凝土桥面铺装	1. 材料规格 2. 配合比 3. 厚度 4. 压实度			1. 桥面清洗、安装泄水管 2. 拌和、运输 3. 摊铺 4. 碾压
		2		水泥混凝土桥面铺装	1. 材料规格 2. 配合比 3. 厚度 4. 强度等级	m²	按设计图所示,以面积计算	1. 桥面清洗、安装泄水管 2. 拌和、运输 3. 摊铺 4. 压(刻)纹
		3		防水层				1. 桥面清洗 2. 加防火剂拌和、运输 3. 摊铺
	16			桥梁支座				第416节
		1		矩形板式橡胶支座				
			a	固定支座	1. 材料规格 2. 强度等级	dm³	按设计图所示,以体积计算	安装
			b	活动支座				
		2		圆形板式橡胶支座				
			a	固定支座	1. 材料规格 2. 强度等级	dm³	按设计图所示,以体积计算	安装
			b	活动支座				
		3		球冠圆板式橡胶支座				
			a	固定支座	1. 材料规格 2. 强度等级	dm³	按设计图所示,以体积计算	安装
			b	活动支座				
		4		盆式支座				
			a	固定支座	1. 材料规格 2. 强度等级	套	按设计图所示,以个(或套)累加数计算	安装
			b	单向活动支座				
			c	双向活动支座				
	17			桥梁伸缩缝				第417节
		1		橡胶伸缩装置				
		2		模数式伸缩装置	1. 材料规格 2. 伸缩量	m	按设计图所示,以长度计算	1. 缝隙的清理 2. 制作、安装伸缩缝
		3		填充式材料伸缩装置				
	19			圆管涵及倒虹吸管				第418、419节

续表

项目	节	细目	项目名称	项目特征	计量单位	工程量计量规则	工程内容
		1	单孔钢筋混凝土圆管涵	1. 孔径 2. 强度等级	m	按设计图所示,按不同孔径的涵身长度(进、出口端墙外侧间的距离)计算	1. 排水 2. 挖基、基底表面处理 3. 基底砌筑或浇筑 4. 预制或现浇钢筋混凝土管 5. 安装、接缝 6. 铺涂防水层 7. 砌筑进、出口(端墙、翼墙、八字墙井口) 8. 回填
		2	双孔钢筋混凝土圆管涵				
		3	倒虹吸管涵				
		a	不带套箱	1. 管径 2. 强度等级	m	按不同孔径,以沿涵洞中心线量测的进、出洞口之间的洞身长度计算	1. 排水 2. 挖基、基底表面处理 3. 基底砌筑或浇筑 4. 预制或现浇钢筋混凝土管 5. 安装、接缝 6. 铺涂防水层 7. 砌筑进、出口(端墙、翼墙、八字墙井口) 8. 回填
		b	带套箱	1. 管径 2. 断面尺寸 3. 强度等级		按不同断面尺寸,以沿涵洞中心线量测的进、出洞口之间的洞身长度计算	1. 排水 2. 挖基、基底表面处理 3. 基础砌筑或浇筑 4. 预制或现浇钢筋混凝土管 5. 安装、接缝 6. 支架、模板制作、安装、拆除 7. 钢筋制作、安装 8. 混凝土浇筑、养生,沉降缝填塞,铺涂防水层 9. 砌筑进、出口(端墙、翼墙、八字墙井口)
	20		盖板涵、箱涵				第 418、420 节
		1	钢筋混凝土盖板涵	1. 断面尺寸 2. 强度等级	m	按设计图所示,按不同断面尺寸以长度(进、出口端墙间的距离)计算	1. 排水 2. 挖基、基底表面处理 3. 支架、模板制作、安装、拆除 4. 钢筋制作、安装 5. 混凝土浇筑、养生、运输 6. 沉降缝填塞,铺涂防水层 7. 铺底及砌筑进、出口
		2	钢筋混凝土箱涵				

项 目	节	细目	项目名称	项目特征	计量单位	工程量计量规则	工程内容
21			拱涵				第418、421节
		1	石砌拱涵	1. 材料规格 2. 断面尺寸 3. 强度等级	m	按设计图所示,按不同断面尺寸以长度(进、出口端墙间的距离)计算	1. 排水 2. 挖基、基底表面处理 3. 支架、拱盔制作、安装及拆除 4. 石料或混凝土预制块砌筑 5. 混凝土浇筑、养生 6. 沉降缝填塞,铺涂防水层 7. 铺底及砌筑进、出口
		2	混凝土拱涵				
		3	钢筋混凝土拱涵	1. 断面尺寸 2. 强度等级			1. 排水 2. 挖基、基底表面处理 3. 支架、拱盔制作、安装及拆除 4. 钢筋制作、安装 5. 混凝土浇筑、养生 6. 沉降缝填塞,铺涂防水层 7. 铺底及砌筑进、出口
22			通道				第418、420、421节
		1	钢筋混凝土盖板通道	1. 断面尺寸 2. 强度等级	m	按设计图所示,按不同断面尺寸以长度(进、出口端墙间的距离)计算	1. 排水 2. 挖基、基底表面处理 3. 支架、模板制作、安装及拆除 4. 钢筋制作、安装 5. 混凝土浇筑、养生、运输 6. 沉降缝填塞,铺涂防水层 7. 铺底及砌筑进、出口 8. 通道范围内的道路
		2	现浇混凝土拱形通道				

3.5 公路隧道工程工程量计量规则与方法 ❯❯❯

公路隧道是公路工程的重要组成部分。修建隧道的目的是为在地下占据一定的空间供车辆行驶,并保证交通安全。

3.5.1 隧道的构造

从结构构造上来讲,隧道由主体构造物和附属构造物两大类组成。主体构造物是为了保证岩体的稳定和行车安全而修建的人工永久建筑物,主要包括洞身衬砌和洞门构造物;附属构造物是指除主体构造物以外的其他构造物,是为了满足营运管理、维修养护、给水排水、供蓄发变电、通风、照明、通信、安全等要求而修建的构造物,包括通风、照明、防排水、安全设施等。隧道洞门形式如图3-38所示。

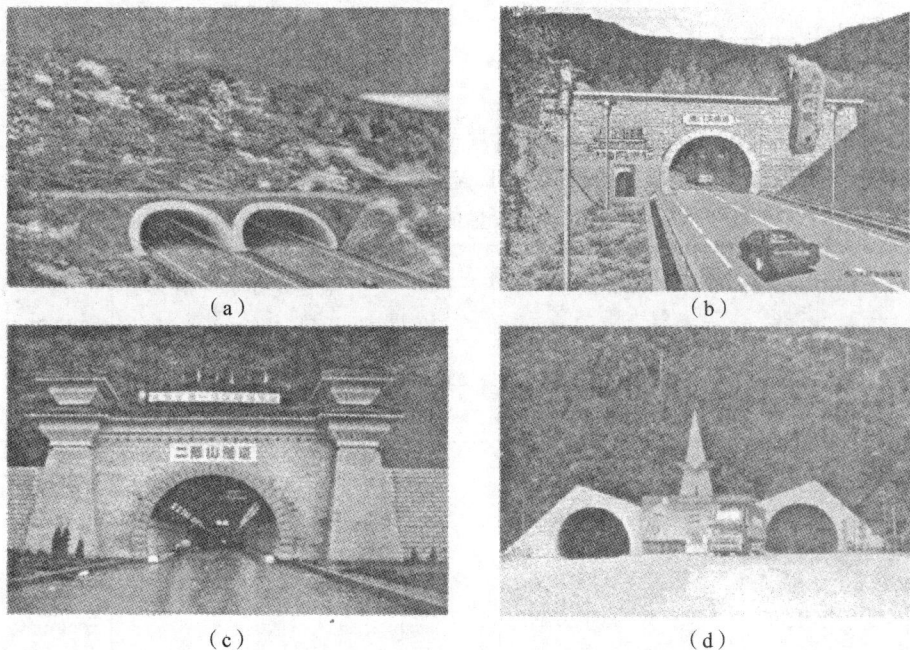

图 3-38　隧道洞门形式
(a) 削竹式洞门;(b) 端墙式洞门;(c) 柱式洞门;(d) 造型洞门

隧道洞身衬砌的作用是承受围岩压力、结构自重和其他荷载,防止围岩塌落、风化,起防水、防潮等作用。洞门的主要作用是防止洞口塌方落石,以保证仰坡和边坡的稳定。当洞顶覆盖层较薄,难以用暗挖法修建隧道,或隧道洞口路堑地段受塌方、落石、泥石流、雪害等危害,以及道路之间或道路与铁路之间形成立体交叉,不宜做立交桥时,通常应接长洞身(即早进洞或晚出洞)或加筑明洞。明洞一般采用明挖法施工。明洞主要分为两大类,即拱式明洞和棚式明洞。按荷载分布分类,拱式明洞分为路堑对称型、路堑偏压型、半路堑偏压型和半路堑单压型;按构造棚式分类,棚式明洞可分为墙式、钢架式、柱式等。此外,还有特殊结构明洞,以适应特殊场地的要求。通风、照明、防排水、安全设施等的作用是确保行车的安全性和舒适性。

3.5.2 公路隧道工程工程量清单计量规则

(1)隧道工程

隧道工程包括洞口与明洞工程、洞身开挖、洞身衬砌、防水与排水、洞内防火涂料和装饰工程、监控量测、特殊地质段的施工与地质预报等。

(2)计算说明

① 场地布置、核对图纸、补充调查、编制施工组织设计、试验检测、施工测量、环境保护、安全措施、施工防排水、围岩类别划分及监控、通信、照明、通风、消防等设备、设施的预埋构件设置与保护等所有准备工作和施工中应采取的措施,均为各节、各细目工程的附属工作,不另行计量。

② 风、水、电作业及通风、照明、防尘为不可缺少的附属设施和作业,均应包括在本章各节有关工程细目

中,不另行计量。

③ 隧道铭牌,模板装拆,钢筋除锈,拱盔、支架、脚手架搭拆,养护清场等工作均为各细目的附属工作,不另行计量。

④ 连接钢板、螺栓、螺帽、拉杆、垫圈等作为钢支护的附属构件,不另行计量。

⑤ 混凝土拌和场站、储料场的建设、拆除、恢复均包括在相应工程项目中,不另行计量。

⑥ 洞身开挖包括主洞、竖井、斜井。洞外路面、洞外消防系统土石开挖,洞外弃渣防护等计量规则见有关章节。

⑦ 材料的计量尺寸为设计净尺寸。

（3）工程量清单计量规则

隧道工程包括的洞口与明洞工程、洞身开挖、洞身衬砌、防水与排水、洞内防火涂料和装饰工程、监控量测、特殊地质地段的施工与地质预报等各工程项目工程量清单计量规则详见表3-4。

表 3-4 公路隧道工程量清单计量规则表

项目	节	细目	项目名称	项目特征	计量单位	工程量计量规则	工程内容
五			隧道				第 500 章
	2		洞口与明洞工程				第 502、507 节
		1	洞口、明洞开挖				
		a	挖土方	1. 土壤类别 2. 施工方法 3. 断面尺寸	m³	按设计图所示,按横断面面积乘以长度以天然密实体积计算	1. 施工排水 2. 零填及挖方路基挖松、压实 3. 挖运、装卸 4. 整修路基和边坡
		b	挖石方	1. 岩石类别 2. 施工方法 3. 爆破要求 4. 断面尺寸			1. 施工排水 2. 零填及挖方路基挖松、压实 3. 爆破防护 4. 挖运、装卸 5. 整修路基和边坡
		c	弃方超运	1. 土壤类别 2. 超运里程	m³·km	按设计图所示,若弃土场场地不足需增加弃土场或因监理工程师批准变更弃土场而导致弃方超过图纸规定运距,按超运弃方数量乘以超运里程计算	1. 弃方超运 2. 整修弃土场
		2	防水与排水				
		a	浆砌片石边沟、截水沟、排水沟	1. 材料规格 2. 垫层厚度 3. 断面尺寸 4. 强度等级	m³	按设计图所示,按横断面面积乘以长度以体积计算	1. 挖运土石方 2. 铺设垫层 3. 砌筑、勾缝 4. 伸缩缝填塞 5. 抹灰压顶、养生

项	目	节	细目	项目名称	项目特征	计量单位	工程量计量规则	工程内容
			b	浆砌混凝土预制块水沟	1. 垫层厚度 2. 断面尺寸 3. 强度等级	m³	按设计图所示,按横断面面积乘以长度以体积计算	1. 挖运土石方 2. 铺设垫层 3. 预制、安装混凝土预制块 4. 伸缩缝填塞 5. 抹灰压顶、养生
			c	现浇混凝土水沟				1. 挖运土石方 2. 铺设垫层 3. 现浇混凝土 4. 伸缩缝填塞 5. 养生
			d	渗沟	1. 材料规格 2. 断面尺寸		按设计图所示,按横断面面积乘以长度以体积计算	1. 挖基整形 2. 铺混凝土垫层 3. 埋 PVC 管 4. 渗水土工布包碎砾石填充 5. 出水口砌筑 6. 试通水 7. 回填
			e	暗沟	1. 材料规格 2. 断面尺寸 3. 强度等级		按设计图所示,按横断面面积乘以长度以体积计算	1. 挖基整形 2. 铺设垫层 3. 砌筑 4. 预制、安装(钢筋)混凝土盖板 5. 铺砂砾反滤层 6. 回填
			f	排水管	材料规格	m	按设计图所示,按不同孔径以长度计算	1. 挖运土石方 2. 铺垫层 3. 安装排水管 4. 接头处理 5. 回填
			g	混凝土拦水块	1. 材料规格 2. 强度等级 3. 断面尺寸	m³	按设计图所示,按横断面面积乘以长度以体积计算	1. 基础处理 2. 模板安装 3. 浇筑混凝土 4. 拆模、养生
			h	防水混凝土	1. 材料规格 2. 配合比 3. 厚度 4. 强度等级		按设计图所示,以体积计算	1. 基础处理 2. 加防水剂拌和、运输 3. 浇筑、养生
			i	黏土隔水层	1. 厚度 2. 压实度		按设计图所示,按压实后隔水层面积乘以隔水层厚度以体积计算	1. 黏土挖运 2. 填筑、压实

续表

项目	节	细目	项目名称	项目特征	计量单位	工程量计量规则	工程内容
		j	复合防水板	材料规格	m²	按设计图所示,以面积计算	1. 复合防水板铺设 2. 焊接、固定
		k	复合土工膜			按设计图所示,以净面积(不计入按规范要求的搭接卷边部分)计算	1. 平整场地 2. 铺设、搭接、固定
	3		洞口坡面防护				
		a	浆砌片石	1. 材料规格 2. 断面尺寸 3. 强度等级	m³	按设计图所示,以体积计算	1. 整修边坡 2. 挖槽 3. 铺垫层,铺筑滤水层,制作、安装泄水孔 4. 砌筑、勾缝
		b	浆砌混凝土预制块	1. 断面尺寸 2. 强度等级			1. 整修边坡 2. 挖槽 3. 铺垫层,铺筑滤水层,制作、安装泄水孔 4. 预制、安装预制块
		c	现浇混凝土				1. 整修边坡 2. 浇筑混凝土 3. 养生
		d	喷射混凝土	1. 厚度 2. 强度等级	m³	按设计图所示,以体积计算	1. 整修边坡 2. 喷射混凝土 3. 养生
		e	锚杆	1. 材料规格 2. 抗拉强度	m	按设计图所示,按不同规格以长度计算	1. 钻孔、清孔 2. 锚杆制作、安装 3. 注浆 4. 张拉 5. 抗拔力试验
		f	钢筋网	材料规格	kg	按设计图所示,以质量(不计入规定的搭接长度)计算	制作、挂网、搭接、锚固
		g	植草	1. 草籽种类 2. 养护期	m²	按设计图所示,按合同规定的成活率以面积计算	1. 修整边坡,铺设表土 2. 播草籽 3. 洒水覆盖 4. 养护
		h	土工格室草皮	1. 格室尺寸 2. 植草种类 3. 养护期			1. 挖槽、清底、找平、混凝土浇筑 2. 安装格室,铺种植土,播草籽,拍实 3. 清理、养护
		i	洞顶防落网	材料规格		按设计图所示,以面积计算	设置、安装、固定

续表

项目	目	节	细目	项目名称	项目特征	计量单位	工程量计量规则	工程内容
		4		洞门建筑				
			a	浆砌片石	1. 材料规格 2. 断面尺寸 3. 强度等级	m³	按设计图所示,以体积计算	1. 挖基、基底处理 2. 砌筑、勾缝 3. 沉降缝、伸缩缝处理
			b	浆砌料(块)石				
			c	片石混凝土	1. 材料规格 2. 断面尺寸 3. 片石掺量 4. 强度等级			1. 挖基、基底处理 2. 拌和、运输、浇筑混凝土 3. 养生
			d	现浇混凝土	1. 材料规格 2. 断面尺寸 3. 强度等级			
			e	镶面	1. 材料规格 2. 强度等级 3. 厚度		按设计图所示,按不同材料以体积计算	1. 修补表面 2. 贴面 3. 抹平、养生
			f	光圆钢筋	1. 材料规格 2. 抗拉强度	kg	按设计图所示,各规格钢筋按有效长度(不计入规定的搭接长度)以质量计算	1. 制作、安装 2. 搭接
			g	带肋钢筋				
			h	锚杆		m	按设计图所示,按不同规格以长度计算	1. 钻孔、清孔 2. 锚杆制作、安装 3. 注浆 4. 张拉 5. 抗拔力试验
		5		明洞衬砌				
			a	浆砌料(块)石	1. 材料规格 2. 断面尺寸 3. 强度等级	m³	按设计图所示,以体积计算	1. 挖基、基底处理 2. 砌筑、勾缝 3. 沉降缝、伸缩缝处理
			b	现浇混凝土				1. 浇筑混凝土 2. 养生 3. 伸缩缝处理
			c	光圆钢筋	1. 材料规格 2. 抗拉强度	kg	按设计图所示,各规格钢筋按有效长度(不计入规定的搭接长度)以质量计算	1. 制作、安装 2. 搭接
			d	带肋钢筋				
		6		遮光棚(板)				
			a	现浇混凝土	1. 材料规格 2. 断面尺寸 3. 强度等级	m³	按设计图所示,以体积计算	1. 浇筑混凝土 2. 养生 3. 伸缩缝处理
			b	光圆钢筋	1. 材料规格 2. 抗拉强度	kg	按设计图所示,各规格钢筋按有效长度(不计入规定的搭接长度)以质量计算	1. 制作、安装 2. 搭接
			c	带肋钢筋				

项目	节	细目	项目名称	项目特征	计量单位	工程量计量规则	工程内容
		7	洞顶(边墙墙背)回填				
		a	回填土石方	1. 土壤类别 2. 压实度	m³	按设计图所示,以体积计算	1. 挖运 2. 回填 3. 压实
		8	洞外挡土墙				
		a	浆砌片石	1. 材料规格 2. 断面尺寸 3. 强度等级	m³	按设计图所示,以体积计算	1. 挖基、基底处理 2. 砌筑、勾缝 3. 铺筑滤水层;制作、安装泄水孔,沉降缝处理 4. 抹灰、压顶
	3		洞身开挖				第503、507节
		1	洞身开挖				
		a	挖土方	1. 围岩类别 2. 施工方法 3. 断面尺寸	m³	按设计图所示,按横断面面积乘以长度以天然密实体积计算	1. 防排水 2. 量测布点 3. 钻孔装药 4. 找顶 5. 出渣、修整 6. 施工观测
		b	挖石方	1. 围岩类别 2. 施工方法 3. 爆破要求 4. 断面尺寸			
		c	弃方超运	1. 土壤类别 2. 超运里程	m³·km	按设计图所示,若弃土场场地不足需增加弃土场或因监理师工程师批准变更弃土场而导致弃方运距超过洞外200 m,按超运弃方数量乘以超运里程计算	1. 弃方超运 2. 整修弃土场
		2	超前支护				
		a	注浆小导管	1. 材料规格 2. 强度等级	m	按设计图所示,以长度计算	1. 下料制作、运输 2. 钻孔、钢管顶入 3. 预注早强水泥砂浆 4. 设置止浆塞
		b	超前锚杆	1. 材料规格 2. 抗拉强度			1. 下料制作、运输 2. 钻孔 3. 安装锚杆
		c	自钻式锚杆				钻入
		d	管棚	1. 材料规格 2. 强度等级			1. 下料制作、运输 2. 钻孔、清孔 3. 安装管棚 4. 注早强水泥砂浆

项目	节	细目	项目名称	项目特征	计量单位	工程量计量规则	工程内容
		e	型钢	材料规格	kg	按设计图所示,以质量计算	1. 设计、制造、运输 2. 安装、焊接、维护
		f	光圆钢筋	1. 材料规格 2. 抗拉强度		按设计图所示,各规格钢筋按有效长度(不计入规定的搭接长度)以质量计算	1. 制作、安装 2. 搭接
		g	带肋钢筋				
	3		喷锚支护				
		a	喷射钢纤维混凝土	1. 材料规格 2. 钢纤维掺配比例 3. 厚度 4. 强度等级	m³	按设计图所示,按喷射混凝土面积乘以厚度以体积计算	1. 设喷射厚度标志 2. 喷射钢纤维混凝土 3. 回弹料回收 4. 养生
		b	喷射混凝土	1. 材料规格 2. 厚度 3. 强度等级			1. 设喷射厚度标志 2. 喷射混凝土 3. 回弹料回收 4. 养生
		c	注浆锚杆				1. 钻孔 2. 加工、安装锚杆 3. 注早强水泥砂浆
		d	砂浆锚杆	1. 材料规格 2. 强度等级	m	按设计图所示,以长度计算	1. 钻孔 2. 设置早强水泥砂浆 3. 加工、安装锚杆
		e	预应力注浆锚杆				1. 放样、钻孔 2. 加工、安装锚杆并锚固端部 3. 张拉预应力 4. 注早强水泥砂浆
		f	早强药包锚杆	1. 材料规格 2. 早强药包性能要求			1. 钻孔 2. 设置早强药包 3. 加工、安装锚杆
		g	钢筋网				1. 制作钢筋网 2. 布网、搭接、固定
		h	型钢	材料规格	kg	按设计图所示,以质量计算	1. 设计、制造 2. 安装、固定、维护
		i	连接钢筋				1. 下料制作 2. 连接、焊接
		j	连接钢管				
	4		木材	材料规格	m³	按设计图所示,按平均横断面面积乘以长度以体积计算	1. 下料制作 2. 安装
4			洞身衬砌				第504、507节
	1		洞身衬砌				

项	目	节	细目	项目名称	项目特征	计量单位	工程量计量规则	工程内容
			a	砖墙				1. 制备砖块 2. 砌砖墙、勾缝、养生 3. 沉降缝、伸缩缝处理
			b	浆砌粗料石（块石）	1. 材料规格 2. 断面尺寸 3. 强度等级	m³	按设计图所示，以体积计算	1. 挖基、基底处理 2. 砌筑、勾缝 3. 沉降缝、伸缩缝处理
			c	现浇混凝土				1. 浇筑混凝土 2. 养生 3. 沉降缝、伸缩缝处理
			d	光圆钢筋	1. 材料规格 2. 抗拉强度	kg	按设计图所示，各规格钢筋按有效长度（不计入规定的搭接长度）以质量计算	1. 制作、安装 2. 搭接
			e	带肋钢筋				
		2		仰拱、铺底混凝土				
			a	仰拱混凝土	强度等级			1. 排除积水 2. 浇筑混凝土、养生 3. 沉降缝、伸缩缝处理
			b	铺底混凝土		m³	按设计图所示，以体积计算	
			c	仰拱填充料	材料规格			1. 清除杂物、排除积水 2. 填充、养生 3. 沉降缝、伸缩缝处理
		3		管沟				
			a	现浇混凝土				1. 挖基 2. 现浇混凝土 3. 养生
			b	预制混凝土	1. 断面尺寸 2. 强度等级	m³	按设计图所示，以体积计算	1. 挖基、铺垫层 2. 预制、安装混凝土预制块
			c	（钢筋）混凝土盖板				预制、安装（钢筋）混凝土盖板
			d	级配碎石	1. 材料规格 2. 级配要求			1. 运输 2. 铺设
			e	干砌片石	材料规格			干砌
			f	铸铁管		m	按设计图所示，以长度计算	
			g	镀锌钢管				
			h	铸铁盖板	材料规格	套	按设计图所示，以套计算	安装
			i	无缝钢管				
			j	钢管		kg	按设计图所示，以质量计算	
			k	角钢				

项目	目	节	细目	项目名称	项目特征	计量单位	工程量计量规则	工程内容
			l	光圆钢筋	1. 材料规格 2. 抗拉强度	kg	按设计图所示,各规格钢筋按有效长度(不计入规定的搭接长度及吊钩)以质量计算	1. 制作、安装 2. 搭接
			m	带肋钢筋				
		4		洞门				
			a	消防室洞门	1. 材料规格 2. 结构形式	个	按设计图所示,以个计算	安装
			b	通道防火匣门				
			c	风机启动柜洞门				
			d	卷帘门				
			e	检修门				
			f	双制铁门				
			g	格栅门				
			h	铝合金骨架墙	材料规格	m²	按设计图所示,以面积计算	加工、安装
			i	无机材料吸音板				
		5		洞内路面				
			a	水泥稳定碎石	1. 材料规格 2. 掺配量 3. 厚度 4. 强度等级	m²	按设计图所示,以顶面面积计算	1. 清理下承层、洒水 2. 拌和、运输 3. 摊铺、整形 4. 碾压 5. 养护
			b	贫混凝土基层	1. 材料规格 2. 厚度 3. 强度等级			
			c	沥青封层	1. 材料规格 2. 厚度 3. 沥青用量			1. 清理下承层 2. 拌和、运输 3. 摊铺、压实
			d	混凝土面层	1. 材料规格 2. 厚度 3. 配合比 4. 外掺剂 5. 强度等级		按设计图所示,以面积计算	1. 清理下承层、湿润 2. 拌和、运输 3. 摊铺、抹平 4. 压(刻)纹 5. 胀缝制作、安装 6. 切缝、灌缝 7. 养生
			e	光圆钢筋	1. 材料规格 2. 抗拉强度	kg	按设计图所示,各规格钢筋按有效长度(不计入规定的搭接长度)以质量计算	1. 制作、安装 2. 搭接
			f	带肋钢筋				
		6		消防设施				
			a	阀门井	1. 材料规格 2. 断面尺寸	个	按设计图所示,以个计算	1. 阀门井施工、养生 2. 阀门安装

项目	节	细目	项目名称	项目特征	计量单位	工程量计量规则	工程内容
		b	集水池				1. 集水池施工、养生 2. 防渗处理 3. 水路安装
		c	蓄水池	1. 材料规格 2. 强度等级 3. 结构形式	座	按设计图所示,以座计算	1. 蓄水池施工、养生 2. 防渗处理 3. 水路安装
		d	取水泵房				1. 取水泵房施工 2. 水泵及管路安装 3. 配电施工
		e	滚水坝				1. 基础处理 2. 滚水坝施工 3. 养生
5			防水与排水				第505、507节
	1		防水与排水				
		a	复合防水板		m²	按设计图所示,以面积计算	1. 基底处理 2. 铺设防水板 3. 接头处理 4. 防水试验
		b	复合土工防水层	材料规格			1. 基底处理 2. 铺设防水层 3. 搭接、固定
		c	止水带		m	按设计图所示,以长度计算	1. 安装止水带 2. 接头处理
		d	止水条				1. 安装止水条 2. 接头处理
		e	压注水泥-水玻璃浆液(暂定工程量)	1. 材料规格 2. 强度等级 3. 浆液配比	m³	按实际完成数量,以体积计算	1. 制备浆液 2. 压浆堵水
		f	压注水泥浆液(暂定工程量)				
		g	压浆钻孔(暂定工程量)	孔径、孔深	m	按实际完成数量,以长度计算	钻孔
		h	排水管		m	按实际完成数量,以长度计算	安装
		i	镀锌铁皮	材料规格	m²	按设计图所示,以面积计算	1. 基底处理 2. 铺设镀锌铁皮 3. 接头处理
6			洞内防火涂料和装饰工程				第506、507节
	1		洞内防火涂料				

续表

项	目	节	细目	项目名称	项目特征	计量单位	工程量计量规则	工程内容
			a	喷涂防火涂料	1. 材料规格 2. 遍数	m²	按设计图所示,以面积计算	1. 基层表面处理 2. 拌料 3. 喷涂防火涂料 4. 养生
		2		洞内装饰工程				
			a	镶贴瓷砖	1. 材料规格 2. 强度等级	m²	按设计图所示,以面积计算	1. 混凝土墙表面的处理 2. 砂浆找平 3. 镶贴瓷砖
			b	喷涂混凝土专用漆	材料规格			1. 基层表面处理 2. 喷涂混凝土专用漆
	8			监控量测				第507、508节
		1		监控量测				
			a	必测项目(项目名称)	1. 围岩类别 2. 检测手段、要求	总额	按规定以总额计算	1. 加工、采备、标定、埋设测量元件 2. 检测仪器采备、标定、安装、保护 3. 实施观测 4. 数据处理、反馈应用
			b	选测项目(项目名称)				
	9			特殊地质地段的施工与地质预报				第507、509节
		1		地质预报	1. 地质类别 2. 探测手段、方法	总额	按规定以总额计算	1. 加工、采备、标定、安装探测设备 2. 检测仪器采备、标定、安装、保护 3. 实施观测 4. 数据处理、反馈应用

3.6 公路安全设施及预埋管线工程工程量计量规则与方法 ⟫⟫⟫

公路安全设施及预埋管线工程包括护栏、隔离设施、道路交通标志、道路诱导设施、防眩设施、管线预埋、收费设施及地下通道等工程。

(1)安全设施及预埋管线工程

本节内容包括护栏、隔离设施、道路交通标志、道路诱导设施、防眩设施、通信管道及电力管道、管线预埋、收费设施及地下通道等工程。

(2)计算说明

① 护栏的地基填筑、垫层材料、砌筑砂浆、嵌缝材料、油漆及混凝土中的钢筋、钢缆索护栏的封头混凝土等均不另行计量。

② 隔离设施工程中的清场、挖根、土地平整和设置地线等工作均为安装工程的附属工作,不另行计量。

③ 道路交通标志工程中所有的支承结构、底座、硬件和为完成组装而需要的附件,均不另行计量。

④ 道路诱导设施中路面标线玻璃珠包含在涂敷面积内,不另行计量;附着式轮廓标的后底座、支架连接件均不另行计量。

⑤ 防眩设施所需的预埋件、连接件、立柱基础混凝土及钢构件的焊接,均作为附属工作,不另行计量。

⑥ 管线预埋工程的挖基、回填、压实、接地系统、所有封缝料和牵引线及拉棒检验等作为相关工程的附属工作,不另行计量。

⑦ 收费设施及地下通道工程。

a. 挖基、挖槽及回填、压实等作为相关工程的附属工作,不另行计量。

b. 收费设施的预埋件作为各相关工程的附属工作,不另行计量。

c. 凡未列入计量项目的零星工程均包含在相关工程项目内,不另行计量。

(3) 工程量清单计量规则

安全设施及预埋管线工程包括的护栏、隔离设施、道路交通标志、道路诱导设施、防眩设施、通信管道及电力管道、预埋(预留)基础、收费设施及地下通道等各工程项目工程量清单计量规则详见表 3-5。

表 3-5　　　　　　　　　　　　　　　公路安全设施及预埋管线工程工程量清单计量规则表

项	目	节	细目	项目名称	项目特征	计量单位	工程量计量规则	工程内容
六				安全设施及预埋管线工程				第600章
		2		护栏工程				第602节
			1	浆砌片石护栏		m³	按设计图所示,以体积计算	1. 挖基 2. 基底填筑、铺垫层 3. 浆砌片石、养生
			2	混凝土护栏	1. 材料规格 2. 断面尺寸 3. 强度等级	m	按设计图所示,沿栏杆面(不包括起、终端段)量测以长度(含立柱)计算	1. 挖基 2. 基底填筑、铺垫层 3. 预制、安装或现浇 4. 涂装
			3	单面波形梁钢护栏			按图纸和监理工程师指示验收,以长度计算	安装
			4	双面波形梁钢护栏				
			5	活动式钢护栏				
			6	波形梁钢护栏起、终端头				
			a	分设型圆头式	材料规格	个	按设计图所示,以累计数量计算	安装
			b	分设型地锚式				
			c	组合型圆头式				
			7	钢缆索护栏	材料规格	m	按设计图所示,以长度(含立柱)计算	安装
			8	混凝土基础	1. 断面尺寸 2. 强度等级	m³	按设计图所示,以体积计算	1. 挖基 2. 钢筋制作、安装 3. 混凝土浇筑、养护
		3		隔离设施				第603节

续表

项目	节	细目	项目名称	项目特征	计量单位	工程量计量规则	工程内容
		1	铁丝编织网隔离栅	材料规格	m	按设计图所示,从端部外侧沿隔离栅中部测量,以长度计算	1. 开挖土方 2. 浇筑基础 3. 安装隔离栅(含金属立柱、斜撑、紧固件等)
		2	刺铁丝隔离栅				
		3	钢板网隔离栅				
		4	电焊网隔离栅				
		5	桥上防护网	材料规格	m	按设计图所示,以长度计算	安装防护网(含网片的支架、预埋件、紧固件等)
		6	钢筋混凝土立柱	1. 材料规格 2. 强度等级	根	按设计图所示,以数量计算	1. 挖基 2. 现浇或预制、安装(含钢筋及立柱、斜撑)
		7	钢立柱	材料规格			安装(含钢筋及立柱、斜撑)
		8	隔离墙工程				
		a	水泥混凝土隔离墙	1. 材料规格 2. 断面尺寸 3. 强度等级	m	按设计图所示,从端部外侧沿隔离墙中部测量,以长度计算	1. 基础施工 2. 砌筑或预制、安装隔离墙
		b	砖砌隔离墙				
	4		道路交通标志工程				第 604 节
		1	单柱式交通标志	材料规格	个	按设计图所示,按不同规格以累计数量计算	1. 基础开挖 2. 混凝土浇筑 3. 安装(包括立柱和门架)
		2	双柱式交通标志				
		3	三柱式交通标志				
		4	门架式交通标志				
		5	单悬壁式交通标志				
		6	双悬壁式交通标志				
		7	悬挂式交通标志				
		8	里程碑			按设计图所示,以累计数量计算	1. 基础开挖 2. 预制、安装
		9	公路界碑				
		10	百米桩				
		11	示警桩		根		1. 基础开挖 2. 预制、安装 3. 刷油漆
	5		道路标线				第 605 节
		1	热熔型涂料路面标线				
		a	1 号标线	1. 材料规格 2. 形式	m²	按设计图所示,按涂敷厚度,以实际面积计算	1. 路面清洗 2. 喷洒下涂剂 3. 标线
		b	2 号标线				
		2	溶剂常温涂料路面标线				
		a	1 号标线	1. 材料规格 2. 形式	m²	按设计图所示,按涂敷厚度,以实际面积计算	1. 路面清洗 2. 喷洒下涂剂 3. 标线
		b	2 号标线				

续表

项	目	节	细目	项目名称	项目特征	计量单位	工程量计量规则	工程内容
			3	溶剂加热涂料路面标线				
			a	1号标线	1. 材料规格 2. 形式	m²	按设计图所示,按涂敷厚度,以实际面积计算	1. 路面清洗 2. 喷洒下涂剂 3. 标线
			b	2号标线				
			4	突起路标	材料规格	个	按设计图所示,以累计数量计算	安装
			5	轮廓标				
			a	柱式轮廓标	1. 材料规格 2. 涂料品种 3. 式样	个	按设计图所示,以累计数量计算	1. 挖基 2. 安装
			b	附着式轮廓标				安装
			6	立面标记	材料规格	处		
		6		防眩设施				第606节
			1	防眩板	1. 材料规格 2. 间隔高度	m	按设计图所示,沿路线中线量测,以累计长度计算	安装
			2	防眩网				
		7		管线预埋工程				第607节
			1	人(手)孔	1. 断面尺寸 2. 强度等级	个	按设计图所示,按不同断面尺寸,以累计数量计算	1. 开挖、清理 2. 人(手)孔浇制
			2	紧急电话平台				1. 开挖、清理 2. 平台浇制
			3	管道工程				
			a	铺设…孔 φ…塑料管(钢管)管道				
			b	铺设…孔 φ…塑料管(钢管)管道				
			c	铺设…孔 φ…塑料管(钢管)管道	1. 材料规格 2. 结构形式 3. 强度等级	m	按设计图所示,按不同结构沿铺筑就位的管道中线量测,以累计长度计算	安装
			d	铺设…孔 φ…塑料管(钢管)管道				
			e	制作、安装过桥管箱(包括两端接头管箱)				安装(含托架)
		8		收费设施及地下通道工程				第608节
			1	收费亭				
			a	单人收费亭	1. 材料规格 2. 结构形式	个	按设计图的形式组装或修建,以累计数量计算	安装
			b	双人收费亭				
			2	收费天棚	1. 材料规格 2. 结构形式	m²	按设计图的形式组装、架设,以面积计算	安装

续表

项目	节	细目	项目名称	项目特征	计量单位	工程量计量规则	工程内容
	3		收费岛				
		a	单向收费岛	1. 断面尺寸 2. 强度等级	个	按设计图所示,以累计数量计算	混凝土浇筑
		b	双向收费岛				
	4		地下通道(高×宽)	1. 断面尺寸 2. 强度等级	m	按设计图所示,按不同断面尺寸,以沿通道中心量测洞口间的距离计算	1. 挖基、基底处理 2. 混凝土浇筑 3. 装饰贴面及防、排水处理等
	5		预埋管线				
		a	(管线规格)	材料规格	m	按设计图的规定铺设就位,以累计长度计算	1. 安装 2. 封缝料和牵引线及拉棒检验
		b	(管线规格)				
	6		架设管线				
		a	(管线规格)	材料规格	m	按设计图的规定铺设就位,以累计长度计算	安装
		b	(管线规格)				
	7		收费广场高杆灯				
		a	杆高…m	材料规格	m	按设计图所示,以累计长度计算	安装
		b	杆高…m				

3.7 公路绿化及环境保护工程工程量计量规则与方法 >>>

（1）绿化及环境保护工程

绿化及环境保护工程包括撒播草种和铺植草皮,人工种乔木、灌木,声屏障工程。

（2）计算说明

① 本节绿化工程为植树工作,范围包括中央分隔带及互通立交范围内和服务区、管养工区、收费站、停车场的绿化种植区。

② 除按图纸施工的永久性环境保护工程外,其他采取环境保护措施的已包含在相应的工程项目中,不另行计量。

③ 由于承包人的过失、疏忽,或者未及时按设计图纸做好永久性的环境保护工程,而导致需要另外采取环境保护措施时,这部分额外增加的费用应由承包人负担。

④ 在公路施工及缺陷责任期间,绿化工程的管理与养护及任何缺陷的修正与弥补是承包人完成绿化工程的附属工作,均由承包人负责,不另行计量。

（3）工程量清单计量规则

绿化及环境保护工程包括的植树工作,范围为中央分隔带及互通立交范围内和服务区、管养工区、收费站、停车场的绿化种植区等各项目工程量清单计量规则详见表3-6。

表 3-6   **公路绿化与环境保护工程工程量清单计量规则表**

项目	节	细目	项目名称	项目特征	计量单位	工程量计量规则	工程内容
七			绿化及环境保护				第 700 章
	3		撒播草种和铺植草皮				第 702、703、705 节
		1	撒播草种	1. 草籽种类 2. 养护期	m²	按设计图所示,以面积计算	1. 修整边坡、铺设表土 2. 播草籽 3. 洒水、覆盖
		2	铺(植)草皮				
		a	马尼拉草皮	1. 草皮种类 2. 铺设方式 3. 养护期	m²	按设计图所示尺寸,以面积计算	1. 修整边坡、铺设表土 2. 铺设草皮 3. 洒水 4. 养护
		b	美国二号草皮				
		c	麦冬草草皮				
		d	中国台湾青草草皮				
		3	绿地喷灌管道	1. 土石类别 2. 材料规格	m	按设计图所示,以累计长度计算	1. 开挖 2. 阀门井砌筑 3. 管道铺设(含闸阀、水表、洒水栓等) 4. 油漆防护 5. 回填、清理
	4		人工种植乔木、灌木…				第 702、704、705 节
		1	人工种植乔木				
		a	香樟	1. 胸径(离地1.2 m 处树干直径) 2. 高度	棵	按累计株数计算	1. 挖坑 2. 苗木运输 3. 铺设表土、施肥 4. 栽植 5. 清理、养护
		b	大叶樟				
		c	杜英				
		d	圆柏				
		e	广玉兰				
		f	桂花				
		g	奕树				
		h	意大利杨树				
		2	人工种植灌木				
		a	夹竹桃	冠丛高	棵	按累计株数计算	1. 挖坑 2. 苗木运输 3. 铺设表土、施肥 4. 栽植 5. 清理、养护
		b	木芙蓉				
		c	春杜鹃				
		d	月季				
		e	小叶女贞				
		f	红继木				
		g	大叶黄杨				
		h	龙柏球				
		i	法国冬青				
		j	海桐				
		k	凤尾兰				

项目	目	节	细目	项目名称	项目特征	计量单位	工程量计量规则	工程内容
		3		栽植攀缘植物		棵		1. 挖坑 2. 苗木运输 3. 铺设表土、施肥 4. 栽植 5. 清理、养护
		4		人工种植竹类				
			a	楠竹				
			b	早园竹				1. 挖坑
			c	孝须竹	1. 胸径 2. 冠幅	丛	以冠幅垂直投影确定冠幅宽度，按丛累计数量计算	2. 苗木运输 3. 栽植
			d	凤尾竹				4. 清理、养护
			e	青皮竹				
			f	凤尾竹球				
		5		人工栽植棕榈类				
			a	蒲葵	1. 胸径 2. 株高		离栽植苗木地 1.2 m 处棕榈干直径为胸径，按株累计数量计算	1. 挖坑
			b	棕榈		棵		2. 苗木运输
			c	五福棕榈				3. 栽植
			d	爬山虎			离地自然垂直高度为高度，以株累计数量计算	4. 清理、养护
			e	鸡血藤	高度			
			f	五叶地锦				
		6		栽植绿篱	1. 种类 2. 篱高 3. 行数	m	按设计图所示，以长度计算	1. 挖沟槽 2. 种植 3. 清理、养护
		7		栽植绿色带	种类	m²	按设计图所示，以面积计算	1. 挖松地面 2. 种植 3. 养护
	6			声屏障				第 706 节
		1		消声板声屏障				
			a	H2.5 m 玻璃钢消声板	材料规格	m	按设计图所示，以长度计算	1. 开挖 2. 浇筑混凝土基础 3. 安装钢立柱 4. 焊接 5. 插装消声板 6. 防锈
			b	H3.0 m 玻璃钢消声板				
		2		吸音砖声屏障	1. 材料规格 2. 断面尺寸 3. 强度等级	m³	按设计图所示，以体积计算	1. 开挖 2. 砖浸水 3. 砌筑、勾缝 4. 填塞沉降缝 5. 洒水、养生
		3		砖墙声屏障				

3.8 公路房建工程工程量计量规则与方法 >>>

(1) 房建工程

房建工程包括建筑基坑、地基与地下防水、混凝土、砖砌体、门窗、地面与楼面、屋面钢结构、抹灰、勾缝、室外及附属设施、暖卫及给水排水、电气、收费设施工程。

(2) 计算说明

① 本节涉及的总则、场地清理与拆除、土石方开挖、土石方填筑、收费设施、地下通道等计量规则见有关章节。

② 本节所列工程细目,涉及正负零以上支架搭设及拆除,模板安装及拆除,材料和构件的垂直起吊,预埋铁件的除锈、制作、安装均包括在相应的工程项目中,不另行计量。

③ 本节所列工程项目涉及的养护工作,均包括在相应的工程项目中,不另行计量。

(3) 工程量清单计量规则

房建工程包括的建筑基坑、地基与地下防水、混凝土、砖砌体、门窗、地面与楼面、屋面钢结构、抹灰、勾缝、室外及附属设施、暖卫及给排水、电气、收费设施工程等各项目工程量清单计量规则详见表 3-7。

表 3-7   **公路房建工程工程量清单计量规则表**

项目	节	细目	项目名称	项目特征	计量单位	工程量计量规则	工程内容
八			房建工程				
	1		建筑基坑				
		1	建筑基坑				
			a	挖土方	1. 土石类别 2. 深度 3. 基础类别 4. 弃方运距	m³	按设计图所示,以基础垫层底面面积乘以挖土深度计算	1. 排地表水 2. 土石方开挖 3. 围护支撑 4. 运输 5. 边坡 6. 基底钎探
			b	挖石方				
			c	回填土	1. 土质 2. 粒径要求 3. 密实度 4. 运距		按挖方体积减去设计室外地坪以下埋设的基础体积(包括基础垫层及其他构筑物)计算	1. 土石方装卸、运输 2. 回填 3. 分层填筑
	2		地基与地下防水工程				
		1	地基				
			a	混凝土垫层	1. 厚度 2. 强度等级	m³	按设计图所示,以体积计算 ① 基础垫层:垫层底面面积乘以厚度; ② 地面垫层:按设计垫层外边线所围的面积(不扣除单孔面积在 0.3 m² 以内的面积,扣除单孔面积在 0.3 m² 以上的面积)乘以厚度计算	1. 地基夯实 2. 垫层材料制备、运输 3. 垫层夯实 4. 铺筑垫层
			b	砾(碎)石、砂及砾(碎)石灌浆垫层	1. 厚度 2. 强度等级 3. 级配			
			c	灰土垫层	1. 厚度 2. 掺灰量			

项目	节	细目	项目名称	项目特征	计量单位	工程量计量规则	工程内容
		d	混凝土灌注桩	1. 桩长、桩径 2. 成孔方法 3. 强度等级	m	按设计图所示,以桩长(包括桩尖长度)计算	1. 成孔、固壁 2. 灌注混凝土 3. 泥浆池、沟槽砌筑、拆除 4. 泥浆装卸、运输 5. 凿除桩头、清理、运输
		c	砂石灌注桩	1. 桩长、桩径 2. 成孔方法 3. 砂石级配	m	按设计图所示,以桩长(包括桩尖长度)计算	1. 成孔 2. 运输及填充砂石 3. 振实

知识归纳

　　(1) 公路工程工程量清单格式。

　　(2) 公路路基工程、公路路面工程、公路桥涵工程、公路隧道工程、公路安全设施及预埋管线工程、公路绿化及环境保护工程、公路房建工程的结构类型及组成。

　　(3) 上述公路工程结构物工程量计量规则及方法。

独立思考

3-1　公路工程工程量清单细目如何划分?

3-2　公路路基工程结构类型及组成包括哪些内容?

3-3　公路路面工程结构类型及组成包括哪些内容?

3-4　公路桥涵工程结构类型及组成包括哪些内容?

3-5　公路隧道工程结构类型及组成包括哪些内容?

3-6　公路安全设施及预埋管线工程结构类型及组成包括哪些内容?

3-7　公路绿化及环境保护工程结构类型及组成包括哪些内容?

3-8　公路工程各单项工程结构物的工程量计量规则有哪些?

4

铁路工程概预算的编制

课前导读

▽ **内容提要**

本章主要介绍铁路工程概预算编制的基本原理和方法，包括铁路工程概预算编制的基础知识，铁路工程概预算编制步骤与方法，铁路工程概预算费用的组成，铁路工程建筑安装工程费的费用组成及计算方法，铁路工程设备购置费、其他费及基本预备费计算等。

▽ **能力要求**

通过本章的学习，学生应了解铁路工程概预算编制的基础知识，掌握铁路工程概预算编制步骤与方法，以及铁路工程概预算费用的组成和各项费用的计算方法。

4.1　铁路工程概预算编制概述　>>>

我国大中型铁路建设项目采用两阶段设计,即初步设计和施工图设计。在初步设计阶段编制设计概算,在施工图设计阶段编制施工图投资检算或施工图预算。编制两阶段的概预算文件,对于确定和控制铁路建设项目投资、选择最优设计方案及签订工程承包合同、制定贷款方案等都具有十分重要的意义。

4.1.1　编制的基本思路

铁路工程概预算的编制,分别按照单项概预算、综合概预算、总概预算三个层次逐步完成。其一般按分部组合法编制,如图 4-1 所示。

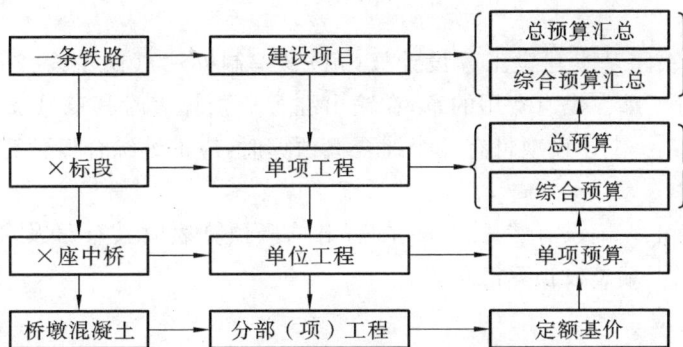

图 4-1　按分部组合法编制铁路工程概预算

4.1.2　编制范围及单元

(1) 总概预算的编制范围

总概预算是反映整个建设项目投资规模和投资构成的文件,是对综合概预算编制成果按章的顺序及费用类别汇总得到的工程总造价。其一般应按整个建设项目的范围进行编制,不能随意划分编制范围。但遇到以下情况时,应根据要求分段、分块地划分编制范围,分别编制总概预算,并汇编该建设项目的总概预算汇总表。

① 两端引入工程应单独编制总概预算。

② 编组站、区段站、集装箱中心站应单独编制总概预算。

③ 跨越省(自治区、直辖市)或铁路局者,除应按各自所辖范围编制总概预算外,还需以区段站为界,分别编制总概预算。

④ 分期建设的项目应按分期建设的工程范围,分别编制总概预算。

⑤ 一个建设项目如由几个设计单位共同设计,则各设计单位按各自承担的设计范围编制总概预算。总概预算汇总表由建设项目总体设计单位负责汇编。

如有其他特殊情况,可按实际需要划分总概预算的编制范围。

(2) 综合概预算的编制范围

综合概预算是具体反映总概预算范围内工程投资总额及其构成的文件,是对单项概预算编制成果按照铁路工程综合概预算章节表的设置进行逐级汇总得到的各章节造价。综合概预算的编制范围应与相应的总概预算一致。

(3) 单项概预算的编制内容及单元

单项概预算是编制综合概预算、总概预算的基础,是详细反映各工程类别和重大、特殊工点的主要概预算费用的文件。单项概预算的编制在整个概预算编制工作中是最为基础、最为重要、工作量最大的一部分。

单项概预算编制内容包括人工费、材料费、施工机械使用费、运杂费、价差、施工措施费、特殊施工增加费、间接费和税金。

单项概预算编制单元应按总概预算的编制范围划分，并按工程类别分别编制。其中，技术复杂的特大、大、中桥及高桥（墩高在 50 m 及 50 m 以上），长度在 4000 m 及 400 m 以上的单、双、多线隧道及地质复杂的隧道，大型房屋（如机车库、3000 人及 3000 人以上的站房等）及投资较大、工程复杂的新技术工点等，应按工点分别编制单项概预算。

4.1.3　编制深度及要求

设计概预算的编制深度应与设计阶段及设计文件组成内容的深细度一致。

（1）单项概预算

单项概预算应结合建设项目的具体情况、编制阶段、工程难易程度及其所占投资比重的大小，视各阶段采用定额、指标的要求，确定其编制深度。

（2）综合概预算

根据单项概预算，按《铁路基本建设工程设计概（预）算编制办法》（铁建设〔2006〕113 号）中的"综合概（预）算章节表"的顺序进行汇编。没有费用的章，在输出综合概预算表时其章号及名称应保留，各节中的细目结合具体情况可以增减。一个建设项目有几个综合概预算时，应汇编综合概预算汇总表。

（3）总概预算

根据综合概预算，分章汇编。没有费用的章，在输出总概预算表时其章号及名称一律保留。一个建设项目有几个总概预算时，应汇编总概预算汇总表。

（4）施工图预算（投资检算）

设计单位根据施工图编制施工图投资检算所采用的依据、原则、编制范围及单元等，应与批准的总概预算一致，以便施工图投资检算与总概预算在同一基础上进行比较、分析，并对施工图进行合理的修改。

4.1.4　各编制阶段对定额采用的规定

概预算的编制深度与设计阶段和设计文件的深细度有密切联系，各设计阶段对定额的采用有一定要求。根据不同设计阶段和各类工程（其中，路基、桥涵、隧道、轨道及站场建筑、设备简称站前工程，其余简称站后工程）的设计深度及铁路工程定额体系的划分，对具体定额的采用，原则上按以下规定执行。

①　初步设计概算：站前工程采用预算定额，站后工程采用概算定额。

②　施工图预算、投资检算：采用预算定额。

③　独立建设项目中大型旅客站房的房屋工程及地方铁路工程中的房屋工程可以采用工程所在地的地区统一定额（含费用定额）。

④　对于没有定额的特殊工程及尚未实践的新技术工程，设计单位应在调查分析的基础上补充单价分析，并随设计文件一并送审。

4.2　铁路工程概预算编制步骤与方法　❯❯❯

4.2.1　概预算编制原则

①　适用范围：铁路基本建设工程大中型项目。

②　概算编制原则。

a. 应全面了解工程所在地的建设条件，掌握各项基础资料。

b. 正确引用规定的定额,取费标准,工资单价和材料、设备价格。

c. 按《铁路基本建设工程设计概(预)算编制办法》(铁建设〔2006〕113号)的各项规定进行编制。

d. 概算或修正概算能完整、准确地反映设计内容。

e. 以批准的初步设计文件进行施工招标的工程,其标底应在批准的总概算范围内。

f. 设计概算应控制在已批准的建设项目可行性研究报告投资估算允许的幅度(不大于10%)范围内。

③ 预算编制原则。

a. 根据施工图设计的工程量和施工方法编制。

b. 按照规定的定额,取费标准,工资单价,材料、设备预算价格编制。

c. 按照《铁路基本建设工程设计概(预)算编制办法》(铁建设〔2006〕113号)的规定在开工前编制并报请批准。

d. 以施工图设计文件进行施工招标的工程,施工图预算经审定后即为编制工程标底的依据。

e. 施工图预算的编制必须正确,使其成为考核施工图设计经济合理性的依据。

f. 施工图设计应控制在批准的初步设计及其概算范围内。如单位工程预算突破相应概算,应分析原因,对施工图中不合理部分进行修改,对其合理部分,应在总概算投资范围内调整解决。

④ 概算和预算的编制必须严格执行党和国家的方针、政策和有关制度,符合铁路设计、施工技术规范。

⑤ 概预算文件应达到的质量要求是:符合规定,结合实际,经济、合理,提交及时,不重不漏,计算正确,字迹打印清晰,装订整齐完善。

⑥ 设计单位应加强基本建设经济管理工作,配备和充实工程经济专业人员,切实做好概预算的编制工作。

⑦ 工程经济专业人员应具备本专业的业务能力,掌握设计、施工情况,做好设计方面的经济比较,使技术工作和经济工作结合起来,全面、有效地提高设计质量。

⑧ 概预算编制工作要符合市场经济的规律和特点,要切实反映实际。投资要打足,不留缺口。估算要包住概算,概算要包住预算,预算要包住决算。

4.2.2　概预算编制依据

① 批准的建设项目任务书和主管部门的有关规定及设计项目一览表。

② 施工设计文件,包括设计说明书、设计图表、工程数量或审查意见,设计过程中有关各方签订的涉及费用的协议、纪要。

③《铁路基本建设工程设计概(预)算编制办法》(铁建设〔2006〕113号)。

④ 定额,包括消耗定额和费用定额。

⑤ 施工组织设计。

⑥ 施工调查资料,包括地质,水文,气象,资源,津贴标准,政策性取费标准,土地征、租用及道路改移,设置交通道路的各种协议,既有线运行情况等。

⑦ 有关设计规划、施工技术规划、工程质量验收标准、安全操作规程。

4.2.3　概预算编制基础资料的搜集与确定

① 确定概预算的编制原则、方法和采用的定额。

② 工资:根据所在地区、工程类别和《铁路基本建设工程设计概(预)算编制办法》(铁建设〔2006〕113号)规定的综合工费标准计费,增加的工资部分计入价差。

③ 根据相关部门发布的《铁路工程建设基期材料价格》(铁建设〔2006〕129号)确定材料的基期单价,根据铁路工程建设材料价格信息及建设项目所在地的材料价格调查,确定材料编制期单价。

④ 确定编制期水、电单价。编制期水、电单价可由概算编制单位根据施工组织确定的供水方案、供电方案及建设项目所在地的水、电供应价格分析计算确定。

⑤ 确定砖、瓦、砂、石、水泥、木材、钢材等主要材料及成品、半成品、构件、机械设备的来源、供应范围、运输方法、运距、到发站、各种运输取费依据及规定等。

⑥ 根据施工组织设计文件安排的工期、方法,冬、雨季施工措施,夜间施工措施,确定冬、雨季施工增加费、夜间施工增加费等措施项目和措施费费率。

⑦ 确定建设项目是否有风沙、高原、原始森林和既有线施工行车干扰等特殊条件,根据受影响的工程范围和工程数量,按相关公式和费率计算特殊施工增加费。

⑧ 确定间接费费率。

4.2.4　概预算编制程序

(1) 确定编制单元,套用定额,填写基础表格

① 确定单项概预算编制单元。

单独的工程类别(如区间路基土石方、大桥、中桥等,或规定要单独编制单项概算的独立工点),可作为单项概预算的编制单元。原则上,一个单独的工程类别或独立工点至少要编制一个或多个单项概预算,即单项概预算编制的最大单元为一个单独的工程类别或独立工点。

在一个单独的工程类别或独立工点的工程范围内,可根据概预算编制深度的要求划分多个单项概预算编制单元。一般情况下,根据"综合概(预)算章节表"的编制和数据汇总要求,单项概预算编制单元可划分至"综合概(预)算章节表"中最小的工程子项,即单项概预算编制的最小单元为"综合概(预)算章节表"中最小的工程子项。如果没有特殊规定,一般不应对最小工程子项再次分解设置单项预算。如"综合概(预)算章节表"路基土石方工程中的人力施工土石方、机械施工土石方等均为最小的工程子项,可作为单项概预算的编制单元。

② 编制"预算工程量原始数据表"。

"预算工程量原始数据表"是编制概预算的基础工作。通过对设计图纸和相关资料的熟悉及对工程现场技术、经济条件的调查研究,形成能够与预算定额相匹配的预算工程项目和预算工程量。"预算工程量原始数据表"的编制内容包括两方面:一是确定预算项目,要弄清每个工程是由哪些项目组成的;二是计算各预算项目的预算工程量。要注意,预算工程量不仅包括设计图纸和相关资料中反映的永久工程量(工程构造),还包括因施工方法和工艺不同、自然因素影响及施工组织等导致的辅助工作工程量和临时工程量。永久工程的预算工程量除考虑设计图纸中明确的工程数量外,还需考虑预算定额未包括在内,但由于施工工艺、方法的要求和现场施工条件的影响而增加的工程量。辅助工作项目和临时工程的工程量应根据施工组织设计文件中的内容和相关指标进行计算确定,并按预算定额子目划分口径和计量单位列算"预算工程量"。

③ 套用相应定额,计算分部、分项工程地区定额基价。

铁路工程概算文件及预算文件的编制均应套用预算定额,站后工程由于设计深度达不到套用预算定额的要求,故只能套用概算定额。

a. 套用定额的步骤。

(a) 在套用具体的定额子目前,应熟悉定额总说明及分册说明与目录,了解制定定额的过程和使用时应注意的问题。

(b) 根据列出的预算工程量工作名称,在预算定额手册分册目录中找出该分部、分项工程定额子目所在的页码。

(c) 根据具体条件(如土质类型,材料,机械规格、型号等)对号入座,确定定额子目编号(直接查用)。

(d) 注意其定额工作内容与设计工作内容是否一致,材料类型及施工工艺是否一致。如一致,则直接查用定额;如设计工作内容与定额工作内容有差异,依据定额相关说明确定是组合定额、抽换定额,还是补充定额。

b. 分部、分项工程地区定额基价的确定。

因为铁路工程预算手册中的基价是以某年度(如 2005 年度)的基期材料价格和该年度(如 2005 年度)Ⅱ类工综合工费标准的基期人工价格、机械价格计算的,所以相应的建设项目在基期价格取用与定额完全一致的前提下,可直接采用定额基价。若基期年度不同或综合工费标准不同,可采用地区基价分析法或定额基价抽换法进行定额基价的计算。

另外，在定额不配套或缺项时，可编制"补充单价分析表"，作为对现行预算定额的补充。补充定额的人工、材料、机械消耗量为测算数量，人工、材料、机械单价采用现行人工、材料、机械基期价格。编制的补充定额需随概算文件一并送审。

定额基价分析过程中需要的施工机械台班单价，需套用《铁路工程施工机械台班费用定额》（铁建设〔2006〕129 号），并填写"机械台班单价计算表"分析确定。

④ 完成"人工、材料、机械台班数量计算表"。

a. 根据汇总工程量表中的分部、分项工程，查定额得出人工、材料、机械的定额数量。

b. 用分部、分项工程工程数量（与定额计量单位匹配）分别乘以相应的人工、材料、机械定额数量，得出分部、分项工程所需的工日数、材料消耗数量及机械台班使用数量。

c. 将各分部、分项工程的工日数、材料消耗数量及机械台班使用数量分别对应相加，就可求出该单位工程所需的总劳力、各种材料消耗数量及各种机械台班数量。

计算人工、材料、机械数量的作用就是为分析平均运杂费，提供各种材料所占运量的比重；为计算各种材料、机械台班备用数量，编制施工计划提供实物量依据。

⑤ 分析运杂费平均单价，填写"主要材料（设备）平均运杂费单价分析表"。

运杂费的计算范围是单项预算，计算对象是单项预算内各定额项目发生运输所消耗的主要材料。所以，应在单项预算内各种主材数量分部统计完成后，按不同的主材大类和不同的运输方式填写"主要材料（设备）平均运杂费单价分析表"分析运杂费单价。一般可采用以下方法。

a. 综合平均运杂费单价计算法。

$$运杂费 = 工程材料总质量(t) \times 综合平均运杂费单价(元/t) \tag{4-1}$$

b. 单项平均运杂费单价计算法。

$$运杂费 = \sum[某种(或类)材料总质量(t) \times 该种(或类)材料平均运杂费单价(元/t)] \tag{4-2}$$

c. 综合费率计算法。

一些难以估算质量的材料和设备采用此法。

⑥ 确定各类费用计算费率和标准。

根据《铁路基本建设工程设计概（预）算编制办法》（铁建设〔2006〕113 号）的规定，结合工程所在的地区和工程类别的划分，确定各类费用计算费率和标准。

⑦ 编写编制说明与要求。

（2）编制"建筑工程单项概预算表"

① 取出"建筑工程单项概预算表"，按规定填好表头。

② 根据工程项目，划分工作细目，选套定额编号、名称、单位、单价、单位重，把"人工、材料、机械台班数量计算表"中的定额编号、工程项目、单位工程数量分别填入"建筑工程单项概预算表"的相应项目内。

③ 把各工程项目的"定额分析"基价、质量分别填入"建筑工程单项概预算表"中的"单价"和"单位重"栏内。

④ 用工程数量乘以人工、材料、机械单价及单位质量，即可求出人工、材料、机械合价及合重。

⑤ 把单项概预算表中各工程项目的合价及合重累加，即可得出人工、材料、机械费用。

⑥ 计算运杂费。

⑦ 计算其他直接费。

⑧ 汇总直接费与其他直接费。

⑨ 计算临时房屋与小型临时设施数量及其费用。

⑩ 计算现场管理费。

⑪ 汇总直接工程费。

⑫ 计算企业管理费。

⑬ 计算劳动保险费。

⑭ 汇总间接费。

⑮ 计算价差。

⑯ 计算计划利润。

⑰ 计算税金。

⑱ 汇总本单元单项概预算价值,求算综合指标。

⑲ 把若干小单元的单项概预算总价汇总为大单元单项概预算总价。

铁路建筑安装工程单项概预算的编制程序见表 4-1。

表 4-1 　　　　　　　　　　　　　**铁路建筑安装工程单项概预算计算程序表**

序号	费用名称		计算式
(1)	基期人工费		按设计工程量和基期价格水平计列
(2)	基期材料费		
(3)	基期施工机械使用费		
(4)	定额直接工程费		(1)+(2)+(3)
(5)	运杂费		指需要单独计列的运杂费,按施工组织设计的材料供应方案及《铁路基本建设工程设计概(预)算编制方法》(铁建设〔2006〕113 号)的有关规定计算
(6)	价差	人工费价差	基期至编制期的价差按有关规定计列
(7)		材料费价差	
(8)		施工机械使用费价差	
(9)		价差合计	(6)+(7)+(8)
(10)	填料费		按设计数量和购买价计算
(11)	直接工程费		(4)+(5)+(9)+(10)
(12)	施工措施费		[(1)+(3)]×费率
(13)	特殊施工增加费		(编制期人工费+编制期施工机械使用费)×费率或编制期人工费×费率
(14)	直接费		(11)+(12)+(13)
(15)	间接费		[(1)+(3)]×费率
(16)	税金		[(14)+(15)]×费率
(17)	单项概预算价值		(14)+(15)+(16)

需要逐项计算单项概预算中的费用项目有:基期人工费、基期材料费、基期施工机械使用费,运杂费,价差,填料费,施工措施费,特殊施工增加费,间接费,税金。

表 4-1 中直接费未包含大型临时设施和过渡工程费,大型临时设施和过渡工程需单独编制单项概预算,其计算程序见相关规定。

(3) 编制综合概预算表和总概预算表

① 编制综合概预算表。

将各单项概预算编制单元的单项概预算价值和指标,根据其在综合概预算章节中所属的章、节、细目填入综合概预算表的相应栏目中,逐级计算汇总后形成第二～十章的概预算价值。分别计算第一章拆迁及征地费用、第十一章其他费用、第十二章基本预备费,将第一～十二章之和汇总为静态投资。计算第十三章工程造价增长预留费、第十四章建设期投资贷款利息、第十五章机车车辆购置费、第十六章铺底流动资金,将第一～十六章汇总为综合概预算价值。

② 编制总概预算表,并编写概预算编制说明书。

编制说明书一般包括建设项目的概况描述、概预算的编制依据、概预算编制成果及需要说明的其他问题等内容。

4.2.5 概预算编制流程图

概预算编制的一般步骤流程如图 4-2 所示。

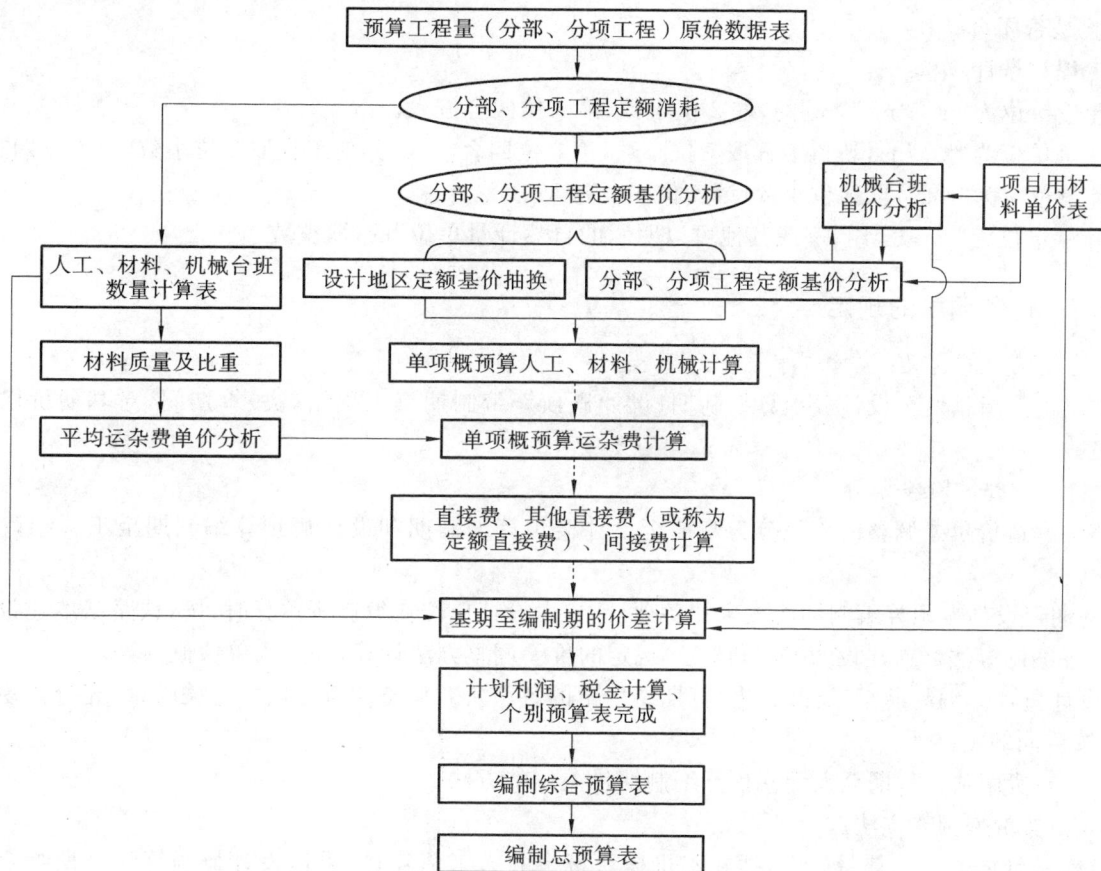

图 4-2 铁路工程概预算编制流程图

4.2.6 概预算编制计算精度

① 人工、材料、机械台班单价。

单价的单位为"元",取 2 位小数,第 3 位四舍五入。

② 定额(补充)单价分析计算精度。

单价和合价的单位为"元",取 2 位小数,第 3 位四舍五入;单重和合重的单位为"t",单重取 6 位小数,第 7 位四舍五入,合重取 3 位小数,第 4 位四舍五入。

③ 运杂费单价分析计算精度。

汽车运价率的单位为"元/(t·km)",取 3 位小数,第 4 位四舍五入;火车运价率的单位及精度按现行《铁路货物运价规则》(铁运〔2005〕46 号)执行;装卸费单价的单位为"元",取 2 位小数,第 3 位四舍五入;综合运价的单位为"元/t",取 2 位小数,第 3 位四舍五入。

④ 单项概预算计算精度。

单价和合价的单位为"元",单价取 2 位小数,第 3 位四舍五入;合价取整数。

⑤ 材料质量计算精度。

材料单重和合重的单位为"t",均取 3 位小数,第 4 位四舍五入。

⑥ 人工、材料、机械台班数量统计计算精度。

按定额中的单位,均取 2 位小数,第 3 位四舍五入。

⑦ 综合概预算计算精度。

概预算价值和指标的单位为"元",概预算价值取整数;指标取 2 位小数,第 3 位四舍五入。

⑧ 总概预算计算精度。

概预算价值和指标的单位为"万元",均取 2 位小数,第 3 位四舍五入;费用比例的单位为"‰",取 2 位小数,应检验是否闭合。

⑨ 工程数量计算精度。

a. 计量单位为"m^3""m^2""m"的,取 2 位小数,第 3 位四舍五入。

b. 计量单位为"km"的,轨道工程取 5 位小数,第 6 位四舍五入;其他工程取 3 位小数,第 4 位四舍五入。

c. 计量单位为"t"的,取 3 位小数,第 4 位四舍五入。

d. 计量单位为"个、处、组、座或其他可以明示的自然计量单位"的,取整数。

4.2.7 价差调整的规定

(1) 价差调整的含义

价差调整是指基期至设计概预算编制期、设计概预算编制期至工程结(决)算期间,对基期价格所作的合理调整。

(2) 价差调整的阶段划分

铁路工程造价价差调整的阶段分为基期至设计概预算编制期和设计概预算编制期至工程结(决)算期两个阶段。

① 基期至设计概预算编制期所发生的各项价差,由设计单位在编制概预算时,按《铁路基本建设工程设计概(预)算编制方法》(铁建设〔2006〕113 号)规定的价差调整方法计算,并列入单项概预算。

② 设计概预算编制期至工程结(决)算期所发生的各项价差调整应符合国家有关政策,充分体现市场价格机制,按合同约定办理。

(3) 主要费用项目基期至设计概预算编制期价差调整方法

① 人工费价差调整方法。

按定额统计的人工消耗量(不包括施工机械台班中的人工消耗量)乘以设计概预算编制期综合工费单价与基期综合工费单价之间的差额计算。

② 材料费价差调整方法。

a. 水泥、木材、钢材、砖、瓦、砂、石、石灰、黏土、土工材料、花草苗木、钢轨、道岔、轨枕、钢梁、钢管拱、斜拉索、钢筋混凝土梁、铁路桥梁支座、钢筋混凝土预制桩、电杆、铁塔、机柱、接触网支柱、接触网及电力线材、光电缆线、给水排水管材等材料的价差,按定额统计的消耗量乘以设计概预算编制期单价与基期单价之间的差额计算。

b. 水、电(不包括施工机械台班消耗的水、电)价差按定额统计的消耗量乘以设计概预算编制期单价与基期单价之间的差额计算。

c. 其他材料的价差以基期定额材料费为计算基数,按部颁材料价差系数调整,系数中不含机械台班中的油燃料价差。

③ 施工机械使用费价差调整方法。

按定额统计的机械台班消耗量乘以设计概预算编制期施工机械台班单价(按编制期综合工费标准,油燃料价格,水、电单价及养路费标准计算)与基期施工机械台班单价之间的差额计算。

④ 设备费的价差调整方法。

编制设计概预算时,以现行的《铁路工程建设设备预算价格》中的设备原价为基期设备原价。设计概预算编制期设备原价由设计单位按照国家或主管部门发布的信息价和生产厂家规定的现行出厂价分析确定。基期设备原价至设计概预算编制期设备原价的差额按价差处理,不计取运杂费。

4.2.8 铁路工程概预算文件的组成内容

工程概预算文件是概预算编制工作的成果,应将此编制成果按规定装订成册,成为设计文件和施工文件的组成部分。铁路工程概预算文件是反映铁路工程建设投资情况的文件,必须随各设计阶段的设计文件一起进行编制,一并送上级单位审批。没有概预算文件的设计不是完整的设计。

铁路工程概预算文件必须按规定的程序和要求编制。由于编制阶段、编制范围、编制深度要求的不同等,各类概预算文件的组成内容稍有不同,但均应包括以下基本内容。

(1) 编制说明

编制说明主要说明概预算文件在编制过程中的一些重要问题,其内容包括以下几点。

① 编制范围。

其应说明建设项目名称,线路等级,起讫地点,起讫里程,线路全长,工程特征,铁路经过地区的自然情况(是山区还是平原),地质、水文等工程特征,以及施工单位。如有多个施工单位,还应说明施工单位的名称及其承担的施工范围。

② 编制原则和编制依据。

a. 说明上级批准的编制原则,以及根据哪些规章、办法、协议等进行编制。对于预算和概算在编制原则上有不一致的地方,应说明原因和上级批准的依据。要着重说明建设项目的工程特点、地区条件、自然特征,以及工期安排、劳动力部署、技术组织措施等施工组织原则,其他对预算有影响的问题也应加以说明。

b. 说明采用的定额,预算工资标准,材料单价,运输及装卸单价,工程用水、用电的供应方式及单价,机械台班费用的确定等。

c. 有的工程会增加一些特殊费用,即按施工组织设计和具体施工条件,需要在概预算中特别增加的费用,如机械施工土方的超填费,大桥、长隧道的排水费等特殊费用,均应加以说明。

③ 概预算的主要成果。

其要说明概预算的总造价,全线劳动力数量,全线主要材料和设备数量,全线施工机械台班数量,每公里技术经济指标等。对于比较突出的个别指标,要扼要分析,说明其特殊性。

④ 其他注意事项。

在编制过程中会遇到什么特殊问题,应采取何种解决办法,还存在哪些问题,有什么建议等,也可在编制说明中说明。

(2) 概预算表格

概预算的编制过程主要是按规定要求编制各种表格,业主要将概预算的成果反映在表格中。所以,概预算文件的绝大部分是由表格组成的,主要表格有以下几种:

① 总概预算汇总表;

② 总概预算(汇总)对照表;

③ 总概预算表;

④ 综合概预算(汇总)表;

⑤ 综合概预算(汇总)对照表;

⑥ 单项概预算表;

⑦ 单项概预算费用汇总表;

⑧ 主要材料(设备)平均运杂费单价分析表;

⑨ 补充单价分析汇总表;

⑩ 补充单价分析表;

⑪ 补充材料分析表;

⑫ 主要材料预算价格表;

⑬ 设备单价汇总表;

⑭ 技术经济指标统计表。

另外,还有机械台班单价计算表,人工、材料、机械台班数量计算表,材料质量及占总重比例表,整系数计算表,技术经济指标分析表等。

（3）有关附件

有关附件是指与编制概预算有关的一些会议纪要、合同、协议等文件，如地方政府的会议纪要、协议、合同等，拆迁协议、补偿标准协议、当地材料供应价格协议等。

4.3 铁路工程概预算费用的组成 〉〉〉

根据原铁道部发布的《铁路基本建设工程设计概（预）算编制办法》（铁建设〔2006〕113 号）及《关于公布〈铁路路基工程预算定额〉等二十九项定额标准的通知》（铁建设〔2010〕223 号）规定，铁路基本建设工程的概预算费用按不同工程和费用类别划分为四部分：第一部分 静态投资，第二部分 动态投资，第三部分 机车车辆购置费，第四部分 铺底流动资金，共 16 章 34 节。编制概预算应采用统一的章节表，其各章节的细目及内容见《铁路基本建设工程设计概（预）算编制办法》（铁建设〔2006〕113 号）中的"综合概（预）算章节表"。

4.3.1 第一部分 静态投资

静态投资是指设计概预算编制期的投资。按照《铁路基本建设工程设计概（预）算编制办法》（铁建设〔2006〕113 号）的规定，在编制概预算时，为了简化编制工作，排除价格因素变动的影响和有一个统一的取费基础，并保持一个相对的稳定时期，对直接工程费中的人工费、材料费、施工机械使用费等费用均按 2005 年的价格计算。2005 年的价格称为基期价格，用基期价格计算的费用称为基期费用，2005 年为基期年。

从基期年至设计概预算编制年这段时间内，由于价格变化产生的费用差额，在编制概预算时以"价差"的形式列入概预算费用之中。也就是说，静态投资等于在基期费用的基础上加上基期至设计概预算编制期的价差。

静态投资的费用组成，按费用性质分有建筑工程费、安装工程费、设备购置费、其他费及基本预备费等，并且按工程类别将费用划分为 12 章 30 节。

其各章费用名称如下：

第一部分 静态投资

第一章 拆迁及征地费用

第二章 路基

第三章 桥涵

第四章 隧道及明洞

第五章 轨道

第六章 通信、信号及信息

第七章 电力及电力牵引供电

第八章 房屋

第九章 其他运营生产设备及建筑物

第十章 大型临时设施和过渡工程

第十一章 其他费用

第十二章 基本预备费

4.3.2 第二部分 动态投资

动态投资是指在设计概预算编制期至工程结（决）算期的整个期间，由于形成工程造价的人工、材料、机械等诸因素正常价格的变动，导致工种项目所需总投资额发生变化，相对于静态投资产生了"差额"，为了正确反映基本建设工种项目,应结合各种价格变动因素,对"差额"进行合理确定,并对整个建设期限内的概预算总额进行调整,因而所增加的预测预留费用。

动态投资的费用构成包括工程造价增长预留费和建设期投资贷款利息两部分。

其各章名称如下:

第十三章 工程造价增长预留费

第十四章 建设期投资贷款利息

4.3.3 第三部分 机车车辆购置费

机车车辆购置费是指为了深化铁路改革,积极推进两个根本性转变,加快投资体制改革步伐,逐步推行投资有偿占用制度,根据原铁道部《铁路机车、客车投资有偿占用暂行办法》的规定,在新建铁路、增建二线和电气化技术改造等大中型项目的总概预算中,增列按初期运量所需要的新增机车车辆购置费。其章名称如下:

第十五章 机车车辆购置费

4.3.4 第四部分 铺底流动资金

铺底流动资金是指为了保证新建铁路项目在投产初期正常运营,确保所需流动资金有可靠的来源,根据国家发改委的规定,计列的铺底流动资金。其章名称如下:

第十六章 铺底流动资金

概预算费用项目组成如表 4-2 所示。

表 4-2   概预算费用项目组成表

				人工费
静态投资	建筑安装工程费	直接费	直接工程费	材料费
				施工机械使用费
				运杂费
				填料费
			施工措施费	
			特殊施工增加费	风沙地区施工增加费
				高原地区施工增加费
				原始森林地区施工增加费
				行车干扰施工增加费
			大型临时设施和过渡工程费	
		间接费		
		税金		
	设备购置费			
	其他费	土地征用及拆迁补偿费		
		建设项目管理费		
		建设项目前期工作费		
		研究试验费		
		计算机软件开发与购置费		
		配合辅助工程费		
		联合试运转及工程动态检测费		
		生产准备费		
		其他		
	基本预备费			

续表

动态投资	工程造价增长预留费
	建设期投资贷款利息
机车车辆购置费	
铺底流动资金	

4.3.5 静态投资费用种类

静态投资是设计概预算编制期的计划投资。静态投资的构成可按两种方式进行分类，一是按投资构成的性质分，其由建筑工程费、安装工程费、设备购置费、其他费和基本预备费五类费用组成；二是按费用发生的工程类别分，其由 12 章 30 节费用组成。

（1）按投资构成的性质分

① 建筑工程费（费用代号：Ⅰ）。

建筑工程费一般是指经过兴工动料和施工活动形成建筑物或构筑物所发生的费用，如路基、桥涵、隧道及明洞、轨道、通信、信号、信息、电力、电力牵引供电、房屋、给排水、机务、车辆、动车、站场、工务、其他建筑工程等和属于建筑工程范围的管线敷设、设备基础、工作台等，以及拆迁工程和应属于建筑工程费内容的费用。

② 安装工程费（费用代号：Ⅱ）。

安装工程费是指各种需要安装的机电设备的装配、装置工程，与设备相连的工作台、梯子等的装设工程，附属于被安装设备的管线敷设，以及被安装设备的绝缘、刷油、保温和调整、试验所需的费用。

③ 设备购置费（费用代号：Ⅲ）。

设备购置费是指一切需要安装与不需要安装的生产、动力、弱电、起重、运输等设备（包括备品备件）的购置费，以及新建、改建或扩建项目的新建车间，为生产准备所必须购置的第一套不符合固定资产标准（即不同时具备使用期限在一年以上和单位价值在 2000 元以上两个条件）的设备、仪器、工卡模具、器具和生产家具等的购置费用。

④ 其他费（费用代号：Ⅳ）。

其他费是指除上述三种费用以外的各种费用，包括土地征用及拆迁补偿费、建设项目管理费、建设项目前期工作费、研究试验费、计算机软件开发与购置费、配合辅助工程费、联合试运转及工程动态检测费、生产准备费、其他。

⑤ 基本预备费。

基本预备费是指设计概预算中难以预料的费用。

（2）按费用发生的工程类别分

《铁路基本建设工程设计概（预）算编制办法》（铁建设〔2006〕113 号）规定，按照大体的施工先后顺序和工程类别，概预算费用的静态投资由 12 章 30 节组成。

四种费用和 12 章 30 节，是编制概预算时必须遵循的统一要求。静态投资的费用组成与章节划分之间的关系见表 4-3。

表 4-3 　　　　　　　　　　　　**静态投资的费用组成与章节划分之间的关系**

章别	节别	工程费用及名称	章别	节别	工程费用及名称
一	1	拆迁及征地费用			电力及电力牵引供电
二		路基	七	18	电力
	2	区间路基土石方		19	电力牵引供电
	3	站场土石方	八	20	房屋
	4	路基附属工程	九		其他运营生产设备及建筑物

章别	节别	工程费用及名称	章别	节别	工程费用及名称
		桥涵		21	给排水
	5	特大桥		22	机务
	6	大桥		23	车辆
三	7	中桥		24	动车
	8	小桥		25	站场
	9	涵洞		26	工务
		隧道及明洞		27	其他建筑及设备
四	10	隧道	十	28	大型临时设施与过渡工程
	11	明洞	十一	29	其他费用
		轨道	十二	30	基本预备费
五	12	正线			
	13	站线			
	14	线路有关工程			
		通信、信号及信息			
六	15	通信			
	16	信号			
	17	信息			

4.4 铁路工程建筑安装工程费的费用组成及计算方法 >>>

建筑工程费和安装工程费在投资构成上分属于两种费用,但费用组成内容是一致的,所以在此一并介绍。建筑安装工程费是铁路建设项目投资的主要组成部分,它由直接费、间接费和税金三部分组成。

4.4.1 直接费

直接费是指施工单位在工程施工过程中发生的有关费用。它包括直接工程费、施工措施费、特殊施工增加费、大型临时设施和过渡工程费四种费用。

(1)直接工程费

直接工程费是指在施工过程中,直接耗费在工程实体构成和有助于工程形成的各项费用,包括人工费、材料费、施工机械使用费、运杂费和填料费。

① 人工费。

人工费是指用于直接从事建筑安装工程施工的生产工人开支的各项费用。它是按概预算定额和工程数量计算的人工工日数量与工资单价(综合工费标准)的乘积,计算公式为:

$$人工费 = \sum(定额人工消耗量 \times 综合工费标准) = \sum(工日定额 \times 工程数量 \times 综合工费标准)$$

$$(4-3)$$

式中,工日定额是指概预算定额中每单位工程量规定的工日消耗量。

综合工费标准按下列办法确定:

a. 综合工费标准的组成内容。

综合工费标准由基本工资、工资性质的津贴和补贴(含流动施工津贴和施工津贴,隧道津贴,国家及地方的副食品价格补贴,煤、燃气补贴,住房补贴,上下班交通补贴,以及特殊地区津贴、补贴)、生产工人辅助工资、职工福利费、生产工人劳动保护费五项费用组成。

(a) 基本工资。

基本工资是指国家规定的各类工人的工资标准。

(b) 工资性质的津贴和补贴。

工资性质的津贴和补贴是指按规定标准发放给生产工人的流动施工津贴和施工津贴,隧道津贴,国家及地方的副食品价格补贴,煤、燃气补贴,住房补贴,上下班交通补贴及特殊地区津贴、补贴等。

ⓐ 流动施工津贴和施工津贴:主要考虑铁路工程施工单位的职工长年累月随工程在外流动,工作条件和生活条件较艰苦,生活费用开支较大所给予的一种补贴。根据不同地区和流动性质,其补贴标准不同。

ⓑ 隧道津贴:因在隧道内施工,工作面狭窄和工作条件较差所给予的一种补贴。其分新建隧道和改建隧道两种标准。

ⓒ 国家及地方的副食品价格补贴,煤、燃气补贴,住房补贴,上下班交通补贴:由于物价上涨,职工生活开支较大,国家或地方给予的各种补贴。

ⓓ 特殊地区津贴、补贴:是指那些工程处于边远特殊地区,生活条件比较艰苦,根据国家或有关部门规定给予的一种特殊的津贴、补贴,一般有地区津贴(如东北原始森林的林区津贴、海域的海岛津贴等)、生活补贴(如新疆、青海等生活条件特别艰苦的地区,按基本工资一定百分率计算的生活补贴)和物价差(如青海省规定的物价差补贴等)三种。特殊地区津贴、补贴应根据国家有关部门和原铁道部规定及工程所在地省、市、自治区政府的有关规定及补贴标准计列。

(c) 生产工人辅助工资。

生产工人辅助工资是指生产工人在年有效施工天数之外的非作业天数的工资,包括开会和执行必要的社会公益义务时间的工资,职工学习、培训期间的工资,调动工作和职工探亲期间的工资,因气候影响停工期间的工资,女工哺乳时间的工资,由行政直接支付的六个月以内病假期间的工资,产、婚、丧假期间的工资。

(d) 职工福利费。

职工福利费是指按国家规定计提的职工福利基金和医药费基金。

(e) 生产工人劳动保护费。

生产工人劳动保护费是指按国家有关部门规定标准发放的劳动保护用品的购置费、修理费、服装补贴费、防暑降温费和在对职工身体健康有害的环境中施工生产的保健费用等。

b. 综合工费标准。

按综合工费标准组成内容和费用计列标准,编列的综合工费标准表是基期综合工费标准(即日工资单价),为基期人工费的计算依据,见表4-4。

表 4-4　　　　　　　　　　　　　　　　综合工费标准表

综合工费类别	工程类别	综合工费标准/(元/工日)
Ⅰ类工	路基、小桥涵、房屋、给排水、站场(不包括旅客地道、天桥)等的建筑工程,取弃土(石)场处理,临时工程	20.35
Ⅱ类工	特大桥、大桥、中桥(包括旅客地道、天桥),轨道,机务、车辆、动车等的建筑工程	24.00
Ⅲ类工	隧道、通信、信号、信息、电力、电力牵引供电工程,设备安装工程	25.82
Ⅳ类工	计算机设备安装、调试	43.08

注:1. 本表中的综合工费标准为基期综合工费标准,不包含特殊地区津贴、补贴。特殊地区津贴、补贴按国务院及有关部门和省(自治区、直辖市)政府有关规定计算,按人工费价差计列。

2. 独立建设项目的大型旅客站房及地方铁路中的房屋工程,采用工程所在地统一定额时,应采用工程所在地的房屋工程综合工费标准。

3. 隧道外一般工程短途接运运输的综合工费标准采用Ⅰ类工标准。

上述综合工费标准为 2005 年度基期标准,只作为基期人工费的编制依据,与实际支付给工人的标准不直接挂钩。基期至设计概预算编制期的人工费价差,根据原铁道部定期发布的编制期人工费标准进行计算,其值列入单项概预算内。

② 材料费。

材料费是指按施工过程中耗用的构成工程实体的原材料、辅助材料、构配件、零件和半成品、成品的用量,以及周转材料的摊销量和相应预算价格等计算的费用。其还包括现行定额中以"其他材料费"列入的零星材料费、低值易耗品的摊销费。

a. 材料预算价格的组成。

材料预算价格由材料原价、运杂费、采购及保管费组成,即

$$材料预算价格=(材料原价+运杂费)×(1+采购及保管费费率) \tag{4-4}$$

(a) 材料原价。

材料原价是指材料的出厂价或指定交货地点的价格。对于同一种材料,因产地、供应渠道不同而出现几种原价时,其综合原价可按其供应量的比例加权平均确定。

(b) 运杂费。

运杂费是指材料自来源地(生产厂或指定交货地点)运至工地过程中所发生的有关费用,包括运输费、装卸费及其他有关运输的费用等。

(c) 采购及保管费。

采购及保管费是指材料在采购、供应和保管过程中所发生的各项费用,包括采购费、仓储费、工地保管费、运输损耗费、仓储损耗费,以及办理托运所发生的费用(如按规定由托运单位负担的包装、捆扎、支垫等料具的耗损费、转向架租用费和托运签条费)等。

b. 材料预算价格的确定。

(a) 水泥、木材、钢材、砖、瓦、砂、石、石灰、黏土、花草苗木、土工材料、钢轨、道岔、轨枕、钢梁、钢管拱、斜拉索、钢筋混凝土梁、铁路桥梁支座、钢筋混凝土预制桩、电杆、铁塔、机柱、接触网支柱、接触网及电力线材、光电缆线、给水排水管材等材料(电算代号见表 4-5)的基期价格采用现行的《铁路工程建设材料基期价格》(铁建设〔2006〕129 号)。编制期价格根据设计单位实地调查分析采用,上述基期价格均不含来源地至工地的运杂费,来源地至工地的运杂费应单独计列。

若调查价格中未含采购及保管费,则采购及保管费要按材料原价计取并计入其中。编制期价格与基期价格的差额按价差计列。以上材料的编制期价格应随设计文件一并送审。

(b) 施工机械用汽油、柴油的基期价格采用现行的《铁路工程建设材料基期价格》(铁建设〔2006〕129 号)。编制期价格根据设计单位实地调查分析采用,此基期价格均为含运杂费和采购及保管费的价格。编制期价格与基期价格的差额按价差计列(计入施工机械使用费价差中)。施工机械用汽油、柴油的编制期价格应随设计文件一并送审。

(c) 除上述材料以外的其他材料的基期价格采用现行的《铁路工程建设材料基期价格》(铁建设〔2006〕129 号)。其编制期与基期的价差按部颁材料价差系数调整。此类材料的基期价格已包含运杂费和采购及保管费,部颁材料价差系数已考虑运杂费和采购及保管费因素,编制概预算时不应另计运杂费和采购及保管费。

表 4-5　　　　　　　　　　　　**采用调查价格材料的品类及电算代号**

序号	材料名称	电算代号
1	水泥	1010001～1010100
2	木材	1110001～1110018
3	钢材	1900001～1979999,1980010～1989999,2000001～2009999,2200001～2209999,2220001～2249999,2810023～2810999
4	给水排水管材	1400001～1403999,2300010～2309999,2330010～2330109,3372010～3372999

序号	材料名称	电算代号
5	砂	1260022～1260025
6	石	1230001～1240599
7	石灰、黏土	1200013～1200019,1210004～1210016
8	砖、瓦	1300001～1300054,1310001～1310099
9	土工材料、花草苗木	3410010～3412999,1170050～1179999
10	钢轨	2700010～2729999
11	道岔	2720010～2729999
12	轨枕	2741012～2741799
13	钢梁、钢管拱、斜拉索	2624010～2624999
14	钢筋混凝土梁	2600010～2609999
15	铁路桥梁支座	2610010～2612999,2613110～2613499,2625010～2625999
16	钢筋混凝土预制桩	1405001～1405999
17	电杆、铁塔、机柱	1410001～1413499,4843010～4844999,7812010～7812999,8111036～8111090
18	接触网支柱	5200302～5200799,5300051～5399999
19	接触网及电力线材	2120001～2129999,5800001～5800499,5811016～5866999
20	光电缆线	4710010～4715999,4720010～4734960,7010010～7312999,8010010～8017999

c. 再用轨料价格的计算规定。

修建正式工程使用的旧轨料(不包括定额规定使用的废轨、旧轨,如桥梁和平交道的护轮轨、车挡弯轨等),其价格按设计单位调查的价格分析确定;本工程范围内拆除后利用的旧轨料,一般只计运杂费;需整修的旧轨料,按相同规格、型号新料价格的10%计算整修管理费。

d. 材料费的计算。

材料费是按定额和工程量计算的各种材料数量与相应的材料预算价格的乘积之和。材料费的计算公式是:

$$材料费 = \sum(计算的材料数量 \times 材料预算价格) = \sum(材料定额 \times 工程数量 \times 材料预算价格)$$

(4-5)

式中,材料定额是指概预算定额中每单位工程规定的材料消耗量(含其他材料费)。

③ 施工机械使用费。

施工机械使用费是指按概预算定额规定和工程数量计算的参与建筑安装工程施工的各种机械所发生的费用。此项费用按概预算定额规定的台班定额和工程数量计算所需的各种施工机械台班消耗量,乘以相应的施工机械台班单价而得。

$$施工机械使用费 = \sum(定额施工机械台班消耗量 \times 施工机械台班单价)$$
$$= \sum(台班定额 \times 工程数量 \times 施工机械台班单价)$$

(4-6)

式中,台班定额是指概预算定额中单位工程量规定的施工机械台班消耗量(含其他机械使用费)。

a. 施工机械台班单价(费用)的组成。

施工机械台班单价也就是施工机械台班费用,是指一台施工机械工作一个台班的费用。按国家规定,一般工作8 h为一台班。施工机械台班单价由不变费用和可变费用两类费用组成。

(a)不变费用。不变费用也称一类费用,表示在一个相对较长的时间内,费用变化不大,比较稳定,视为不变。不变费用由以下4个项目组成。

ⓐ 折旧费:指机械在规定的使用期限(耐用总台班)内,陆续收回其原值(不含贷款利息)的费用。

ⓑ 大修理费:指机械按规定的大修间隔台班进行必要的大修理,以恢复其正常功能所需的费用。

ⓒ 经常修理费:指机械除大修理以外的各级技术保养、修理及临时故障排除所需的费用,为保障机械正常运行所需替换设备、随机配备的工具与附具的摊销和维护费用,机械运转与日常保养所需的润滑、擦拭材料费用,机械停置期间的维护、保养费用等。

ⓓ 安装拆卸费:指机械在施工现场进行安装、拆卸与搬运所需的人工费、材料费、机具费和试运转费用,辅助设施(基础、底座、固定锚桩、走行轨道、枕木等)的搭拆与折旧费用等。

(b) 可变费用。可变费用也称二类费用,这类费用是变化的、不固定的。它随工程地区,时间,工资、料价的不同而发生变化。可变费用由以下 3 个项目组成。

ⓐ 人工费:指机上司机和相关操作人员的人工费,以及上述人员在机械规定的年工作台班以外的人工费。

ⓑ 燃料动力费:指机械在运转施工作业中所耗用的液体燃料(汽油、柴油)、固体燃料(煤)、电和水的费用。

ⓒ 其他费用:指机械按照国家和有关部门规定应缴纳的养路费、车船使用税、保险费及年检费用等。

b. 施工机械台班单价的取定。

编制设计概预算时,以现行的《铁路工程施工机械台班费用定额》(铁建设〔2006〕129 号)为施工机械台班单价的计算依据。以现行《铁路工程建设材料基期价格》(铁建设〔2006〕129 号)中的油燃料价格及基期综合工费标准计算出的施工机械台班单价为基期施工机械台班单价;以编制期的综合工费标准、油燃料价格、水电单价及养路费标准计算出的施工机械台班单价为编制期施工机械台班单价。

编制期与基期施工机械台班单价的差额按价差计列。

④ 工程用水综合单价。

水是工程建设中不可缺少的重要材料,它不同于一般材料,具有特殊性。有的工程在施工过程中水几乎是免费的,有的工程则水的价值贵如油。正确确定水的单价,对工程造价有着重要意义。

工程用水基期单价为 0.38 元/t。特殊缺水地区或取水困难的工程,可按施工组织设计确定的供水方案,另行分析工程用水单价,其与工程用水基期单价的差额按价差计列;在大、中城市施工时,必须使用城市自来水的,可以当地规定的自来水价格为工程用水单价,其与工程用水基期单价的差额按价差计列。

有的工程在施工时,水的来源不一,供水方式不同(如人工运、汽车运、管道运等),应根据供水方式和供水数量分析确定工程用水综合单价。

⑤ 工程用电综合单价。

电是工程建设中不可缺少的动力源泉,合理确定电价对合理确定工程造价有着重要意义。因此,应根据施工组织设计所确定的供电方案,按选用的不同电源及发电机机型,以现行的施工机械台班费用定额及编制期工费、料价标准,按下述工程用电单价分析办法,计算出各种供电方式的单价,并作为编制概预算时确定编制期综合电价的依据。

工程用电基期单价为 0.55 元/(kW·h)。分析电价与工程用电基期单价的差额按价差计列。

a. 采用地方电源的电价算式。

工程施工时最好使用地方电源。如在工程附近有发电厂(火力发电、水力发电或核电),而且电厂有能力供应工程施工用电,这时就用地方电厂的电源作为工程施工用电。采用地方电源作为施工用电的电价按下式计算:

$$Y_{地}=Y_{基}(1+c)+f_1 \tag{4-7}$$

式中　$Y_{地}$——采用地方电源的电价,元/(kW·h);

$Y_{基}$——地方供电部门基本电价,元/(kW·h);

c——变配电设备和线路损耗率,一般取 7%;

f_1——变配电设备的修理、安装、拆除,设备和线路运行维修的摊销费等,一般取 0.03 元/(kW·h)。

采用地方电源可以减少部分临时设施,有条件时,可考虑永临结合,以便节省工程投资。

当无地方电源可用时,就要自己临时发电。自发电分集中发电和分散发电两种形式。

b. 采用内燃发电机临时发电的电价。

（a）采用集中发电的电价。

集中发电的电价公式为：

$$Y_集 = \frac{y_1 + y_2 + y_3 + \cdots + y_n}{W(1 - R - c_1 - c_2)} + S + f_1 \tag{4-8}$$

式中　$Y_集$——采用内燃发电机临时集中发电的电价，元/（kW·h）。

　　　$y_1, y_2, y_3, \cdots, y_n$——各型发电机的台班费，元，根据台班费用定额计算。

　　　R——发电机的用电率，取 5%。

　　　S——发电机的冷却水费，取 0.02 元/（kW·h）。

　　　c_1、c_2——变配电设备和线路损耗。

　　　f_1——变配电设备的修理、安装、拆除和线路的运行、维修的推销费等，取 0.03 元/（kW·h）。

　　　W——各型发电机的总发电量，kW·h，其值为：

$$W = (N_1 + N_2 + N_3 + \cdots + N_n) \times 8BM$$

式中　$N_1, N_2, N_3, \cdots, N_n$——各型发电机的额定能力，kW；

　　　B——台班小时的利用系数，取 0.8；

　　　M——发电机的出力系数，取 0.8。

　　　c_1, c_2, f_1 意义同上。

（b）采用分散发电的电价。

分散发电的电价公式为：

$$Y_分 = \frac{y_1 + y_2 + y_3 + \cdots + y_n}{(W_1 + W_2 + W_3 + \cdots + W_n)(1 - c)} + S + f_1 \tag{4-9}$$

式中　$Y_分$——采用内燃发电机临时分散发电的计算电价，元/（kW·h）。

　　　$y_1, y_2, y_2, \cdots, y_n$——各型发电机的台班费用，元。

　　　$W_1, W_2, W_3, \cdots, W_n$——各型发电机的台班产量，kW·h，其值为：

$$W_i = 8B_i M$$

式中　B_i——某种型号发电机台班小时的利用系数，由设计确定。

　　　$M, c(c = c_1 + c_2), S, f_1$ 意义同上。

当一项工程同时有几种供电电源时，应分析计算综合电价。

⑥ 运杂费。

运杂费是指水泥、木材、钢材、砖、瓦、砂、石、石灰、黏土、土工材料、花草苗木、钢轨、道岔、轨枕、钢梁、钢管拱、斜拉索、钢筋混凝土梁、铁路桥梁支座、钢筋混凝土预制桩、电杆、铁塔、机柱、接触网支柱、接触网及电力线材、光电缆线、给水排水管材等材料（电算代号见表 4-5）自来源地运至工地过程中所发生的有关费用，包括运输费、装卸费、其他有关运输的费用（如火车运输的取送车费等），以及应按运输费、装卸费、其他有关运输的费用之和计取的采购及保管费。运杂费的计算规定如下。

a. 各种运输单价。

（a）火车运价。

火车运价分营业线火车运价、临管线火车运价、工程列车运价、其他铁路运价四种。

ⓐ 营业线火车运价。

营业线火车运价按编制期《铁路货物运价规则》（铁运〔2005〕46 号）发布的有关规定计算，计算公式如下：

$$营业线火车运价（元/t） = K_1 \cdot （基价 1 + 基价 2 \times 运价里程） + 附加费运价 \tag{4-10}$$

$$附加费运价 = K_2 \cdot （电气化附加费费率 \times 电气化里程 + 新路新价均摊运费费率 \times 运价里程 +$$
$$铁路建设基金费率 \times 运价里程）$$

计算公式中的有关因素说明如下：

Ⅰ. 各种材料计算货物运价所采用的铁路运价号、综合系数（K_1、K_2）见表 4-6。

Ⅱ. 基价 1 为基本运价，与运距无关，是指凡利用铁路运输，不论运程远近，每吨货物收缴的运费。其值见表 4-7。

Ⅲ．基价 2 为运行基价，是指每吨货物运输一公里的运费。其值见表 4-7。

Ⅳ．运价里程为货物的运输距离，按《铁路货物运价规则》（铁运〔2005〕46 号）中的规定计算。

Ⅴ．电气化附加费按该批货物经由国家铁路正式营业线和实行统一运价的运营临管线电气化区段的运价里程合并计算。

Ⅵ．电气化附加费费率是指经电气化铁路运输货物加收的一种附加费的费率，其值见表 4-8。

表 4-6　　铁路运价号、综合系数表

序号	项目	运价号（整车）	综合系数 K_1	综合系数 K_2
1	砖、瓦、石灰、砂石料	2	1.00	1.00
2	道砟	2	1.20	1.20
3	钢轨（不大于 25 m）、道岔、轨枕、钢梁、电杆、机柱、钢筋混凝土管桩、接触网圆形支柱	5	1.08	1.08
4	100 m 长定尺钢轨	5	1.80	1.80
5	钢筋混凝土梁	5	3.48	1.64
6	接触网方形支柱、铁塔	5	2.35	2.35
7	接触网及电力线材、光电缆线	5	2.00	2.00
8	其他材料	5	1.05	1.05

注：1. K_1 包含了游车、超限、限速和不满载等因素；K_2 只包含不满载及游车等因素。

2. 火车运土的运价号和综合系数 K_1、K_2，比照"砖、瓦、石灰、砂石料"确定。

3. 爆炸品、一级易燃液体除 K_1、K_2 外的其他加成，按编制期《铁路货物运价规则》（铁运〔2005〕46 号）的有关规定计算。

表 4-7　　铁路货物运价率表

办理类别	运价号	基价 1		基价 2	
		单位	标准	单位	标准
整车	1	元/吨	5.6	元/吨公里	0.0288
	2	元/吨	6.3	元/吨公里	0.0329
	3	元/吨	7.4	元/吨公里	0.0385
	4	元/吨	9.3	元/吨公里	0.0434
	5	元/吨	10.2	元/吨公里	0.0491
	6	元/吨	14.6	元/吨公里	0.0704
	7			元/轴公里	0.2165
	加冰冷藏车	元/吨	9.2	元/吨公里	0.0506
	机械冷藏车	元/吨	11.2	元/吨公里	0.073
零担	21	元/10 千克	0.115	元/10 千克公里	0.0005
	22	元/10 千克	0.165	元/10 千克公里	0.0007
集装箱	1 吨箱	元/箱	10	元/箱公里	0.0336
	10 吨箱	元/箱	118.5	元/箱公里	0.4234
	20 英尺箱	元/箱	215	元/箱公里	0.9274
	40 英尺箱	元/箱	423	元/箱公里	1.4504

注：1. 运费计算办法：

整车货物每吨运价＝基价 1＋基价 2×运价公里

零担货物每 10 千克运价＝基价 1＋基价 2×运价公里

集装箱货物每箱运价＝基价 1＋基价 2×运价公里

2. 整车农用化肥的基价 1 为 4.20 元/吨，基价 2 为 0.0257 元/吨。

表 4-8　　　　　　　　　　　　　　电气化附加费费率表

种类	项目		计费单位	费率
	整车货物		元/吨公里	0.012
	零担货物		元/10 千克公里	0.00012
	自轮运转货物		元/轴公里	0.036
集装箱	1 吨箱		元/箱公里	0.0072
	5、6 吨箱		元/箱公里	0.06
	10 吨箱		元/箱公里	0.1008
	20 英尺箱		元/箱公里	0.192
	40 英尺箱		元/箱公里	0.408
	自备空箱	1 吨箱	元/箱公里	0.0036
		5、6 吨箱	元/箱公里	0.03
		10 吨箱	元/箱公里	0.0504
		20 英尺箱	元/箱公里	0.096
		40 英尺箱	元/箱公里	0.204

Ⅶ. 铁路建设基金费率为铁路基本建设筹集资金加收的一种附加费的费率。

Ⅷ. 计算货物运输费用的运价里程由发料地点起算,至卸料地点止,按编制期《铁路货物运价规则》(铁运〔2005〕46 号)的有关规定计算。其中,区间(包括区间岔线)装卸材料的运价里程应由发料地点的后方站起算,至卸料地点的前方站(均是指办理货运业务的营业站)止。

Ⅸ. 新路新价均摊运费费率是指新建成投入运营的铁路运价较高,为了补偿这部分亏损,在全路营业铁路运价中均摊的一种附加费的费率。

计算附加费铁路建设基金的运价里程,按《铁路货物运价规则》(铁运〔2005〕46 号)的规定进行。

ⓑ 临管线火车运价。

临管线火车运价应执行由部批准的运价。其运价包括路基、轨道及有关建筑物和设备(包括临管用的临时工程)的养护、维修、折旧费等;运价里程应按发料地点起算,至卸料地点止,区间卸车算至区间工地。

ⓒ 工程列车运价。

工程列车运价包括机车、车辆的使用费,乘务员及有关行车管理人员的工资、津贴和差旅费,线路及有关建筑物和设备的养护、维修、折旧费,以及有关运输的管理费用。其运价里程应按发料地点起算,至卸料地点止,区间卸车算至区间工地。工程列车运价按营业线火车运价(不包括铁路建设基金、电气化附加费、限速加成等)的 1.4 倍计算。

其计算公式为:

$$工程列车运价(元/t)=1.4K_2(基价1+基价2×运价里程) \tag{4-11}$$

ⓓ 其他铁路运价。

其他铁路运价按该铁路主管部门的规定办理。

(b)汽车运价。

汽车是铁路工程建设中的主要运输工具,尤其是新建线路,线长点多,地形复杂,工程量大,需要大量的物资装备,且运输条件困难。汽车以其灵活、方便、速度快,对道路条件要求不高等优点,成为铁路工程施工中主要的运输工具,承担着绝大部分工程材料和机器设备的运输任务。但是,汽车运输费用较高,合理确定汽车运价是控制工程费用的重要环节。

汽车运价原则上参照现行的《汽车运价规则》(交运发〔2009〕275 号)确定。为简化概预算编制工作,汽车运价按下列计算公式分析:

汽车运价(元/t)＝吨次费＋公路综合运价率×公路运距＋汽车运输便道综合运价率×汽车运输便道运距

$$(4-12)$$

计算公式中有关因素说明如下：

ⓐ 吨次费按工程项目所在地的调查价格计列。

ⓑ 关于公路综合运价率的计算，当材料运输道路为公路时，应考虑过路、过桥费等因素，以建设项目所在地的汽车运输单价乘以 1.05 的系数确定。

ⓒ 关于汽车运输便道综合运价率的计算，当材料运输道路为汽车运输便道时，应结合地形、道路状况等因素，按当地汽车运输单价乘以 1.2 的系数确定。

ⓓ 公路运距应按发料地点起算，至卸料地点止所途经的公路长度计算。

ⓔ 汽车运输便道运距应按发料地点起算，至卸料地点止所途经的汽车运输便道长度计算。

(c) 船舶运价及渡口等收费标准按建设项目所在地的标准计列。

(d) 材料运输过程中，因确需短途接运而采用双(单)轮车、单轨车、大平车、轻轨斗车、轨道平车、机动翻斗车等运输方法，其运价应按有关定额资料分析确定。

b. 各种装卸费单价。

(a) 火车、汽车装卸费单价。

火车、汽车装卸费单价见表 4-9。

表 4-9   **火车、汽车装卸费单价表**

一般材料	钢轨、道岔、接触网支柱	其他 1 t 以上的构件
3.4	12.5	8.4

注：其中，装占 60%，卸占 40%。

(b) 水运等的装卸费单价按建设项目所在地的标准计列。

(c) 双(单)轮车、单轨车、大平车、轻轨斗车、轨道平车、机动翻斗车等的装卸费单价，按有关定额资料分析确定。

c. 其他有关运输费用。

(a) 取送车费(调车费)。

用铁路机车往专用线、货物支线(包括站外出岔)或专用铁路的站外交接地点调送车辆时，该收取送车费。计算取送车费的里程应自车站中心线起算，至交接地点或专用线最长线路终端止，里程往返合计(以千米计)。取送车费的计费标准原则上按原铁道部运输主管部门的规定办理。取送车费按 0.10 元/(t·km)计列。

(b) 汽车运输的渡船费。

其按建设项目所在地的标准计列。

d. 采购及保管费。

采购及保管费是指以运输费、装卸费及其他有关运输的费用之和为基数计取，应列入运杂费的采购及保管费。采购及保管费费率见表 4-10。

表 4-10   **采购及保管费费率表**

序号	材料名称	费率/%	其中运输损耗费率/%
1	水泥	3.53	1.00
2	碎石(包括道砟及中、小卵石)	3.53	1.00
3	砂	4.55	2.00
4	砖、瓦、石灰	5.06	2.5
5	钢轨、道岔、轨枕、钢梁、钢管拱、斜拉索、钢筋混凝土梁、铁路桥梁支座、电杆、铁塔、钢筋混凝土预制桩、接触网支柱、机柱	1.00	—
6	其他材料	2.50	—

e. 运杂费计算的其他规定。

（a）单项材料运杂费单价的编制范围原则上应与单项概预算的编制单元相对应。

（b）运输方式和运输距离要经过调查、比选、综合分析确定。以最经济合理的，并且符合工程要求的材料来源地为运杂费计算的起运点。

（c）分析各单项材料运杂费单价时，应按施工组织设计所拟订的材料供应计划，对不同的材料品类及不同的运输方法分别计算平均运距。

（d）各种运输方法的比例按施工组织设计确定。

（e）计算旧轨件的运杂费时，其质量应按设计轨型计算。如设计轨型未确定，可按代表性轨型的质量计取。其运距由调拨地点的车站起算。如未明确调拨地点者，可按以下原则编列：

ⓐ 已明确调拨铁路局，但未明确调拨地点者，则由该铁路局所在地的车站起算；

ⓑ 未明确调拨铁路局者，则按工程所在地区的铁路局所在地的车站起算。

⑦ 填料费。

填料费是指购买不作为材料对待的土方、石方、渗水料、矿物料等填筑用料所支出的费用。

（2）施工措施费

① 施工措施费的内容。

其内容如下。

a. 冬雨季施工增加费。它是指建设项目的某些工程需在冬、雨季施工，以致引起需采取的防寒、保温、防雨、防潮和防护措施，人工与机械的功效降低及技术作业过程的改变等所需增加的有关费用。

b. 夜间施工增加费。它是指必须在夜间连续施工或在隧道内铺渣、铺轨，敷设电线、电缆，架设接触网等工程，致使工作效率降低，夜班津贴的产生，以及增设有关照明设施（包括所需照明设施的装拆、摊销、维修及油燃料、电）等所需增加的有关费用。

c. 小型临时设施费。它是指施工企业为进行建筑安装工程施工，所必须修建的生产和生活用的一般临时建筑物、构筑物和其他小型临时设施所发生的费用。

小型临时设施包括：

（a）为施工及施工运输（包括临管）所需修建的临时生活及居住房屋，文化教育及公共房屋（如三用堂、广播室等）和生产、办公房屋（如发电站，变电站，空压机站，成品厂，材料厂、库，堆料棚，停机棚，临时站房，货运室等）。

（b）为施工或施工运输而修建的小型临时设施，如通往中小桥、涵洞、牵引变电所等工程工地和施工队伍驻地及料库、车库的运输便道引入线（包括汽车、马车、双轮车道），工地内运输便道、轻便轨道、龙门吊走行轨，由干线到工地或施工队伍驻地的地区通信引入线、电力线和达不到给水干管路标准的给水管路等。

（c）为施工或维持施工运输（包括临管）而修建的临时建筑物、构筑物，如临时给水建筑物（水井、水塔、水池等），临时排水沉淀池，钻孔用泥浆池、沉淀池，临时整备设备（给煤、砂、油，清灰等设备），临时信号、临时通信（指地区线路及引入部分）、临时供电、临时站场建筑设备。

（d）其他一些大型临时设施和过渡工程项目内容以外的临时设施。

小型临时设施费包括：小型临时设施的搭设、移拆、维修、摊销及拆除恢复等费用，因修建小型临时设施而发生的租用土地、青苗补偿、拆迁补偿、复垦及其他所有与土地有关的费用等。

d. 工具、用具及仪器、仪表使用费。它是指施工生产所需但不属于固定资产的生产工具、检验用具及仪器、仪表等的购置、摊销和维修费，以及支付给生产工人自备工具的补贴费。

e. 检验试验费。它是指施工企业按照规范和施工质量验收标准的要求，对建筑安装的设备、材料、构件和建筑物进行一般鉴定、检查所发生的费用，包括自设试验室进行试验所耗用的材料和化学药品等费用，以及技术革新的研究试验费。它不包括应由研究试验费和科技三项费用支出的新结构、新材料的试验费；不包括应从建设单位管理费中支出的建设单位要求对具有出厂合格证明的材料进行试验的费用，对构件进行破坏性试验及其他特殊要求检验试验的费用；不包括设计要求的和需委托其他有资质的单位对构筑物进行检验试验的费用。

f. 工程定位复测、工程点交、场地清理费。

g. 安全作业环境及安全施工措施费。它是指用于购置施工安全防护用具及设施,宣传、落实安全施工措施,改善安全生产环境及条件,确保施工安全等所需的费用。

h. 文明施工及施工环境保护费。它是指现场文明施工费用,以及防噪声、防粉尘、防振动干扰、生活垃圾清运排放等费用。

i. 已完工程及设备保护费。它是指竣工验收前,对已完工程及设备进行保护所需的费用。

② 施工措施费地区划分和计算方法。

施工措施费以各类工程的基期人工费与基期施工机械使用费之和为计算基数,根据施工措施费地区划分表(表4-11),按表4-12和表4-13中的费率计列。

表4-11　　　　　　　　　　　　　　施工措施费地区划分表

地区编号	地域名称
1	上海、江苏、河南、山东、陕西(不含榆林地区)、浙江、安徽、湖北、重庆、云南、贵州(不含毕节地区)、四川(不含凉山彝族自治州西昌市以西地区、甘孜藏族自治州)
2	广东、广西、海南、福建、江西、湖南
3	北京,天津,河北(不含张家口市、承德市),山西(不含大同市,朔州市,忻州地区原平市以西各县),甘肃,宁夏,贵州毕节地区,四川凉山彝族自治州西昌市以西地区、甘孜藏族自治州(不含石渠县)
4	河北张家口市、承德市,山西大同市、朔州市、忻州地区原平市以西各县,陕西榆林地区,辽宁
5	新疆(不含阿勒泰地区)
6	内蒙古(不含呼伦贝尔市图里河及以西各旗)、吉林、青海(不含玉树藏族自治州曲麻莱县以西地区、海北藏族自治州祁连县、果洛藏族自治州玛多县、海西蒙古族藏族自治州格尔木市辖的唐古拉山区)、西藏(不含阿里地区和那曲地区的尼玛县、班戈县、安多县、聂荣县)、四川甘孜藏族自治州石渠县
7	黑龙江(不含大兴安岭地区)、新疆阿勒泰地区
8	内蒙古呼伦贝尔市图里河及以西各旗,黑龙江大兴安岭地区,青海玉树藏族自治州曲麻莱县以西地区、海北藏族自治州祁连县、果洛藏族自治州玛多县、海西蒙古族藏族自治州格尔木市辖的唐古拉山区,西藏阿里地区和那曲地区的尼玛县、班戈县、安多县、聂荣县

表4-12　　　　　　　　　　　　　　施工措施费费率表

类别代号	工程类别	地区编号								附注
		1	2	3	4	5	6	7	8	
		费率/%								
1	人力施工土石方	20.55	21.09	24.70	27.10	27.37	29.90	30.51	31.57	包括人力拆除工程,绿色防护、绿化,各类工程中单独挖填的土石方,爆破工程
2	机械施工土石方	9.42	9.98	13.83	15.22	15.51	18.21	18.86	19.98	包括机械拆除工程,填级配碎石、砂砾石、渗水土,公路路面,各类工程中单独挖填的土石方
3	汽车运输土石方采用定额"增运"部分	5.09	4.99	5.40	6.12	6.29	6.63	6.79	7.35	包括隧道出渣洞外运输
4	特大桥、大桥	10.28	9.19	12.30	13.53	14.19	14.24	14.34	14.52	不包括梁部及桥面系
5	预制混凝土梁	27.56	22.14	37.67	41.38	44.65	44.92	45.42	46.31	包括桥面系
6	现浇混凝土梁	17.24	13.89	23.50	25.97	27.99	28.16	28.46	29.02	包括梁的横向联结和湿接缝,包括分段预制后拼接的混凝土梁

类别代号	工程类别	地区编号								附注
		1	2	3	4	5	6	7	8	
		费率/%								
7	运架混凝土简支箱梁	4.68	4.68	4.81	5.16	5.25	5.40	5.49	5.73	
8	隧道、明洞、棚洞、自采砂石	13.08	12.74	13.61	14.75	14.90	14.96	15.04	15.09	
9	路基加固防护工程	16.94	16.25	18.89	20.19	20.35	20.59	20.80	20.94	包括各类挡土墙及抗滑桩
10	框架桥、中桥、小桥、涵洞、轮渡、码头、房屋、给排水、工务、站场、其他建筑物等建筑工程	21.25	20.22	23.50	25.53	26.04	26.27	26.47	26.65	不包括梁式中、小桥梁部及桥面系
11	铺轨、铺岔,架设混凝土梁(简支箱梁除外)、钢梁、钢管拱	27.08	26.96	27.83	29.50	30.17	32.46	34.12	40.96	包括支座安装、轨道附属工程、线路备料
12	铺渣	10.33	9.07	12.38	13.71	13.94	14.52	14.86	15.99	包括隧道出渣洞外运输
13	无砟道床	27.66	23.60	35.25	38.90	41.35	41.55	41.93	42.60	包括线路沉落整修、道床清筛
14	通信、信号、信息、电力、牵引变电、供电段、机务、车辆、动车所有安装工程	25.30	25.40	25.80	27.75	28.03	28.30	28.70	29.55	包括道桥过渡段
15	接触网建筑工程	25.12	23.89	27.33	29.26	29.42	29.74	30.20	30.46	包括梁的横向联结和湿接缝,包括分段预制后拼接的混凝土梁

表 4-13　　　　　　　　　**设计速度小于或等于 120 km/h 的工程施工措施费费率表**　　　　　（单位:%）

工程类别 \ 地区编号	1	2	3	4	5	6	7	8
机械施工土石方	9.03	9.59	13.44	18.83	15.12	17.82	18.47	19.59
铺轨、铺岔、架设混凝土梁	25.33	25.21	26.08	27.75	28.42	30.71	32.38	39.21

（3）特殊施工增加费

① 风沙地区施工增加费。

风沙地区施工增加费是指在内蒙古及西北地区的非固定沙漠地区施工时,在月平均风力在四级以上的风沙季节进行室外建筑安装工程时,由于受风沙影响应增加的费用。本项费用按下列算法计列:

$$风沙地区施工增加费＝室外建筑安装工程的定额工天×编制期综合工费单价×3\% \quad (4-13)$$

② 高原地区施工增加费。

高原地区施工增加费是指在海拔 2000 m 以上的高原地区施工时,由于人工和机械受气候、气压的影响而导致工作效率降低所增加的费用。

本项费用根据工程所在地海拔高度的不同,不分工程类别,按下列算法计列:

$$高原地区施工增加费＝定额工天×编制期综合工费单价×高原地区工天定额增加幅度＋定额机械台班量×\\编制期机械台班单价×高原地区机械台班定额增加幅度$$

高原地区施工定额增加幅度见表 4-14。

表 4-14　高原地区施工定额增加幅度表

海拔高度/m	定额增加幅度/%	
	工天定额	机械台班定额
2000～3000	12	20
3001～4000	22	34
4001～4500	33	54
4501～5000	40	60
5000 以上	60	90

③ 原始森林地区施工增加费。

原始森林地区施工增加费是指在原始森林地区进行新建或增建二线铁路施工时,由于受气候影响,其路基土方工程应增加的费用。本项费用按下列算法计列:

$$原始森林地区施工增加费 = (路基土方工程的定额工天 \times 编制期综合工费单价 +$$
$$路基土方工程的定额机械台班量 \times$$
$$编制期机械台班单价) \times 30\% \qquad (4\text{-}14)$$

④ 行车干扰施工增加费。

行车干扰施工增加费是指在不封锁的营业线上进行建筑安装工程施工时,在维持通车的情况下,由于受行车影响造成局部停工或妨碍施工而降低工作效率等所需增加的费用。

a. 行车干扰施工增加费的计费范围。

行车干扰施工增加费的计算范围见表 4-15。

表 4-15　行车干扰施工增加费计算范围表

名称	受行车干扰范围	受行车干扰项目	包括	不包括
路基	在行车线上或在行车线中心平距 5 m 以内	填、挖土方,填石方	路基抬高落坡全部工程	路基加固防护及附属土石方工程
	在行车线的路堑内	开挖土石方的全部数量及路堑内的挡土墙、护墙、护坡、边沟、吊沟的全部砌筑工程数量	以邻近行车线的一股道为限	控制爆破开挖石方,路堤挡土墙、护坡
	平面跨越行车线运土石方	跨越运输的全部数量	隧道弃渣	
桥涵	在行车线上或在行车线中心平距 5 m 以内	涵洞的主体坞工,桥梁工程的下部建筑主体坞工	桥梁的锥体护坡和桥头填土	桥涵其他附属工程及桥梁架立和桥面系等,框架桥、涵管的挖土、顶进,框架桥内改,涵洞内的路面、排水等工程
隧道及明洞	在行车线的隧道、明洞内施工	改扩建隧道或增设通风、照明设备的全部工程数量	明洞、棚洞的挖基及衬砌工程	明洞、棚洞拱上的回填及防水层、排水沟等
轨道	在行车线上或在行车线中心平距 5 m 以内或在行车线线间距小于或等于 5 m 的邻线上施工	全部数量	拆铺、改拔线路,更换钢轨、轨枕及线路整修作业	线路备料
电力牵引供电	在行车线上或在行车线两侧中心平距 5 m 以内或在行车线线间距小于或等于 5 m 的邻线上施工	在既有线上非封闭线路作业的全部数量和邻线未封闭而本线封闭线路作业的全部数量		封闭线路作业的项目(邻线未封闭的除外),牵引变电及供电段的全部工程

名称	受行车干扰范围	受行车干扰项目	包括	不包括
其他室外建筑安装及拆除	在行车线上或在行车线两侧中心平距5 m以内	全部数量	靠行车线较近的基本站台、货物站台、天桥、灯桥、地道的上、下楼梯，信号工程的室内安装	站台土方不跨线取土者

在封锁的营业线上（包括要点施工在内，封锁期间邻线行车的除外）施工，在未移交正式运营的线路上施工和在避难线、安全线、存车线及其他段管线上施工，均不计列行车干扰施工增加费。

b. 行车干扰施工增加费的计算。

每次行车的行车干扰施工定额人工和机械台班增加幅度按0.31%计（接触网工程按0.40%计）。行车干扰施工定额增加幅度包含施工期间因行车而增加的整理和养护工作，以及在施工时为防护所需的信号工、电话工、看守工等的人工费用及防护用品的维修、摊销费用。

本项费用根据每昼夜的行车次数（以现行铁路运输部门的计划运行图为准，所有计划外的小运转、轨道车、补机、加点车的运行等均不计算），按受行车干扰工程项目的工程数量，以其定额工日和机械台班量乘以行车干扰施工定额增加幅度计算。

（a）土石方施工及跨股道运输的行车干扰施工增加费，无论采用何种施工方法，均按下列算法计列：

$$土石方施工及跨股道运输的行车干扰施工增加费 = 表4-16所列工天 \times 编制期综合工费单价 \times$$
$$受干扰土石方数量 \times 每昼夜行车次数 \times 0.31\%$$

(4-15)

土石方施工及跨股道运输计
行车干扰的工天表

表 4-16 （单位：工日/100 m³ 天然密实体积）

序号	工作内容	土方	石方
1	仅挖、装（爆破石方仅为装）在行车干扰范围内	20.4	8.0
2	仅卸在行车干扰范围内	4.0	5.4
3	挖、装、卸（爆破石方仅为装）均在行车干扰范围内	24.4	13.4
4	平面跨越行车线运输土石方，仅跨越一股道或跨越双线、多线股道的第一股道	15.7	23.0
5	平面跨越行车线运输土石方，每增跨一股道	3.1	4.6

（b）接触网工程的行车干扰施工增加费按下列算法计列：

$$接触网工程的行车干扰施工增加费 = 受行车干扰范围内的工程数量 \times （对应定额的应计行车干扰的工天 \times$$
$$编制期综合工费单价 + 对应定额的应计行车干扰的机械台班量 \times$$
$$编制期机械台班单价） \times 每昼夜行车次数 \times 0.40\%$$

(4-16)

（c）其他工程的行车干扰施工增加费按下列算法计列：

$$其他工程的行车干扰施工增加费 = 受行车干扰范围内的工程数量 \times （对应定额的应计行车干扰的工天 \times$$
$$编制期综合工费单价 + 对应定额的应计行车干扰的机械台班量 \times$$
$$编制期机械台班单价） \times 每昼夜行车次数 \times 0.31\%$$

(4-17)

（4）大型临时设施和过渡工程费

大型临时设施和过渡工程费是指施工企业为进行建筑安装工程施工及维持既有线的正常运营，根据施工组织设计确定所需的大型临时建筑物和过渡工程修建、拆除及恢复发生的费用。

① 项目及费用内容。

a. 大型临时设施（简称大临）。

（a）铁路岔线、便桥。其是指通往混凝土成品预制厂、材料厂、道砟场（包括砂、石场）、轨节拼装场、长钢轨焊接基地、钢梁拼装场、制（存）梁场的岔线，机车转向用的三角线和架梁岔线，独立特大桥的吊机走行线，以及为重点桥隧等工程专设的运料岔线等。

（b）铁路便线、便桥。其是指混凝土成品预制厂、材料厂、道砟场（包括砂、石场）、轨节拼装场、长钢轨焊接基地、钢梁拼装场、制（存）梁场等场（厂）内为施工运料所需修建的便线、便桥。

（c）汽车运输便道。其是指通行汽车的运输干线及其通往隧道、特大桥、大桥和轨节拼装场、混凝土成品预制厂、材料厂、砂石场、钢梁拼装场、制（存）梁场、混凝土集中拌和站、填料集中拌和站、大型道砟存储场、长钢轨焊接基地、换装站等的引入线，以及机械化施工重点土石方工点的运输便道。

（d）运梁便道。其是指专为运架大型混凝土成品梁而修建的运输便道。

（e）轨节拼装场、混凝土成品预制厂、材料厂、制（存）梁场、钢梁拼装场、混凝土集中拌和站、填料集中拌和站、大型道砟存储场、长钢轨焊接基地、换装站等的场地土石方、圬工及地基处理。

（f）通信工程。其是指困难山区（起伏变化很大或比高大于 80 m 的山地）铁路工程施工所需的临时通信干线，包括以接轨点最近的交接所为起点所修建的通信干线，不包括由干线到工地或施工地段沿线各施工队伍所在地的引入线、场内配线和地区通信线路。当采用无线通信时，其费用应控制在有线通信临时工程费用水平内。

（g）集中发电站、集中变电站（包括升压站和降压站）。

（h）临时电力线（供电电压在 6 kV 及 6 kV 以上）。其包括临时电力干线及通往隧道、特大桥、大桥和混凝土成品预制厂、材料厂、砂石场、钢梁拼装场、制（存）梁场等的引入线。

（i）给水干管路。其是指为解决工程用水而铺设的给水干管路（管径为 100 mm 及 100 mm 以上或长度为 2 km 及 2 km 以上）。

（j）为施工运输服务的栈桥、缆索吊。

（k）渡口、码头、浮桥、吊桥、天桥、地道，指通行汽车为施工服务的设施。

（l）铁路便线、岔线、便桥和汽车运输便道的养护费。

（m）修建大临发生的租用土地、青苗补偿、拆迁补偿、复垦及其他所有与土地有关的费用等。

b. 过渡工程。

过渡工程是指由于改建既有线、增建第二线等工程施工需要确保既有线（或车站）运营工作的安全和不间断的运行，同时为了加快施工进度，尽可能地减少运输与施工之间的相互干扰和影响，而对部分既有工程设施必须采取的施工过渡措施。

其内容包括临时性便线、便桥和其他建筑物及设备，以及由此引起的租用土地、青苗补偿、拆迁补偿、复垦及其他所有与土地有关的费用等。

② 大型临时设施和过渡工程费计算规定。

a. 大型临时设施和过渡工程应根据施工组织设计确定的项目、规模及工程量，按《铁路基本建设工程设计概（预）算编制办法》（铁建设〔2006〕113 号）规定的各项费用标准，采用定额或分析指标，按单项概预算计算程序计算。

b. 大型临时设施和过渡工程均应结合具体情况，充分考虑借用本建设项目正式工程的材料，尽可能节约投资，其有关费用的计算规定如下。

（a）借用正式工程的材料。

ⓐ 钢轨、道岔计列一次铺设的施工损耗，钢轨配件、轨枕、电杆计列铺设和拆除各一次的施工损耗（拆除损耗与铺设相同），便桥枕木垛所用的枕木计列一次搭设的施工损耗。

ⓑ 借用表 4-5 所列的材料，计列由材料堆存地点运至使用地点和使用完毕后由使用地点运至指定归还地点的运杂费，其余材料不另计运杂费。

ⓒ 借用正式工程的材料在概预算中一律不计折旧费，其损耗率均按《铁路工程基本定额》（铁建设〔2003〕34 号）执行。

（b）使用施工企业的工程器材。

ⓐ 使用施工企业的工程器材时，按表 4-17 所列的施工器材年使用费费率计算使用费。

ⓑ 以上材料、构件的运杂费属于表 4-5 中材料类别的，计列由始发地点至使用地点的往返运杂费，其余

不再另计运杂费。

(c) 利用旧道砟的,除计运杂费外,还应计列必要的清筛费用。

(d) 不能倒用的材料,如圬工用料、道砟(不能倒用时),计列全部价值。

表 4-17　　　　　　　　　　　　临时工程施工器材年使用费费率表

序号	材料名称	年使用费费率/%
1	钢轨、道岔	5
2	钢筋混凝土枕、钢筋混凝土电杆	8
3	钢铁构件、钢轨配件、铁横担、钢管	10
4	油枕、油浸电杆、铸铁管	12.5
5	木制构件	15
6	素枕、素材电杆、木横担	20
7	通信、信号及电力线材(不包括电杆及横担)	30

注:1. 无论按摊销或折旧计算,均一律以表列费率为概预算的编制依据。其中,通信、信号及电力线材的使用年限超过 3 年时,超过部分的年使用费费率按 10% 计。困难山区使用的钢筋混凝土电杆,无论其使用年限为多少,均按 100% 摊销。

　　2. 计算单位为季度,不足一季度的,按一季度计。

c. 铁路便线、岔线、便桥的养护费计费标准。

为使铁路便线、岔线、便桥经常保持完好状态,其养护费按表 4-18 规定的标准计列。

表 4-18　　　　　　　　　　　　铁路便线、岔线、便桥养护费表

项目	人工	零星材料费	道砟/[立方米/(月·公里)]		
			3 个月以内	3~6 个月	6 个月以上
铁路便线、岔线	32 工日/(月·公里)	—	20	10	5
便桥	11 工日/(月·百换算米)	1.25 元/(月·延长米)	—	—	—

注:1. 人工费按概预算综合工费标准计算。

　　2. 便线、岔线长度不足 100 m 者,按 100 m 计;便桥长度不足 1 m 者,按 1 m 计。计算便线、岔线长度时,不扣除道岔及便桥长度。

　　3. 便桥换算长度的计算。

　　钢梁桥,1 m＝1 换算米;木便桥,1 m＝1.5 换算米;圬工及钢筋混凝土梁桥,1 m＝0.3 换算米。

　　4. 养护的期限根据施工组织设计确定,按月计算;不足一个月者,按一个月计。

　　5. 道砟数量采用累计法计算[如 1 km 便线,当其使用期限为一年时,所需道砟数量为 3×20＋3×10＋6×5＝120 (m³)]。

　　6. 费用内包括冬季积雪清除和雨季养护等一切有关养护费用。

　　7. 架梁及存梁岔线等均不计列养护费。

　　8. 便线、岔线、便桥,如通行工程列车或临管列车,并按有关规定计列运费者,因运价中已包括养护费,不应另计列养护费;如修建的临时岔线(如运土、运料岔线等)只计取送车费或机车、车辆租用费者,可计列养护费。

　　9. 在营业线上施工时,为保证不间断行车而修建通行正式运营列车的便线、便桥,在未办理交接前,其养护费按照表列规定加倍计算。

d. 汽车便道养护费计费标准。

为使汽车运输便道经常保持完好的状态,其养护费按表 4-19 规定的标准计算。

表 4-19　　　　　　　　　　　　汽车运输便道养护费表

项目		人工	碎石或粒料
		工日/(月·公里)	立方米/(月·公里)
土路		15	—
粒料路包括泥结碎石路面	干线	25	2.5
	引入线	15	1.5

注:1. 人工费按概预算综合工费标准计算。

　　2. 计算便道长度时,不扣除便桥长度;不足 1 km 者,按 1 km 计。

　　3. 养护的期限根据施工组织设计确定,按月计算;不足一个月者,按一个月计。

　　4. 费用内包括冬季积雪清除和雨季养护等一切有关养护费用。

　　5. 便道中的便桥不另计养护费。

4.4.2 间接费

间接费是指施工企业为了组织生产经营和保障施工生产服务所发生的费用。间接费包括企业管理费、规费和利润。

（1）费用内容

① 企业管理费。

企业管理费是指建筑安装企业组织施工生产和经营管理所需的费用。

其内容包括：

a. 管理人员工资。它是指管理人员的基本工资、津贴和补贴、辅助工资、职工福利费、劳动保护费等。

b. 办公费。它是指管理、办公用的文具、纸张、账表、印刷、邮电、书报、宣传、会议、水、电、烧水和集体取暖用煤等的费用。

c. 差旅交通费。它是指职工因公出差、调动工作的差旅费，助勤补助费，市内交通费和误餐补助费，职工探亲路费，劳动力招募费，职工退休、退职一次性路费，工伤人员就医路费及管理部门使用的交通工具的油料费、燃料费、养路费及牌照费。

d. 固定资产使用费。它是指管理和试验部门及附属生产单位使用的属于固定资产的房屋、车辆、设备仪器等的折旧、大修、维修或租赁费。

e. 工具用具使用费。它是指管理部门使用的不属于固定资产的生产工具、器具、家具、交通工具和检验、试验、测绘、消防用具等的购置、维修和摊销费。

f. 财产保险费。它是指施工管理用财产、车辆的保险费。

g. 税金。它是指企业按规定缴纳的房产税、车船使用税、土地使用税、印花税等各项税费。

h. 施工单位进退场及工地转移费。它是指施工单位根据建设任务需要，派遣人员和机具设备从基地迁往工程所在地或从一个项目迁至另一个项目所发生的往返搬迁费用及施工队伍在同一建设项目内，因工程进展需要，在本建设项目内往返转移，以及民工上、下路所发生的费用。它包括承担任务职工的调遣差旅费，调遣期间的工资，施工机械、工具、用具、周转性材料及其他施工装备的搬运费；施工队伍在转移期间所需支付的职工工资、差旅费、交通费、转移津贴等；民工上、下路所需的车船费、途中食宿补贴及行李运费等。

i. 劳动保险费。它是指由企业支付离退休职工的易地安家补助费、职工退职金、6个月以上病假人员的工资、职工死亡丧葬补助费、抚恤费及按规定支付给离休干部的各项经费等。

j. 工会经费。它是指企业按照职工工资总额计提的工会经费。

k. 职工教育经费。它是指企业为职工学习先进技术和提高文化水平，按职工工资总额计提的费用。

l. 财务费用。它是指企业为筹集资金而发生的各种费用，包括企业经营期间发生的短期贷款利息净支出，金融机构手续费，以及其他财务费用。

m. 其他。它包括技术转让费、技术开发费、业务招待费、绿化费、广告费、公证费、法律顾问费、审计费、咨询费、无形资产摊销费、投标费、企业定额测定费等。

② 规费。

规费是指政府和有关部门规定必须缴纳的费用，内容包括：

a. 社会保障费。它是指企业按规定缴纳的养老保险费、失业保险费、基本医疗保险费、工伤保险费、生育保险费。

b. 住房公积金。它是指企业按规定缴纳的住房公积金。

c. 工程排污费。它是指施工现场按规定缴纳的工程排污费用。

③ 利润。

利润是指施工企业完成承包的工程所获得的盈利。

（2）间接费的计算

本项费用以基期人工费和基期施工机械使用费之和为计算基数，按不同工程类别，采用表 4-20 中所规定的费率计列。

表 4-20 间接费费率表

类别代号	工程类别	费率/%	附注
1	人力施工土石方	59.7	包括人力拆除工程,绿色防护、绿化,各类工程中单独挖填的土石方,爆破工程
2	机械施工土石方	19.5	包括机械拆除工程,填级配碎石、砂砾石、渗水土、公路路面,各类工程中单独挖填的土石方
3	汽车运输土石方采用定额"增运"部分	9.8	包括隧道出渣洞外运输
4	特大桥、大桥	23.8	不包括梁部及桥面系
5	预制混凝土梁	67.6	包括桥面系
6	现浇混凝土梁	38.7	包括梁的横向联结和湿接缝,以及分段预制后拼接的混凝土梁
7	运架混凝土简支箱梁	24.5	
8	隧道、明洞、棚洞自采砂石	29.6	
9	路基加固防护工程	36.5	包括各类挡土墙及抗滑桩
10	框架桥、中桥、小桥、涵洞、轮渡、码头、房屋、给排水、工务、站场、其他建筑物等建筑工程	52.1	不包括梁式中、小桥梁部及桥面系
11	铺轨、铺岔,架设混凝土梁(简支箱梁除外)、钢梁、钢管拱	97.4	包括支座安装、轨道附属工程、线路备料
12	铺渣	32.5	包括线路沉落整修,道床清筛
13	无砟道床	73.5	包括道床过渡段
14	通信、信号、信息、电力、牵引变电、供电段、机务、车辆、动车所有安装工程	78.9	
15	接触网建筑工程	69.5	

注:大型临时设施和过渡工程按表列同类正式工程的费率乘以 0.8 的系数计列。

4.4.3 税金

税金是指按国家税法规定应计入建筑安装工程造价内的营业税、城市维护建设税及教育费附加。

根据国家规定,税金计列标准如下:

① 营业税按营业额的 3% 计列,其中,营业额是指直接费、间接费两项费用之和。

② 城市维护建设税以营业税税额为计税基数,其税率视纳税人所在地区的不同而异,即市区按 7%,县城、镇按 5%,不在市区、县城或镇者按 1% 计列。

③ 教育费附加按营业税的 3% 计列。

为了简化概预算的编制,税金统一按建筑安装工程费总额(不含税金)的 3.35% 计列,计算公式为:

$$税金 = 建筑安装工程费总额(不含税金) \times 3.35\% \qquad (4-18)$$

式中,税率 3.35% 是综合税率,由下列公式计算得到。

$$
\begin{aligned}
综合税率 &= \left[\frac{1}{1 - 营业税税率 \times (1 + 城市维护建设税税率 + 教育费附加税率)} \right] - 1 \\
&= \left[\frac{1}{1 - 3\% \times (1 + 5\% + 3\%)} \right] - 1 \\
&\approx 0.0335 \quad (按纳税人所在地在县城、镇者计算) \qquad (4-19)
\end{aligned}
$$

4.5　铁路工程设备购置费、其他费及基本预备费

设备购置费是指符合固定资产标准的设备和虽低于固定资产标准但属于设计明确列入设备清单的设备，按设计确定的规格、型号、数量，以设备原价加设备运杂费计算的购置费用。工程竣工验交时，设备（包括备品备件）应移交运营部门。

购买计算机硬件设备时所附带的软件若不单独计价，其费用应随设备硬件一并列入设备购置费中。

4.5.1　设备购置费的内容

（1）设备原价

设备原价是指设计单位根据生产厂家的出厂价及国家机电产品市场价格目录和设备信息价等资料综合确定的设备原价。其内容包括按专业标准规定的保证在运输过程中不受损失的一般包装费，以及按产品设计规定配备的工具、附件和易损件的费用。非标准设备的原价（包括材料费、加工费及加工厂的管理费等），可按厂家加工订货等价格资料，结合设备信息价格，经分析论证后确定。

（2）设备运杂费

设备运杂费是指设备自生产厂家（来源地）运至施工工地料库（或安装地点）所发生的运输费、装卸费、供销部门手续费、采购及保管费等。

4.5.2　设备购置费的计算规定

① 编制设计概预算时，采用现行的《铁路工程建设设备预算价格》中的设备原价作为基期设备原价。编制期设备原价由设计单位根据调查资料确定。编制期与基期设备原价的差额按价差处理，直接列入设备购置费中。缺项设备由设计单位进行补充。

② 为简化概预算编制工作，设备运杂费以基期设备原价为计算基数，一般地区按 6.1% 计列，新疆、西藏按 7.8% 计列。

4.5.3　其他费

其他费是指根据有关规定，应由基本建设投资支付并列入建设项目总概预算内，除建筑安装工程费、设备购置费以外的有关费用。

（1）土地征用及拆迁补偿费

土地征用及拆迁补偿费是指按照《中华人民共和国土地管理法》的规定，为进行铁路建设所支付的土地征用及拆迁补偿费用。其内容包括：

① 土地征用补偿费，包括土地补偿费，安置补助费，被征用土地地上、地下附着物及青苗补偿费，为征用城市郊区菜地缴纳的菜地开发建设基金，为征用耕地缴纳的耕地开垦费，耕地占用税等。

② 拆迁补偿费，包括被征用土地上的房屋及附属构筑物、城市公共设施等迁建补偿费。

③ 土地征用、拆迁建筑物手续费，是指在办理征地拆迁过程中所发生的相关人员的工作经费及土地登记管理费等。

④ 用地勘界费，是指委托有资质的土地勘界机构对铁路建设用地界进行勘定所发生的费用。

土地征用补偿费和拆迁补偿费应根据设计提出的建设用地面积和补偿动迁工程数量，按工程所在地区的省（自治区、直辖市）人民政府颁发的各项规定和标准计列。

土地征用、拆迁建筑物手续费按土地补偿费与安置补助费之和的 0.4% 计列。

用地勘界费按国家和工程所在地区的省（自治区、直辖市）人民政府的有关规定计列。

（2）建设项目管理费

① 建设单位管理费。

建设单位管理费是指建设单位从筹建之日起至办理竣工决算之日止发生的管理性质开支。

建设单位管理费内容包括工作人员工资、养老保险费、基本医疗保险费、失业保险费、工伤保险费、生育保险费、住房公积金、办公费、差旅交通费、劳动保护费、工具用具使用费、固定资产使用费、零星购置费、招募生产工人费、技术图书资料费、印花税、业务招待费、施工现场津贴、竣工验收费和其他管理性质开支。

建设单位管理费实行总额控制，总额控制数以项目审批部门批准的项目投资总概算（不含建设单位管理费）为基数，按照表 4-21 所规定的费率采用累进法计列。建设单位管理费按上述规定计算确定后，再对因建设单位管理费计入概算而引起相关章节费用的变化作一次调整。

表 4-21　　　　　　　　　　　建设单位管理费费率表

工程总概算/万元	费率/%	算例	
		工程总概算/万元	建设单位管理费/万元
1000 及 1000 以内	1.5	1000	1000×1.5%＝15
1000～5000	1.2	5000	15＋(5000－1000)×1.2%＝63
5001～10000	1.0	10000	63＋(10000－5000)×1.0%＝113
10001～50000	0.8	50000	113＋(50000－10000)×0.8%＝433
50001～100000	0.5	100000	433＋(100000－50000)×0.5%＝683
100001～200000	0.2	200000	683＋(200000－100000)×0.2%＝883
200000 以上	0.1	280000	883＋(280000－200000)×0.1%＝963

② 建设管理其他费。

建设管理其他费的内容包括建设期交通工具购置费，建设单位前期工作费，建设单位招标工作费，审计（查）费，合同公证费，经济合同仲裁费，法律顾问费，工程总结费，宣传费，按规定应缴纳的税费，以及要求施工单位对具有出厂合格证明的材料进行试验，对构件进行破坏试验及其他特殊要求检验试验的费用等。

建设期交通工具购置费按表 4-22 所列的标准计列，其他费用按第二～十章费用总额的 0.05% 计列。

表 4-22　　　　　　　　　　　建设期交通工具购置费标准表

线路长度/正线公里	交通工具配置情况		
	数量/台		价格/（万元/台）
	平原丘陵区	山区	
100 及 100 以下	3	4	
101～300	4	5	
301～700	6	7	
700 以上	8	9	

注：1. 平原丘陵区是指起伏小或比高小于或等于 80 m 的地区，山区是指起伏大或比高大于 80 m 的山地。

　　2. 工期在 4 年及 4 年以上的工程，在计算建设期交通工具购置费时，均按 100% 摊销；工期小于 4 年的工程，在计算建设期交通工具购置费时，按每年 25% 计算。

　　3. 海拔在 4000 m 以上的工程，交通工具价格另行分析确定。

③ 建设项目管理信息系统购建费。

建设项目管理信息系统购建费是指为利用现代信息技术，实现建设项目管理信息化而需购建项目管理信息系统所发生的费用，包括有关设备购置与安装、软件购置与开发等。

本项费用按原铁道部有关规定计列。

④ 工程监理与咨询服务费。

工程监理与咨询服务费是指由建设单位委托具有相应资质的单位，在铁路建设项目的招投标、勘察、设计、施工、设备采购监造（包括设备联合调试）等阶段实施监理与咨询所发生的费用（设计概预算中每项监理与咨询服务费应列出详细条目）。

  a. 招投标咨询服务费。

本项费用按原铁道部有关规定计列。

  b. 勘察监理与咨询费。

本项费用按原铁道部有关规定计列。

  c. 设计咨询服务费。

本项费用按原铁道部有关规定计列。

  d. 施工监理与咨询费。

其中，施工监理费以第二～九章建筑安装工程费总额为基数，按表4-23中的费率采用内插法计列；施工咨询费按原铁道部有关规定计列。

表4-23   施工监理费费率表

第二～九章建筑安装工程费总额/万元	费率 b/%	
	新建单线、独立工程、增建二线、电气化改造工程	新建双线
$M \leqslant 500$	2.5	0.7
$500 < M \leqslant 1000$	$2.0 \leqslant b < 2$	
$1000 < M \leqslant 5000$	$1.7 \leqslant b < 2.0$	
$5000 < M \leqslant 10000$	$1.4 \leqslant b < 1.7$	
$10000 < M \leqslant 50000$	$1.1 \leqslant b < 1.4$	
$50000 < M \leqslant 100000$	$0.8 \leqslant b < 1.1$	
$M > 100000$	0.8	

  e. 设备采购监造监理与咨询费。

本项费用按原铁道部有关规定计列。

  ⑤ 工程质量检测费。

工程质量检测费是指为保证工程质量，根据原铁道部规定，由建设单位委托具有相应资质的单位对工程进行检测所需的费用。

本项费用按原铁道部有关规定计列。

  ⑥ 工程质量安全监督费。

工程质量安全监督费是指按国家有关规定，实行工程质量安全监督所发生的费用。

本项费用按第二～十章费用总额的0.02%～0.07%计列。

  ⑦ 工程定额测定费。

工程定额测定费是指为制订铁路工程定额和计价标准，实现对铁路工程造价的动态管理而发生的费用。

本项费用按第二～九章建筑安装工程费总额的0.01%～0.05%计列。

  ⑧ 施工图审查费。

施工图审查费是指建设主管部门认定的施工图审查机构按照有关法律、法规，对施工图涉及公共利益、公共安全和工程建设强制性标准的内容进行审查所需的费用。

本项费用按原铁道部有关规定计列。

  ⑨ 环境保护专项监理费。

环境保护专项监理费是指为保证铁路工程施工对环境保护及水土保持不造成破坏，从环保的角度对铁路工程施工进行专项检测、监督、检查所发生的费用。

本项费用按国家有关部委及建设项目所在地区省（自治区、直辖市）环保监理部门的有关规定计列。

  ⑩ 营业线施工配合费。

营业线施工配合费是指施工单位在营业线上进行建筑安装工程施工时，需要运营单位在施工期间参与配合工作所发生的费用(含安全监督检查费用)。

本项费用按不同工程类别的计算范围,以编制期人工费与编制期施工机械使用费之和为基数,乘以表 4-24 中所列费率计列。

表 4-24 营业线施工配合费费率表

工程类别	费率/%	计算范围	说明
一、路基			
1. 石方爆破开挖	0.5	既有线改建、既有线增建二线需要封锁线路作业的爆破	不含石方装、运、卸及压实、码砌
2. 路基基床加固	0.9	挤密桩等既有基床加固及基床换填	仅限于行车线路路基,不含土石方装、运、卸
二、桥涵			
1. 架梁	9.1	既有线改建、增建二线拆除和架设成品梁	增建二线仅限于线间距为 10 m 以内时
2. 既有桥涵改建	2.7	既有桥梁墩台、基础的改建、加固,既有桥梁部加固,既有涵洞接长、加固、改建	
3. 顶进框架桥、顶进涵洞	1.4	既有线加固及防护,行车线范围内主体的开挖及顶进	不包括主体预制、工作坑、引道、土方外运及框架桥、涵洞内的路面、排水等工程
三、隧道及明洞	4.1	需要封锁线路作业的既有隧道及明、棚洞的改建、加固、整修	
四、轨道			
1. 正线铺轨	3.5	既有轨道拆除、起落、重铺及拨移,换铺无缝线路	仅限于行车线
2. 铺岔	5.5	既有道岔拆除、起落、重铺及拨移	仅限于行车线
3. 道床	2.4	既有道床扒除、清筛、回填或换铺、补渣及沉落整修	仅限于行车线
五、通信、信息	2.0	通信、信息改建建筑安装工程	
六、信号	24.4	信号改建建筑安装工程	
七、电力	1.1	电力改建建筑安装工程	
八、接触网	2.0	既有线增建电气化接触网建筑安装工程和既有电气化改造接触网建筑安装工程	已含牵引变电所、供电段等工程的施工配合费
九、给排水	0.5	全部建筑安装工程	

(3) 建设项目前期工作费

① 项目筹融资费。

项目筹融资费是指为筹措项目建设资金而支付的各项费用。其主要包括向银行借款的手续费及为发行股票、债券而支付的各项发行费用等。

本项费用根据项目融资情况,按原铁道部的有关规定计列。

② 可行性研究费。

可行性研究费是指编制和评估项目建议书(或预可行性研究报告)、可行性研究报告所需的费用。

本项费用按原铁道部有关规定计列。

③ 环境影响报告编制与评估费。

环境影响报告编制与评估费是指按照有关规定,编制与评估建设项目环境影响报告所发生的费用。

本项费用按原铁道部有关规定计列。

④ 水土保持方案报告编制与评估费。

水土保持方案报告编制与评估费是指按照有关规定,编制与评估建设项目水土保持方案报告所发生的费用。

本项费用按原铁道部有关规定计列。

⑤ 地质灾害危险性评估费。

地质灾害危险性评估费是指按照有关规定,对建设项目所在地区的地质灾害危险性进行评估所需的费用。

本项费用按国家有关规定计列。

⑥ 地震安全性评估费。

地震安全性评估费是指按照有关规定,对建设项目进行地震安全性评估所需的费用。

本项费用按国家有关规定计列。

⑦ 洪水影响评价报告编制费。

洪水影响评价报告编制费是指按照有关规定,就洪水对建设项目可能产生的影响和建设项目对防洪可能产生的影响作出评价,并编制洪水影响评价报告所需的费用。

本项费用按国家有关规定计列。

⑧ 压覆矿藏评估费。

压覆矿藏评估费是指按照有关规定,对建设项目压覆矿藏的情况进行评估所需的费用。

本项费用按国家有关规定计列。

⑨ 文物保护费。

文物保护费是指按照有关规定,对受建设项目影响的文物进行原址保护、迁移、拆除所需的费用。

本项费用按国家有关规定计列。

⑩ 森林植被恢复费。

森林植被恢复费是指按照有关规定缴纳的所征用林地植被的恢复费用。

本项费用按国家有关规定计列。

⑪ 勘察设计费。

a. 勘察费。勘察费是指勘察单位根据国家有关规定,按承担任务的工作量应收取的勘察费用。

本项费用按国家主管部门颁发的工程勘察收费标准和原铁道部有关规定计列。

b. 设计费。设计费是指设计单位根据国家有关规定,按承担任务的工作量应收取的设计费用。

本项费用按国家主管部门颁发的工程设计收费标准和原铁道部有关规定计列。

c. 标准设计费。标准设计费是指采用铁路工程建设标准设计图所需支付的费用。

本项费用按国家主管部门颁发的工程设计收费标准和原铁道部有关规定计列。

（4）研究试验费

研究试验费是指为了给建设项目提供或验证设计数据、资料等进行的必要研究试验,以及按照设计规定在施工中必须进行的试验、验证所需的费用,但不包括:

① 应由科技三项费用(即新产品试制费、中间试验费和重要科学研究补助费)开支的项目。

② 应由检验试验费开支的施工企业对建筑材料、设备、构件和建筑物等进行一般鉴定、检查所发生的费用,以及技术革新的研究试验费。

③ 应由勘察设计费开支的项目。

本项费用应根据设计提出的研究试验内容和要求,经建设主管单位批准后按有关规定计列。

（5）计算机软件开发与购置费

计算机软件开发与购置费是指购买计算机硬件所附带的单独计价的软件,或需另行开发与购置软件所需的费用。它不包括项目建设、设计、施工、监理、咨询工作所需软件的开发与购置费。

本项费用应根据设计提出的开发与购置计划,经建设主管单位批准后按有关规定计列。

（6）配合辅助工程费

配合辅助工程费是指在该建设项目中,凡全部或部分投资由铁路基本建设投资支付而修建的工程,但修建后的产权不属铁路部门所有者,其费用应按协议额或具体设计工程量,按《铁路基本建设工程设计概(预)算编制办法》(铁建设〔2006〕113号)的有关规定计算完整的第一~十一章概预算费用。

(7) 联合试运转及工程动态检测费

联合试运转及工程动态检测费是指铁路建设项目在施工全面完成后至运营部门全面接收前,对整个系统进行带负荷或无负荷联合试运转或进行工程动态检测所发生的费用。其包括所需的人工、原料、燃料、油料和动力的费用,机械及仪器、仪表使用费用,低值易耗品及其他物品的购置费用等。

本项费用的计算方法如下。

① 需要临管运营的,按0.15万元/正线公里计列。

② 不需临管运营而直接交付运营部门接收的,按下列指标计列。

新建单线铁路:3.0万元/正线公里;

新建双线铁路:5.0万元/正线公里。

③ 时速为200 km/h及200 km/h以上客运专线铁路的联合试运转费另行分析确定。

(8) 生产准备费

① 生产职工培训费。

生产职工培训费是指新建和改扩建铁路工程在交验投产以前,对运营部门生产职工培训所必需的费用。其内容包括培训人员的工资、津贴和补贴、职工福利费、差旅交通费、劳动保护费、培训及教学实习费等。本项费用按表4-25中所规定的标准计列。

表4-25　　　　　　　　　　　**生产职工培训费标准表**　　　　　　　　　　(单位:元/正线公里)

铁路类别　　　　线路类别	非电气化铁路	电气化铁路
新建单线	7500	11200
新建双线	11300	16000
增建第二线	5000	6400
既有线增建电气化	—	3200

注:时速在200 km/h及200 km/h以上客运专线铁路的生产职工培训费另行分析确定。

② 办公和生活家具购置费。

办公和生活家具购置费是指为保证新建、改扩建项目初期正常生产、使用和管理,所必须购置的办公和生活家具、用具的费用。

其范围包括行政、生产部门的办公室、会议室,资料档案室,文娱室,食堂,浴室,单身宿舍,行车公寓等的家具用具。

它不包括应由企业管理费、奖励基金或行政开支的改扩建项目所需的办公和生活家具购置费。本项费用按表4-26中所规定的标准计列。

表4-26　　　　　　　　　　**办公和生活家具购置费标准表**　　　　　　　　(单位:元/正线公里)

铁路类别　　　　线路类别	非电气化铁路	电气化铁路
新建单线	6000	7000
新建双线	9000	10000
增建第二线	3500	4000
既有线增建电气化	—	2000

③ 工器具及生产家具购置费。

工器具及生产家具购置费是指新建、改建项目和扩建项目的新建车间验交后,为满足初期正常运营必须购置的第一套不构成固定资产的设备、仪器、仪表、工卡模具、器具、工作台(框、架、柜)等所发生的费用。

其不包括构成固定资产的设备、工器具和备品备件,已列入设备购置费中的专用工具和备品备件。本项费用按表 4-27 中所规定的标准计列。

表 4-27 　　　　　　　　　　**工器具及生产家具购置费标准表**　　　　　　　　（单位:元/正线公里）

铁路类别 / 线路类别	非电气化铁路	电气化铁路
新建单线	12000	14000
新建双线	18000	20000
增建第二线	7000	8000
既有线增建电气化	—	4000

（9）其他

其他是指除上述费用之外的,经原铁道部批准或国家和部委及工程所在地的省（自治区、直辖市）规定应纳入设计概预算的费用。

4.5.4 基本预备费

基本预备费是指在初步设计总概算中难以预料的工程费用。

（1）基本预备费主要用途

① 在进行设计和施工过程中,在批准的设计范围内,必须增加的工程和按规定需要增加的费用。本项费用不含Ⅰ类设计变更所增加的费用。

② 在建设过程中,未投保工程遭受一般自然灾害所造成的损失和为预防自然灾害所采取的措施费用,以及为了规避风险而投保全部或部分工程的建筑安装工程一切险和第三者责任险的费用。

③ 验收委员会（或小组）为鉴定工程质量,必须开挖和修复隐蔽工程的费用。

④ 由于设计变更所引起的废弃工程费用,但不包括因施工质量不符合设计要求而造成的返工费用和废弃工程费用。

⑤ 征地、拆迁的价差。

（2）基本预备费的计费标准

本项费用以第一～十一章费用总额为基数,乘以基本预备费费率计算得出,初步设计概算按 5% 的基本预备费费率计列,施工图预算、投资检算按 3% 的基本预备费费率计列。

4.6 动态投资 　》》》

随着我国市场经济的不断发展,构成工程造价的诸多因素随着市场观念和供求关系不断变化,单纯地按静态投资的管理模式管理铁路工程造价已日益显现出其滞后性,并对合理确定工程造价和有效控制建设投资造成一定的困难。

为适应社会主义市场经济的需要,正确反映铁路基本建设工程费用性质及内容构成,合理确定和有效控制铁路工程造价,加强投资管理,促进企业转换经营机制,创造公平竞争的市场环境,使铁路基本建设工程造价的费用构成与现行财务制度相适应,并逐步与国际惯例接轨,使其在施行中既有利于国家计划的宏观调控,又有利于充分发挥竞争机制的作用,原铁道部在新的铁路基本建设工程设计概预算编制办法中,将铁路基本建设投资在静态投资的基础上增加了动态投资部分。

动态投资是指在设计概预算编制期至工程结（决）算期间,由于价格因素的正常变动,需增加的预测预留工程投资。动态投资由工程造价增长预留费和建设期投资贷款利息两部分组成。

4.6.1 工程造价增长预留费

工程造价增长预留费是指为正确反映铁路基本建设工程项目的概预算总额,在设计概预算编制期到工程结(决)算期的整个期限内,因形成工程造价诸因素的正常变动(如材料、设备价格的上涨,人工费及其他有关费用标准的调整等),导致必须对该建设项目所需的总投资额进行合理的核定和调整而需预留的费用。

工程造价增长预留费的计算应根据建设项目施工组织设计安排,以其分年度投资额及不同年限,按原铁道部公布的工程造价年上涨指数计算。其计算公式为:

$$E = \sum_{n=1}^{N} F_n \left[(1+p)^{c+n} - 1 \right] \qquad (4-20)$$

式中　E——工程造价增长预留费;

N——施工总工期,年;

F_n——施工期第 n 年的分年度投资额;

c——设计概预算编制年至开工年年限,年;

n——开工年至工程结(决)算年年限,年;

p——工程造价年增长率。

工程造价增长预留费作为该工程建设项目投资总额的预留款源,由原铁道部统筹掌握,按需使用。

在整个工程中,从设计概预算编制期至验工期期间的价差部分在工程造价增长预留费用中列销。

4.6.2 建设期投资贷款利息

建设期投资贷款利息是指在建设项目中分年度使用国内贷款而在建设期内应归还的贷款利息。

建设期投资贷款利息的计算应根据不同资金来源,分别计算。其计算公式如下:

建设期投资贷款利息 $= \sum$ (年初付息贷款本金累计 + 本年度付息贷款额 ÷ 2) × 年利率

即:

$$S = \sum_{n=1}^{N} \left[\sum_{m=1}^{n} (F_m b_m - F_n b_n \div 2) \right] i \qquad (4-21)$$

式中　S——建设期投资贷款利息;

N——建设总工期,年;

n——施工年度;

m——还息年度;

F_n, F_m——在建设期的第 n, m 年的分年度资金供应量;

b_n, b_m——在建设期的第 n, m 年还息贷款占当年投资的比例;

i——建设期贷款年利率。

4.7　机车车辆购置费及铺底流动资金　>>>

4.7.1 机车车辆购置费

为了加快投资体制改革步伐,逐步推行投资有偿占用制度,根据原铁道部《铁路机车、客车投资有偿占用暂行办法》的规定,在新建铁路、增建二线和电气化技术改造等基本建设大中型项目总概预算中计列按初期运量所需的新增机车车辆的购置费。

机车车辆购置费按设计确定的初期运量所需的新增机车车辆的型号、数量及编制期机车车辆购置价格计算。

4.7.2　铺底流动资金

铺底流动资金是为保证新建铁路项目投产初期正常运营所需的流动资金有可靠来源而计列的费用,主要用于购买原材料、燃料、动力,支付职工工资和其他有关费用。

铺底流动资金按下列指标计列。

① 地方铁路。

a. 新建Ⅰ级地方铁路:6.0万元/正线公里。

b. 新建Ⅱ级地方铁路:4.5万元/正线公里。

c. 既有地方铁路改扩建、增建二线及电气化改造工程不计列铺底流动资金。

② 其他铁路。

a. 新建单线Ⅰ级铁路:8.0万元/正线公里。

b. 新建单线Ⅱ级铁路:6.0万元/正线公里。

c. 新建双线:12.0万元/正线公里。

如初期运量较小,上述指标可酌情核减。既有线改扩建、增建二线及电气化改造工程不计列铺底流动资金。

4.8　铁路工程概预算编制示例　》》》

4.8.1　铁路工程单项概预算编制示例

(1) 建筑安装工程单项概预算编制步骤(以手工编制为例)

编制建筑安装工程单项概预算用"单项概预算表"。该表有两种:一种为"表甲",用在单项概预算的第1页,上面有详细的表头栏目;另一种是"表乙",它其实是"表甲"的续页。其编制的具体步骤如下:

① 按照"综合概(预)算章节表"规定的细目,将整个概预算划分成几个部分,把工程数量分别归入各个部分。工程数量的单位应与定额规定的单位一致,汇总工程数量应按规定的编制单元进行。

② 逐一查找与工程项目相对应的定额,将其编号、工程项目或费用名称、单位、数量、单价填入表内,并计算合价。如有的工程项目查不到相对应的定额,应当进行补充单价分析。补充单价分析应当在"补充单价分析表"中进行。

③ 编制"项目单价分析表"。在"项目单价分析表"中按定额将工程数量逐个统计,将相同的人工、材料、机械数量相加,完成所有工作项目各部分的各种资源总消耗量的计算,最后计算出项目单价。

④ 将各部分材料消耗量合并,汇总于"人工、材料、机械台班数量计算表"中,从而完成项目所需主要人工、材料、机械的数量统计。

⑤ 分析材料运杂费单价。利用"主要材料(设备)平均运杂费单价分析表",按照施工组织设计确定的运输方案,计算各种材料在各种运输方式下的运杂费单价,再根据统计的材料数量计算运杂费。

⑥ 计算价差。根据价差调整规定,计算人工费、材料费、施工机械使用费的价差。

⑦ 根据编制办法的规定计算填料费、施工措施费、特殊施工增加费、间接费及税金。

⑧ 计算单项概预算价值。

(2) 建筑安装工程单项概预算计算程序

铁路建筑安装工程单项概预算计算程序见表4-28。

表 4-28

铁路建筑安装工程单项概预算计算程序

序号	费用名称		计算式
(1)	基期人工费		按设计工程量和基期价格水平计列
(2)	基期材料费		
(3)	基期施工机械使用费		
(4)	定额直接工程费		(1)+(2)+(3)
(5)	运杂费		指需要单独计列的运杂费,按施工组织设计的材料供应方案及《铁路基本建设工程设计概(预)算编制方法》(铁建设〔2006〕113 号)的有关规定计算
(6)	价差	人工费价差	基期至编制期的价差按有关规定计列
(7)		材料费价差	
(8)		施工机械使用费价差	
(9)		价差合计	(6)+(7)+(8)
(10)	填料费		按设计数量和购买价计算
(11)	直接工程费		(4)+(5)+(9)+(10)
(12)	施工措施费		[(1)+(3)]×费率
(13)	特殊施工增加费		(编制期人工费+编制期施工机械使用费)×费率或编制期人工费×费率
(14)	直接费		(11)+(12)+(13)
(15)	间接费		[(1)+(3)]×费率
(16)	税金		[(14)+(15)]×费率
(17)	单项概预算价值		(14)+(15)+(16)

(3) 建筑安装工程单项概预算编制示例

现有某新建铁路工程,线路全长 44.179 km。其中,有盖板箱涵 5 座,全长 62.20 横延米,试编制其单项概算。

基期的综合工费单价为 20.35 元/工日,编制期的综合工费单价为 23.47 元/工日。基期材料价格采用《铁路工程建设材料基期价格》(铁建设〔2006〕129 号)的规定,编制期主要材料价格执行市场价格。价差系数执行铁路工程建设上一年度辅助材料价差系数,涵洞工程为 1.193。该盖板箱涵工程单项概预算如表 4-29 所示。

表 4-29

某铁路工程建筑安装工程单项概预算表

建设名称	××新建铁路		预算编号	(××)单-06	
工程名称	盖板箱涵工程		工程总量	62.20 横延米	
工程地点	DK29+418~DK73+597		预算价值	814232 元	
所属章节	第三章　第九节		预算指标	13090.55 元/横延米	
单价编号	工程项目或费用名称	单位	数量	费用/元	
				单价	合价
QY-1	人力挖土方人力提升　基坑深小于或等于 1.5 m　无水	10 m³	60	53.01	3180
QY-3	人力挖土方人力提升　基坑深小于或等于 3 m　无水	10 m³	26	67.34	1751
QY-815	涵洞基础混凝土　C20	10 m³	24.75	1490.68	36894
QY-816	涵洞基础　钢筋	t	26.192	3573.28	93591

续表

建设名称	××新建铁路		预算编号	(××)单-06	
工程名称	盖板箱涵工程		工程总量	62.20横延米	
工程地点	DK29+418～DK73+597		预算价值	814232元	
所属章节	第三章　第九节		预算指标	13090.55元/横延米	
单价编号	工程项目或费用名称	单位	数量	费用/元	
				单价	合价
QY-823	中边墙　混凝土　C20	10 m³	46.04	1864	85819
QY-833	盖板箱涵　预制箱涵盖板　混凝土　C20	10 m³	15.01	2527.96	37945
QY-834	盖板箱涵　预制箱涵盖板　钢筋	t	19.115	3757.17	71818
QY-835	盖板箱涵　盖板安砌 M10　钢筋混凝土盖板	10 m³	15.01	300.45	4510
QY-1028	冷作式防水层　THF-Ⅰ(甲)	10 m²	42.09	505.42	21273
QY-1049	伸缩缝、沉降缝、黏土	10 m²	30.2	29.17	881
QY-45	基坑回填　原土	10 m³	26	57.17	1486
QY-1080	桥头检查　浆砌片石　M10	10 m³	2.47	836.65	2067
QY-1059	浆砌片石　锥体护坡　M10	10 m³	42.07	864.14	36355
QY-1063	浆砌片石　河床护坡及导流堤　M10	10 m³	52.8	770.13	40663
一	定额直接工程费	元			438233
	基期人工费	元			85034
	基期材料费	元			342283.4
	主要材料费	元			314669.06
	水电、燃油材料费,非机械台班用	元			391.43
	其他材料费	元			27222.88
	基期机械使用费	元			10915.5
二	运杂费	元	4902.209	15.89	77891
三	价差	元			199177
	人工费价差	元	4178.57	3.12	13037
	主要材料价差	元			177768
	其他材料价差	元	27222.88	0.193	5254
	机械使用费价差	元			3117
五	直接工程费	元			715301
六	施工措施费	元	95950	23.5	22548
七	特殊施工增加费	元			
八	直接费	元			737849
九	间接费	%	95950	52.1	49990
十	税金	%	787839	3.25	26393
	以上合计	元			814232
	单项工程概预算总额	元			814232

编制：×××　　　　　　　　　复核：×××　　　　　　　　　负责人：×××

4.8.2 铁路工程综合概预算编制示例

综合概预算是概预算文件的基本文件,所有工程项目、数量、概预算费用都要在综合概预算表中反映出来。

综合概预算是在单项概预算的基础上编制的,它依据《铁路基本建设工程设计概(预)算编制办法》(铁建设〔2006〕113 号)中"综合概(预)算章节表"的顺序和章节汇编,是编制总概预算表的基础。"综合概(预)算章节表"中的章节顺序及工程名称不改动,没有费用的章节其章别、节号应保留,作为空项处理。工程项目可根据实际情况增减,其序号按增减后的序号连号填写。表 4-30 所示为某新建铁路的综合概预算表。

表 4-30   **某建设项目综合概预算表**   第　　页　共　　页

工程名称	新建铁路××线		概算编号	DK29+418~ DK73+597	编号		(××)综-01	
工程总量	44.179 正线公里		概算总额	103921.7 万元	技术经济指标		2352.29 万元/正线公里	

章别	节号	概算编号	工程项目及费用名称	单价	数量	Ⅰ建筑工程	Ⅱ安装工程	Ⅲ设备工器具	Ⅳ其他费	合计	指标/元
			第一部分:静态投资	元						839007369	
一	1		拆迁及征地费用	正线公里	44.179	22505893			13668120	36174013	818805.6
			一、拆迁工程	元		22505893				22505893	
			Ⅰ．建筑工程	元		22505893				22505893	
			(一)拆迁建筑物	元		11738273				11738273	
			(二)改移道路	元		3948518				3948518	
			(三)迁移通信线路	元		660000				660000	
…	…		…	…	…	…	…	…	…	…	
…	…		…	…	…	…	…	…	…	…	
十五	33		机车车辆购置费	元						70000000	
			第四部分:铺底流动资金	元						2650735	
十六	34		铺底流动资金	元						2650735	
			概算总额	正线公里	44.179					1039217177	23522876.9

编制:×××　年　月　日　　　复核:×××　年　月　日　　　项目总工程师:×××　年　月　日

4.8.3 铁路工程总概预算编制示例

总概预算具有归类汇总性质,它必须在综合概预算完成后编制。当综合概预算完成后,按照前述 4 部分16 章的费用规划方法,填写在"总概预算表"中。沿表的横向根据综合概预算不同费用性质分别填写建筑工程、安装工程、设备工器具、其他费 4 项费用,然后计算"合计""技术经济指标"和"费用比重"。"技术经济指标"是指单位工程量(正线公里)所含某章的费用值,即等于各对应"合计"值与工程总量的比值;"费用比重"是指各章费用占概算总额的百分比,即等于各对应"合计"值与概算总额的比值。沿表的纵向计算四部分合计,并填入对应的概算总额栏中。最后填写总概预算表的表头,并请相关负责人在表尾签字,总概预算表即编制完成。某建设项目总概预算表见表 4-31。

表 4-31　　　　　　　　　　　**某建设项目总概算表**

建设名称	新建铁路××线				编号		（××）综-01	
编制范围	DK29+418～DK73+597				概算总额		103921.7 万元	
工程总量	44.179 正线公里				技术经济指标		2352.29 万元/正线公里	
章别	费用类别	概算价值/万元					技术经济指标/万元	费用比重/%
		I 建筑工程	II 安装工程	III 设备工器具	IV 其他费	合计		
	第一部分:静态投资					83900.7	1899.11	80.73
一	拆迁及征地费用	2250.6			1366.8	3617.4	81.88	3.48
二	路基	1264.6				1264.6	28.62	1.22
三	桥涵	21916.1				21916.1	496.08	21.09
四	隧道及明洞	35763.5				35763.5	809.51	34.41
五	轨道	5502.6				5502.6	124.55	5.29
六	通信、信号及信息	451.1	34.4	66.2		551.7	12.49	0.53
七	电力及电力牵引供电	162.1	23.1	19.5		204.7	4.63	0.20
八	房屋	259.1	0.2	1.2		260.5	5.90	0.25
九	其他运营生产设备及建筑物	269.1	3.8	311.1		584.6	13.23	0.56
十	大型临时设施和过渡工程	3509.0				3509.0	79.43	3.38
十一	其他费用			6.7	6724.0	6730.7	152.35	6.48
	以上各章合计	71348.4	61.5	404.7	8090.7	79905.5	1808.68	76.89
十二	基本预备费					3995.3	90.43	3.84
	第二部分:动态投资					12755.9	288.73	12.27
十三	工程造价增长预留费					7803.9	176.64	7.51
十四	建设期投资贷款利息					4952.0	112.09	4.77
	第三部分:机车车辆购置费					7000.0	158.45	6.74
十五	机车车辆购置费					7000.0	158.45	6.74
	第四部分:铺底流动资金					265.1	6.00	0.26
十六	铺底流动资金					265.1	6.00	0.26
	概算总额					103921.7	2352.29	100.0

编制:×××　年　月　日　　复核:×××　年　月　日　　项目总工程师:×××　年　月　日

知识归纳

　　（1）铁路工程概预算编制的基本思路、编制范围和单元、编制深度及要求。

　　（2）铁路工程概预算编制步骤与方法。

　　（3）铁路工程概预算费用的组成及各项费用计算方法。

独立思考

4-1　铁路工程概预算编制范围和单元如何划分?

4-2　铁路工程概预算由哪些费用组成?

4-3　简述铁路工程建筑安装工程费的计算方法。

4-4　简述铁路工程除建筑安装工程费以外各项费用的组成与计算方法。

5

铁路工程工程量
计算与计量

课前导读

▽ 内容提要

　　本章主要介绍铁路工程工程量计量的基本知识，
包括铁路工程工程量计量原理、铁路工程工程量计量
规则、铁路工程工程量清单计价基本方法。

▽ 能力要求

　　通过本章的学习，学生应了解铁路工程工程量计
量原理，掌握铁路工程各单项工程结构物的计量规
则，以及铁路工程工程量清单计价基本方法。

5.1 铁路工程工程量计量原理

铁路工程工程量计量作为铁路工程建设中的一项重要而特殊的工作内容,有其固有的内在规律和专门的计算方法。

5.1.1 工程量的概念

工程量是指用物理计量单位或自然计量单位表示的各个具体分部、分项工程和构配件的实物量。物理计量单位是指需要量度的具有物理性质的单位。

计量单位的选择关系到工程量计算的繁简程度和准确性,因此要正确采用各种计量单位。其一般可以依据建筑构件形体的特点确定:当构件的三个度量都发生变化时,可采用立方米作为计量单位,如土石方工程、砌筑工程和混凝土工程;当构件的厚度有一定规格而其他两个度量经常发生变化时,可采用平方米作为计量单位,如楼地面、墙柱面的装饰面层和屋面工程等;当构件的断面有一定形状和大小,但是长度不定时,可采用延长米作为计量单位,如扶手栏杆、各种管道、电气线路等;当构件计量主要取决于设备或材料的质量时,可以采用吨、千克作为计量单位,如钢结构构件、钢筋工程等;当构件没有一点规格,其构造又较为复杂时,可采用个、套、座、组作为计量单位,如铁路道岔、橡胶支座等。

5.1.2 工程量的作用

工程量计算就是根据施工图、工程量计算规则,按照预算要求列出分部分、项工程名称和计算公式,最后计算出结果的过程。

工程量计算是整个工程计价的过程中最繁重的一道工序,是编制施工图预算的重要环节。一方面,工程量计算工作在整个预算编制工作中所花费的时间最长,它直接影响预算编制的及时性;另一方面,工程量计算的正确与否直接影响各个分项工程直接工程费计算的准确性,从而影响工程预算造价的准确性。所以,它要求预算人员具有高度的责任感,耐心细致地开展工作。

一般而言,工作量计算的结果与作用主要体现在以下一些方面。

① 作为工程计价的基础。若要对一个工程项目计价,就必须先按一定规则计算出分部、分项工程的工程量,再用工程量乘以工程单价和定额消耗量,即可以计算出直接工程费,进而确定工程造价。

② 作为工料分析的基础。完成任何一个工程项目,都要使用一定数量的人工和品种繁多、数量巨大的各种材料,这就必须在开工前和施工中做好供应计划,用工程量乘以定额消耗量便可确定人工和材料的实际需求量,这一工作称为工料分析,是工程计价中的重要工作之一。

③ 作为支付工程款的依据。一个工程项目无论工期长短,一般业主每个月都要向承包商支付工程进度款。在实行工程量清单计价后,每月支付工程款的额度就等于已完工程的工程量乘以合同约定的工程单价。

④ 作为工程结算的依据。在工程结束竣工验收时,工程量是表明工程任务完成情况真实存在的尺度,经过认真、准确的核算,就可以成为工程结算的重要依据。

5.1.3 铁路工程工程量的计量原理

(1) 项目划分

从铁路建设项目的投资构成或物质形态角度而言,它是由众多部分组成的复杂而又有机结合的总体,是一个系统工程,互相之间存在许多外部和内在的密切联系。若要对一个铁路建设项目的投资耗费进行计量,就必须对铁路工程进行科学、合理的分解,将其划分为若干形体简单、便于计算的部分或单元。此外,铁路建设项目根据其产品生产的工艺流程和使用功能,按照设计规范要求必须进行必要而科学的分解,使设计符合工艺流程及使用功能的客观要求。

根据我国现行有关规定,一个铁路建设项目一般可以分解为若干单项工程,一个单项工程可以分解为若干单位工程,一个单位工程可以分解为若干分部工程,一个分部工程可以分解为若干分项工程。

（2）计量内容

招标文件中工程量清单所列法人工程数量,是在图纸和说明、技术规范中规定的工程量计算方法的基础上估算的工程量,而不是实际施工中完成的工程量,故不能作为支付的凭据。工程量计量是指监理工程师按照合同文件(工程量清单及说明、合同图纸、工程变更及修订的工程量清单、合同条件、技术规范、有关计量的补充协议等)的要求对承包商完成的实际工程量进行商定和计算。计量内容不仅包括对工程量清单及修订的工程量清单中所列项目的实际工程量进行测定,还包括对施工过程中所有与费用有关项目的工作内容进行翔实、准确的计量。

工程实施中,在计量时必须遵循以下原则:工程量必须按合同文件规定的方法、范围、内容、单位计量,必须按监理工程师同意的计量方法计量,不符合合同文件要求的工程不得计量。

（3）计量统一规定

① 所采用的测量方法是工程量清单计算的统一依据,既适用于在建工程,又适用于该工程的竣工测量。

② 工程量清单不仅包括合同规定的所有必须完成的工作项目,还包括该项目工作所必需的一切有关费用(人工、材料、机械、附属工程、管理费、利润、税金等)。计量和支付是紧密结合在一起的。

③ 若所采用的测量方法用于特殊地段、特殊部位的工程项目,应根据具体情况制定补充规定。

④ 工程量清单的细目均需逐项进行较详细的说明,并应以设计文件和图纸为依据,与合同文件中的施工技术规范相呼应。

⑤ 计算的工程量,无论采用什么方法,其计算结果都应该是净尺寸工程量。计算结果中不包括施工中必然发生且允许的"合理超量",超量价值应包括在净量单价内。

⑥ 以长和宽计量的项目,应注明断面尺寸、形状大小、周长范围及其他相应的说明。管道工程应注明其内径或外径尺寸。

⑦ 以面积计量的项目应注明厚度或其他相应的说明。

⑧ 以质量计量的项目应注明材料的规格或其他相应的说明。

⑨ 对于专利产品,应尽量采用合适的制造厂价目表或习惯的计量方法,可不受本原则的限制。

⑩ 工程量清单中的项目说明要以其他文件或图纸为依据,在这种情况下,应理解为该资料是符合本计算原则的。

（4）铁路工程工程量计量的依据

工程量是编制投资估算、初步设计概算、技术设计修正概算、施工图预算、施工预算、标底、投标报价及进行施工期中工程结算和竣工决算的基本依据。能否正确计算或计量工程量直接关系到编制概预算等文件的正确性和编制结果的准确性。因此,在概预算等造价文件的编制中要正确计算工程量。

工程量的计算或计量要按照规定的计算方法或计量规则进行。不同的行业、不同的造价编制阶段对工程量的计算或计量,在计算方法或计量规则上是不相同的。

工程量计算与计量要有依据,概况而言,主要有以下 4 方面的依据:

① 编制的造价文件种类及适用的定额。编制不同阶段的铁路工程造价文件要采用不同的定额标准。例如,编制投资估算,要采用《铁路工程估算指标》(铁建设〔1999〕100 号);编制设计概算及施工图预算,要采用《铁路工程预算定额》(铁建设〔2010〕223 号)等。编制不同阶段的铁路工程造价文件时,对工程量的计算或计量的要求不同,单位工程量所包含的工作(工程)内容不同,工程量的计算方法、规则也不同。因此,工程量的计算或计量要以编制的造价文件种类及适用的定额为依据。

② 经审定的设计文件。工程建设的不同阶段要对应编制相应的造价文件。其工程量计算规则或计算方法中的基本尺寸、数据主要来自于经审定的设计图、表(投资估算为方案设计图,设计概算为初步设计图,施工图预算为施工图设计图纸)及其设计说明。因此,经过审定的设计文件是工程量计算或计量的

依据之一。

③ 经过审定的施工组织设计或施工技术措施方案。作为设计文件组成部分的施工组织设计(或施工组织计划、施工方案)、施工技术措施方案等,是编制工程概预算等造价文件的主要依据之一,也是工程量计算或计量的依据之一。例如,施工便道、施工便桥、预制场、电力电信线路等临时工程、临时设施的数量,临时用地的数量,材料的运输距离等,应按施工组织计划或施工技术措施方案来计算。

④ 其他有关技术经济文件及经济调查资料。其他有关技术经济文件是指国家或行业主管部门发布的现行与概预算编制有关的法规、规范、规程等技术经济文件;经济调查资料是指在勘察设计和造价文件编制期间因进行的技术经济调查而搜集的技术经济方面的资料。其他有关技术经济文件及经济调查资料是工程量计算或计量的主要依据之一。

5.2 铁路工程工程量计量规则 >>>

5.2.1 铁路工程工程量计量规则与方法

工程量计算规则是根据计量对象的特殊性,为使计算简便可行而制定的工程量计算准则,是对清单项目工程量的计算规定和对相关清单项目计量界面的划分。在工程实施过程中,计量与支付必须严格执行工程量计算规则。

我国土木建筑工程领域至今还没有一个标准计量方法,大都以习惯计量方法为主,并在各专业工程(建筑、铁路、公路、水运、水利等)的定额中加以规定。这些计量原则和方法的规定对概预算编制和预算包干的工程实施是可行的,但对招投标工程来说有一定问题。因招投标工程的工程量清单的工程细目划分、计量和概预算定额的工程项目不尽相同,而且工程量清单的计量不能按照传统的习惯方法进行,必须符合合同规定的条件。工程量除了包括数量方面的内容外,还包括质量方面的内容,即工程质量不合格,监理工程师有权不予以计量,承包人将得不到工程款,并由承包人自己承担由此造成的损失。因此,确定一个工程量清单中的工程量计量原则和方法是非常必要的。

目前,我国工程量计算规则由各行业政府主管部门制定并发布,按适用范围可分为全国统一规则、地方规则和行业规则。它表现为一种行政法规,参与工程建设的各方必须遵照执行,并作为工程计量计价、解决合同纠纷的唯一尺度。

我国铁路工程现行的工程量计算规则有:

①《建筑工程建筑面积计算规范》(GB/T 50353—2013)是由住建部于 2013 年 12 月 19 日以"住建部公告第 209 号"发布的国家标准,其中包括建筑面积及各分部、分项工程的计算规则,是目前铁路工程计算施工工程量的重要依据之一。

②《铁路工程工程量清单计价指南》(铁建设〔2007〕108 号),其中的"工程量清单计量规则"是目前编制铁路工程清单时计算工程量的重要规则。铁路工程工程量清单计量规则由编码、节号、项目名称、计量单位、项目划分特征、工程量计算规则和工程(工作)内容组成。

5.2.2 共性计量规则

① 土石方数量以体积计算时,开挖与运输数量以天然密实体积计算,填筑数量以压(夯)实体积计算。土方体积如遇有必须以天然密实体积换算的情况,可按表 5-1 中的系数换算。

② 平整场地是指原地面挖填土方厚度在±0.3 m 以内的原土找平。挖填土方厚度超过±0.3 m 时,按土石方挖填数量计算。

③ 平整场地和原地面压实的数量按设计边界线包围的面积计算。

④ 沟槽、基坑开挖、回填时:

表 5-1　　　　　　　　　　　　　　　　　　　土方体积换算系数表

虚方体积	天然密实体积	夯实后体积	松填体积
1.00	0.77	0.67	0.83
1.20	0.92	0.80	1.00
1.30	1.00	0.87	1.08
1.50	1.15	1.00	1.25

a. 沟槽、基坑开挖数量以天然密实体积计算,填筑数量以压实体积计算。

b. 当在天然土层上挖沟槽、基坑,深度在 5 m 以内,施工期较短,坑底在地下水位以上,且土的湿度接近最佳含水率,土层构造均匀时,计算挖沟槽、基坑工程量需放坡的,放坡坡度见表 5-2。

表 5-2　　　　　　　　　　　　　　　　　沟槽、基坑开挖放坡坡度表

岩土分类	坑壁坡度		
	坡顶缘无载重	坡顶缘有静载重	坡顶缘有动载重
砂类土	1∶1	1∶1.25	1∶1.5
碎石类土	1∶0.75	1∶1	1∶1.25
黏性土、粉土	1∶0.33	1∶0.5	1∶0.75
极软岩、软岩	1∶0.25	1∶0.33	1∶0.67
较软岩	1∶0	1∶0.1	1∶0.25
极硬岩、硬岩	1∶0	1∶0	1∶0

注:1. 挖沟槽、基坑通过不同土层时,边坡可分层选定,并酌情留出平台。

　　2. 在既有建筑物旁开挖时,应符合设计文件规定。

　　3. 计算放坡时,在交接处的重复工程量不予扣除,原槽、坑做基础垫层时,放坡自垫层上层表面开始计算。

c. 沟槽、基坑深度大于 5 m 时,应将坑壁坡度适当降低或加设平台。

d. 当土的湿度可能引起坑壁坍塌时,坑壁坡度应小于该湿度下土的天然坡度。

e. 基础施工所需工作面宽度应符合下列要求。

(a) 对于桥涵基础施工所需工作面宽度,无水土质基坑底面按基础设计平面尺寸每边放宽 0.5 m 计算;适于垂直开挖且不立模板的基坑,其基底尺寸应按基础轮廓确定;有水土质基坑底面,其应满足四周排水沟与汇水井的设置需要,按每边放宽 0.8 m 计算。

(b) 除另有规定外,其他构筑物基础施工所需工作面宽度见表 5-3。

表 5-3　　　　　　　　　　　　　　　　基础施工所需工作面宽度表

基础材料	每边各增加工作面宽度/m	基础材料	每边各增加工作面宽度/m
砖基础	0.2	混凝土基础支模板	0.30
浆砌石基础	0.15	基础垂直面做防水层	0.80(防水层面)
混凝土基础垫层支模板	0.30		

f. 挖管道沟槽时,沟底宽度设计有规定的按规定尺寸计算,设计无规定的可按管道外径加 0.6 m 计算。计算管道沟槽土石方开挖数量时,除另有规定外,各种井类及管道接口处需加宽而增加的土石方量按沟槽全部土石方开挖体积的 2.5% 计算。

g. 除另有规定外,沟槽、基坑深度按设计图示沟槽、基坑底面至地面深度计算。

h. 挖沟槽、基坑需支挡土板时,其宽度按设计图示沟槽、基坑底宽单面加 0.1 m,双面加 0.2 m 计算。挡土板的面积按沟槽、基坑垂直支撑面积计算,支挡土板后不得再计算放坡。

i. 沟槽、基坑回填的工程量按设计开挖体积扣除构筑物(含基础及垫层等)所占的体积计算。管道沟槽

回填的工程量,管径在 500 mm 以上的,按开挖体积扣除管道所占的体积计算;管径在 500 mm 及 500 mm 以下的,不扣除管道所占的体积。

⑤ 余土或取土工程量可按下式计算:

$$余土外运体积＝挖土总体积－回填土总体积$$

式中,计算结果为正值时为余土外运体积,为负值时为取土体积。

⑥ 土石方运距按挖方区重心与填方或堆方区重心之间的最短距离计算。

⑦ 汽车运输运距按 1 km 进级,不足 1 km 者按 1 km 计;其余运输方式按 10 m 进级,不足 10 m 者按 10 m 计。

⑧ 砌体体积按设计图示尺寸以实体体积计算,除另有规定外,不扣除预留孔洞、预埋件的体积。勾缝、抹面按设计砌体表面勾缝、抹面的面积计算。

⑨ 混凝土的体积按混凝土设计尺寸以实体体积计算,除另有规定外,不扣除混凝土中的钢筋(钢丝、钢绞线)、预埋件和预留压浆孔道等所占的体积。

⑩ 非预应力钢筋的质量按钢筋设计长度(应含架立钢筋和定位钢筋)乘以钢筋理论单位质量计算。

⑪ 预应力钢筋(钢丝、钢绞线)的质量按设计图示结构物内的长度或两端锚具之间的预应力钢筋长度乘以钢筋理论单位质量计算,不得将张拉等施工所需的预留长度部分和锚具、管道、锚板及连接钢板、封锚、捆扎、焊接材料等计入工程量中。

⑫ 钢结构的质量按设计图示尺寸计算,不含搭接、焊接材料、下脚料、缠包料和垫衬物、涂装料等的质量。

⑬ 复合地基处理桩(包括石灰桩、碎石桩、水泥搅拌桩、旋喷桩、砂桩、CFG 桩等)的桩身体积按设计桩长乘以设计截面面积计算,桩长按设计桩顶至桩底的长度计算。如需试桩,按设计文件要求计入工程量。

⑭ 工程量以面积计算时,除另有规定外,其面积按设计图示尺寸计算,不扣除各类井和 1 m² 及 1 m² 以下的构筑物所占的面积。

⑮ 工程量以长度计算时,除另有规定外,其长度按设计图示中心线的长度计算,不扣除接头、检查井等所占的长度。

⑯ 各类光缆、电缆、导线敷设(架设)的工程量按设计长度计算,并将附加长度计入工程量。附加长度包括垂度、驰度、预留长度等。

⑰ 除另有规定外,工地设场预制的小型混凝土构件的制作运输及操作损耗按 1.5% 计入工程量。

5.2.3 铁路路基工程工程量计量规则

路基工程预算定额明确了工程量计量规则、规范,统一了设计中路基数量的计算口径和方法,使用中应严格按照工程量计量规则执行。

① 开挖与运输数量以天然密实体积计算,填筑数量以压(夯)实体积计算。

② 圬工体积按设计尺寸以实体体积计算,不扣除圬工中钢筋、钢绞线、预埋件和预留压浆孔道所占的体积。

③ 路堑开挖按设计开挖线计算土石方数量,侧沟的土石方数量计入挖方数量中,不再单独计算。

④ 路堤填筑按设计填筑线计算土石方数量,护道土石方数量、需要预留的沉降数量计入填方数量中。

⑤ 清除表土及原地面压实后回填至原地面高程所需的土石方数量按设计确定的数量计算,并纳入路基填方数量内。这里是指设计有特殊要求的"清除表土及原地面压实"工程项目,如:

a. 线路通过耕地缺少的地区,设计中明确要求清除耕地表层熟土以便用于再造耕地,清除熟土后需要回填至原地面高程的这一部分土石方数量应按设计确定的数量计算,并纳入填方数量内。

b. 对路基地基承载力等指标不满足要求,但不需特殊处理,设计文件中明确要求加强原地面压实的工程项目,压实下沉后回填至原地面高程所需的土石方数量按设计确定的数量计算,并纳入路基填方数量内。其他因施工工艺需要而进行的"场地平整、原地面压实"不需要单独计算数量,已经包含在定额中。

⑥ 全坡面护坡、护墙的挖基数量仅计算原地面(或路基面)线以下部分,骨架护坡的挖基数量需另计在坡面开挖沟槽的数量。

⑦ 铺设土工织物、土工格栅的工程量按照设计铺设面积计算,但特殊设计需要回拆的,回拆部分另行计算并纳入工程量中。

⑧ 路基边坡斜铺土工网垫的工程量按照设计铺设面积计算,定额中已经包括撒播草籽。

⑨ 锚杆挡土墙中锚杆、锚索制作、安装的工程量应按照所需主材(钢筋或钢绞线)的质量计算,附件质量不得计入。

⑩ 石灰桩、碎石桩、水泥搅拌桩、旋喷桩按照设计桩长乘以设计桩断面面积计算,如需试桩,按照设计文件计入工程量。

(1) 土石方工程

① 当以填方压实体积为工程量,采用以天然密实体积为计量单位的定额时,所采用的定额应乘以相应的换算系数(表 5-1)。需要注意的是,该换算系数已包括路堤两侧超填的土石方数量,即路堤两侧超填帮宽的土石方数量在计算路基工程量时不予以考虑。采用该换算系数后不得再计入边坡压实的费用。

当采用借土(石)方填方时,借方的开挖、运输在套用定额时均应乘以换算系数;当移挖作填时,利用的挖方和弃方体积应通过换算确定。

② 路堑开挖按照设计开挖线计算土石方数量,侧沟的土石方数量计入挖方数量中,不再单独计算。

③ 路堤填筑按照设计填筑线计算土石方数量,护道土石方数量、需要预留的沉降数量应计入填方数量中。

④ 清除表土及原地面压实后回填至原地面高程所需的土石方数量按设计确定的数量计算,并纳入路基填方数量内。这里是指设计有特殊要求的"清除表土及原地面压实"工程项目。

(2) 路基防护及加固工程

① 全坡面护坡、护墙的挖基数量仅计算原地面(或路基面)线以下部分,骨架护坡的挖基数量需另计在坡面开挖沟槽的数量。

② 砂浆锚杆按设计锚杆长度计算。

③ 喷射混凝土按设计喷射混凝土外围面积计算。

④ 沙漠路基防护。

a. 铺卵石按设计铺设面积计算;

b. 栽草方格按设计外围面积计算;

c. 铺黏土按设计实体体积计算;

d. 树条沙障、刺铁丝网按设计长度计算。

⑤ 地基处理。

a. 插塑料排水板按设计长度计算;

b. 钻孔按设计钻孔长度计算,压浆按设计压浆体积计算;

c. 强夯加固地基按设计夯击面积计算;

d. 地基垫层按设计压实后的体积计算;

e. 钢筋混凝土管桩按设计图示桩顶至桩底的长度计算。

⑥ 铺设土工材料。

a. 铺设土工织物、土工膜、土工格室、土工格栅的工程量按照设计铺设面积计算,但特殊设计需要回拆的,回拆部分另行计算并纳入工程量中。特殊设计需要回拆的是指结构要求并在设计图纸中有明确标识的回拆部分。施工工艺需要回拆的不需要单独计算数量,已经包括在定额中。

b. 路基边坡斜铺土工网垫的工程量按照设计铺设面积计算,定额中已经包括撒播草籽。该定额包含了在土工网垫上撒播草籽、覆盖土、竹钉连接的工作内容,设计计算工程量时仅需计取铺设网垫面积即可。

c. 透水软管按照设计软管敷设长度计算。

⑦ 填筑砂石的工程量等按照设计填筑体积计算。

⑧ 铺设排水管道的工程量按照设计管道长度计算。

（3）路基支挡结构工程

① 锚杆挡土墙。

a. 锚杆、锚索制作、安装所需主材（钢筋或钢绞线）的质量要计算，附件质量不得计入。其计算长度是指嵌入岩石设计有效长度，按规定应留的外露部分及加工过程中的损耗均已计入定额中。

b. 钻孔及压浆的工程量按设计钻孔长度计算。

c. 锚墩、承压板制作、安装的工程量按设计数量以"个"计算。

② 加筋挡土墙。

a. 编织带拉筋按设计拉筋长度计算。

b. 钢塑复合带拉筋按设计拉筋带质量计算。

③ 挡土墙栏杆。

其按设计长度以延长米计算。

④ 防水层、伸缩缝。

其按设计敷设面积计算。

⑤ 抗滑桩桩孔开挖。

无论哪一深度均执行总孔深定额。桩身混凝土工程量按桩顶至桩底的长度乘以设计桩断面面积计算，不包括护壁混凝土的数量。护壁混凝土按设计实体体积另计。

（4）其他

① 沉降板、位移桩按设计观测断面数量以"个"计算。

② 洒水按设计要求以洒水质量计算。

③ 在斜坡上挖台阶按设计水平投影面积计算。

④ 路拱、路面、底面、边坡修整按设计修整面积计算。

⑤ 原地面压实、推土机推除植被按设计面积计算。

⑥ 推土机清除表土按设计要求以天然密实体积计算。

⑦ 割草、挖竹根按设计外围面积计算。

⑧ 挖树根按树的数量以"棵"计算。

⑨ 喷播植草、喷混植生、栽植露地花卉、花坛内应季节草、铺草皮、撒草籽、铺设植生袋和花卉、草皮养管按设计外围面积计算。

⑩ 栽植香根草、穴植容器苗按设计数量以"株"计算。

⑪ 灌木、乔木栽植、养护按设计数量以"株"计算。

⑫ 绿篱栽植及养护管理分单双排按设计栽植长度计算。

⑬ 栽植攀援植物按设计数量以"株"计算。

⑭ 换填种植土按设计换填体积计算。

5.2.4　铁路桥涵工程工程量计量规则

（1）桥梁长度的确定

梁式桥按桥台（挡砟）前墙之间的长度计算，拱式桥按拱上侧墙与桥台侧墙间两伸缩缝外端之间的长度计算，框架式桥按框架顺跨度方向外侧之间的长度计算。涵洞长度是指设计图示进、出口帽石外边缘之间中心线的长度。

（2）桥梁下部工程工程量计量规则

① 基坑开挖的工程量按基坑设计容量计算。

② 挡土墙支护的工程量按所支挡的基坑开挖数量计算。

③ 基坑回填数量＝基坑开挖数量－基础（承台）圬工数量。

④ 基坑深度一般按坑的原地面中心高程（路堑地段按路基设计成形断面路肩设计高程）至坑底高程的高度计算。

⑤ 井点降水定额的井点降水设备,一级井点降水所需的设备为一套;当需要采用多级井点降水时,每增加一级井点降水,需增加一套井点降水设备。使用24 h为一天。

⑥ 基坑抽水的工程量为地下水位以下的湿处开挖数量,已含开挖、基础浇(砌)筑及至混凝土终凝期间的抽水工程量。与无砂混凝土管井配套的水泵台班数量,按施工组织设计确定的日历天数计算,以24 h为一天,每天每台水泵计3个台班。

⑦ 抽静水定额仅适用于排除水塘、水坑等的积水。其工程量按设计抽水量计算。

⑧ 土坝、土袋围堰。

a. 围堰堰顶宽度按1.5 m计算,长度按围堰中心长度计算,高度按设计施工水位加0.5 m计算。

b. 围堰填筑坡度,土坝围堰按外侧1:2、内侧1:1计算,土袋围堰按外侧1:1、内侧1:0.5计算。

c. 堰底内侧坡脚至基坑顶缘的距离按1 m计算。

d. 围堰内填芯数量按设计填筑数量计算。

⑨ 钢围堰浮运的工作量按设计确定所需的浮运质量计算。

⑩ 钢围堰制作、拼装的工程量按设计的围堰身质量计算,不包括工作平台的质量。

⑪ 双壁钢围堰在水中下沉的工程量按围堰外缘包围的断面面积乘以施工设计水位至原河床面中心高程的高度计算。下沉设备制作、安装、拆卸的工程量按设计使用墩数计算。

⑫ 双壁钢围堰在覆盖层下沉的工程量按围堰外缘包围的断面面积乘以河床面中心高程至围堰刃脚基底中心高程的高度计算。

⑬ 拆除钢围堰的工程量按施工组织设计确定的拆除数量计算。

⑭ 双壁钢围堰基底清理的工程量按围堰刃脚外缘包围的断面面积计算。钢围堰内抽水的工作量按设计所需的抽水量计算。

⑮ 拼装船组拼、拆除的工程量按设计使用次数计算。

⑯ 双壁钢围堰下沉设备制作、安装、拆除的工程量按设计使用墩数计算。

⑰ 对于钻孔桩钻孔深度,陆上以地面高程、水上以河床面高程、筑岛施工以筑岛平面高程、路堑地段以路基设计成形断面路肩高程至桩尖设计高程的高度计算。当采用管柱作为钻孔护筒时,钻孔深度应扣除管柱的入土深度。

⑱ 钻孔桩桩身混凝土的工程量按承台底至桩底的长度乘以设计桩径断面面积计算,不得将扩孔因素计入工程量。

⑲ 水中钻孔工作平台的工程量,一般钻孔工作平台按承台面尺寸每边各加2.5 mm计算面积,钢围堰钻孔工作台按围堰外缘尺寸每边加1 m计算面积。

⑳ 钢护筒和钢导向护筒的工作量按设计质量计算,包括加劲肋及连接部分的质量,不包括固定架的质量。当设计确定有困难时,可参考表5-4计算。当设计桩径介于表列桩径之间时,可采用内插法计算。

表5-4 各种桩径的钢护筒质量表

桩径/m	0.6	0.8	1.0	1.2	1.5	2.0	2.5
钢护筒质量/(kg/m)	109.90	140.35	175.94	258.62	312.62	513.70	630.50

㉑ 钻孔用泥浆和钻渣外运的工程量按钻孔体积计算,计算公式为:

$$V = 0.25\pi D^2 H \tag{5-1}$$

式中 D——设计桩径,m;

H——钻孔深度,m。

㉒ 挖孔桩开挖的工程量按护壁外缘包围的断面面积乘以设计孔深计算。

㉓ 挖孔桩桩身混凝土的工程量按承台底至桩底的长度乘以设计桩径断面面积计算,不包括护壁混凝土的数量。护壁混凝土按设计实体体积计算,木护壁按设计孔壁面积计算。

㉔ 钢筋混凝土方桩预制与沉入的工程量按承台底至桩尖的长度乘以桩断面面积计算。

㉕ 钢筋(预应力)混凝土管桩的工程量按承台底至桩尖的长度计算。

㉖ 钢管桩制作的工程量按设计质量计算。

㉗ 钢管桩沉入的工程量按承台底至桩尖的长度计算。

㉘ 管柱下沉定额中未包含管柱的数量。预制管柱的工程量按承台底至柱底的长度计算。

㉙ 管柱下沉的工程量按设计的入土深度计算。

㉚ 沉井陆上下沉的工程量按沉井外缘包围的断面面积乘以原地面或筑岛平面中心高程至沉井刃脚基底中心高程的高度计算。

㉛ 浮运钢沉井在水中下沉的工程量按钢沉井外缘包围的断面面积乘以设计施工水位至原河床面中心高程的深度计算。

㉜ 浮运钢沉井在覆盖层下沉的工程量按钢沉井外缘包围的断面面积乘以河床面至沉井刃脚基底中心高程的高度计算。

㉝ 沉井基底清理的工程量按沉井外缘包围的断面面积计算。

㉞ 劲性钢骨架的工程量按设计钢结构质量计算,不包括钢筋的质量。

(3) 桥梁上部工程工程量计量规则

① 钢拱架安装、拆卸的工程量按设计所需的钢材质量计算。

② 木拱架的工程量按设计所需的木材体积计算。

③ 架设铁路桥 T 形梁的工程量按设计数量以单线孔计算。

④ 架设公路桥 T 形梁的工程量按设计数量以片计算。

⑤ 架桥机安装、拆卸、调试的工程量一般按每台机械在一个项目为 1 次计算。

⑥ 桥头线路加固的工程量按设计桥梁座数计算。

⑦ 架设简支钢板梁的工程量按设计数量以单线孔计算。

⑧ 架设钢桁梁的工程量按设计杆件和节点板的质量计算,不包括附属钢结构、检查设备走行轨和支座、高强度螺栓的质量。

⑨ 钢桁梁架设用上、下滑道的工程量按设计滑道长度计算。

⑩ 钢桁梁纵移、横移的工程量按设计钢桁梁质量与移动距离的乘积以"t•m"为单位计算。

⑪ 钢桁梁就位的工程量按设计孔数计算。

⑫ 浮箱压重安装、拆卸的工程量按设计压重质量与次数的乘积以"t•次"为单位计算。

⑬ 钢桁梁拼装脚手架制作、安装、拆卸的工程量按设计脚手架杆件质量计算。

⑭ 临时走道制作、铺设、安装、拆除的工程量按设计走道长度计算。

⑮ 吊索塔架制作、安装、拆卸的工程量按设计塔架杆件质量计算,吊索塔架卸载与走行的工程量按钢梁孔数计算。

⑯ 安全网安装、拆卸的工程量按其沿桥梁的长度计算。

⑰ 钢梁面漆的工程量按钢梁构件的质量计算。

⑱ 钢管拱的工程量按设计质量计算,不包括支座和钢管拱内混凝土的质量。

⑲ 系杆的工程量按设计质量计算,不包括锚具、保护层(套)的质量。

⑳ 斜拉索的工程量按设计斜拉索质量计算,不包括锚具、锚板、锚箱、防腐料、缠包带的质量。

㉑ 斜拉索张拉的工程量按设计数量计算,每根索为一根次。

㉒ 斜拉索调索的工程量按设计要求计算,每根索调整一次算一次。

㉓ 斜拉索钢梁的工程量按设计杆件和节点板的质量计算,包括锚箱质量,不包括附属钢结构、检修设备走行轨和支座、高强度螺栓的质量。

㉔ 简支梁金属支座、板式橡胶支座的工程量按设计简支梁单线孔数计算。

㉕ 盆式橡胶支座的工程量按设计支座个数计算。

㉖ 钢桁架金属支座的工程量按设计的支座质量计算。

㉗ 铁路桥面。

a. 钢梁桥面人行道板及栏杆按设计栏杆长度以双侧延长米计算。

b. 铁路桥面防护网按设计网面面积计算。

c. 桥上电缆槽、明桥面排水管路按桥长计算。

d. 护轮轨按设计铺设长度计算,不包括弯轨和梭头的长度。弯轨和梭头按桥梁座数计算。

e. 梁端伸缩缝按横向敷设长度计算。

㉘ 公路桥面。

a. 人行道栏杆按设计栏杆长度以单侧延长米计算。

b. 梳形板按设计的铸钢梳形板及与之连接的钢料质量之和计算。

c. 氯丁橡胶条按设计敷设长度计算。

d. 毛勒按设计质量计算。

e. 沥青路面按设计表面面积计算。

f. 桥面排水管路按自公路面与钢梁底间的直线长度计算。

㉙ 桥上设施。

a. 围栏、吊篮支架、栏杆、检查梯、铁镫、护栅按设计金属构件的质量计算。

b. 桥梁拼装式检查工具按设计套数计算,固定设备按桥梁孔数计算,悬吊式检查设施按设计套数计算。

c. 预应力混凝土梁检查车轨道按设计长度计算。

d. 通信、信号、电力支架按设计套数计算。

e. 防震落梁挡块内钢筋及旧钢轨数量按设计钢材质量计算。

㉚ 缆索吊。

a. 钢塔架、地锚钢结构、索鞍、主缆、牵引索、缆风索、锚绳钢绞线等按设计金属件的质量计算。

b. 地锚混凝土按设计混凝土实体体积计算。

(4) 涵洞工程工程量计量规则

① 倒虹吸管。

a. 钢筋混凝土倒虹吸管管身及套管数量按设计管身长度计算。

b. 倒虹吸管附属设施按设计数量以单孔座计算。

c. 铸铁管管节按设计管身长度计算。曲管或丁字管安装的工程量按管件设计质量计算。

② 渡槽。

a. 渡槽双侧人行道栏杆按设计长度计算。

b. 止水缝按设计孔数计算。

c. 支座按设计质量计算。

(5) 既有线顶进桥涵工程工程量计量规则

① 顶进框架式桥涵身质量按设计的钢筋混凝土桥涵身和钢刃脚的质量计算。

② 打拔槽钢柱的数量按不同桩长的设计根数计算。打拔钢板桩按设计钢板桩质量计算。

③ 底板隔离层及润滑层按设计面积计算。

④ 桥涵身涂石蜡的工程量按设计涂层面积计算。

⑤ 桥涵身止水缝按设计止水缝长度计算。

⑥ 钢构件、预埋件按设计钢件的质量计算。

⑦ 桥涵身顶进的工程量按设计顶程计算,即被顶进结构重心移动的距离。

⑧ 接缝处隔板与钢插销的工程量按桥身外沿周长计算。

⑨ 框架式桥人行道栏杆按设计单侧栏杆长度计算。

⑩ 既有线加固。

a. 横抬梁法加固的工程量按设计加固股道数计算。

b. 施工便梁法加固的工程量按设计加固孔数计算。

(6) 其他工程工程量计量规则

① 防水层、防护层(玻璃纤维混凝土和聚丙烯网状纤维混凝土除外)和伸缩缝按设计敷设(涂刷)面积计

算。玻璃纤维混凝土和聚丙烯网状纤维混凝土防护层按设计混凝土体积计算。

② 枕木垛、木支架搭设、拆卸的工程量按设计木料体积计算。

③ 吊轨梁、扣轨梁安装、拆卸的工程量按设计单线长度计算。

④ 军用梁、钢万能脚手架安装、拆卸的工程量按设计军用梁质量计算。

⑤ 使用满堂式支架搭设、拆卸定额时,满堂支架的工作量按以下公式计算:

$$满堂支架空间体积＝梁底至地面的平均高度×[梁的跨度(L_p)-1.2\ m]×(桥面宽+1.5\ m) \tag{5-2}$$

⑥ 桥上电缆槽。

a. 电缆槽按设计电缆槽长度计算。

b. 接头电缆盒按设计数量以处计算。

⑦ 拆除及凿毛。

a. 拆除砌体与混凝土的工程量按砌体与混凝土的实体体积计算。

b. 混凝土凿毛的工程量按设计表面凿毛面积计算。

c. 拆除钢板梁按拆除孔数计算。

⑧ 航标灯支架制作、安装的工程量按设计所需设置航标灯的墩数计算。

⑨ 限高防撞架按设计防撞架钢结构的质量计算。

⑩ 零星小构件防腐处理按设计构件的质量计算。

⑪ 铁路便线轨道铺设、拆卸及使用的工程量按设计便线长度计算。

5.2.5 铁路隧道工程工程量计量规则

(1) 隧道长度

隧道长度按隧道进、出口(含与隧道相连的明洞)洞门端墙墙面之间的距离,以端墙墙面与内轨顶面的交线同线路中线的交点计算。双线隧道按下行线长度计算,位于车站上的隧道以正线长度计算,设有缓冲结构的隧道长度应从缓冲结构的起点计算。

(2) 洞身开挖、出渣

正洞洞身开挖、出渣的工程量,按设计图示(不含设计允许超挖、预留变形量)的设计开挖断面数量计算,包含沟槽及各种附属洞室的开挖数量。

(3) 支护

① 喷射混凝土的工程量,按喷射面积乘以设计厚度以混凝土体积计算。喷射面积按设计外轮廓线计算。

② 锚杆的工程量按锚杆设计长度计算。砂浆锚杆按每根长 3 m、直径为 22 mm 考虑,中空锚杆、自钻式锚杆按每根 3 m 考虑。当杆径发生变化时,可调整其钢筋及锚杆的规格。

③ 格栅钢架、型钢钢架的工程量按设计钢架及连接钢筋工程量计算。

④ 超前支护。

a. 管棚钻孔与顶管按设计钻孔与钢管长度计算。

b. 超前小导管按设计钢管长度计算。

c. 注浆按设计注浆体积计算。

(4) 洞身衬砌

① 正洞洞身衬砌混凝土的拌制、浇筑及运输工程量,按设计图示(不含设计允许超挖回填、预留变形量)的设计衬砌断面数量计算,包含沟槽及各种附属洞室的衬砌数量。

② 模板。

a. 洞身模板按设计洞身长度计算。

b. 沟槽模板按设计沟槽长度计算。

c. 防水板、明洞防水层按设计敷设面积计算。

d. 止水带、盲沟、透水软管按设计长度计算。

e. 拱顶压浆的工程量在设计时可按每延长米 0.25 m³ 综合考虑。

f. 明洞衬砌。

（a）砌体与混凝土按设计实体体积计算。

（b）拱顶回填的工程量按设计回填实体体积计算。

（c）黏土防水层按实体体积计算。甲、乙、丙3种防水层按设计敷设面积计算。

（5）通风及管线路

正洞通风及管线路按设计隧道长度计算。

（6）洞门

① 洞门砌体与混凝土按设计实体体积计算。

② 钢制检查体按设计钢材质量计算。

③ 洞门装饰按设计面层表面积计算。

④ 洞门牌及号标按设计个数计算。

（7）辅助坑道

① 辅助坑道开挖、出渣的工程量，按设计图示（不含设计允许超挖、预留变形量）的设计开挖断面面积计算，包含沟槽及各种附属洞室的开挖数量。

② 辅助坑道衬砌混凝土的拌制、浇筑及运输工程量，按设计图示（不含设计允许超挖回填、预留变形量）的设计衬砌断面数量计算，包含沟槽及各种附属洞室的衬砌数量。

③ 斜井开挖、衬砌工程量应包含井身、井底车场、渣仓、水仓与配电室等的综合开挖、衬砌数量。

④ 辅助坑道通风及管线路按设计辅助坑道长度计算。

a. 平行导坑长度为洞口至平导尽头的距离，贯通的平行导坑为两洞口之间的距离。

b. 斜井（有轨）长度为井口至斜井井身与井底车场中心线交点的斜长加井底车场至隧道边墙内轮廓线的距离。

c. 横洞及无轨斜井长度为洞口至隧道边墙内轮廓线的中心线距离。

d. 竖井长度为锁口至井底的距离。

（8）弹性无砟道床

① 弹性支承块预制的工程量按设计块数计算。

② 弹性支承块安装的工程量按设计单线长度计算。

（9）材料运输及洞口排水

① 材料运输按正洞和辅助坑道分别计算，其材料质量的计算范围仅为第二章全部子目及第三章第四节、第五节全部子目。

② 洞内排水工程量均按设计图示（不含设计允许超挖、预留变形量）的设计断面开挖数量计算，应包含所有水流不能顺坡自主流出的地段，以变坡点起算。

（10）改扩建

① 圬工拆除的工程量按设计拆除实体体积计算。

② 混凝土、岩体凿毛的工程量按设计表面凿毛面积计算。

③ 凿槽的工程量按设计凿槽长度计算。

④ 衬砌的工程量按设计混凝土体积计算。

⑤ 凿排水槽、堵漏注浆、堵漏嵌缝的工程量按漏水缝长度计算。

⑥ 喷止漏浆液的工程量按设计喷射面积计算。

⑦ 线路加固。

a. 扣轨梁按设计数量以"组次"计算。

b. 支墩按设计加固路线长度计算。

c. 钢拱架按设计数量以"架次"计算。

⑧ 管线路铺设、拆卸的工程量按设计所需各种管线路的长度计算。

⑨ 管线路使用、照明用电按设计改扩建隧道长度计算。

5.3 铁路工程工程量清单计价 　　>>>

我国的《铁路工程工程量清单计价指南（土建部分）》（铁建设〔2007〕108 号）（以下简称《计价指南》）于 2007 年颁布实施，全国铁路大中型建设项目均应执行此规范。这标志着我国铁路工程造价管理实现了由传统量价合一模式向量价分离市场模式的重大转变，也标志着我国铁路工程造价计价工作向逐步实现"政府宏观调控、企业自主报价、市场形成价格"的目标迈出了坚实的一步。铁路工程工程量清单是铁路工程编制工程标底和投标报价的依据，是支付工程进度款和办理工程结算、调整工程量及工程索赔的依据。

铁路工程工程量清单计价是指在建设项目招标投标中，由招标人或委托具有资质的中介机构编制反映工程实体消耗和措施性消耗的工程量清单，并作为招标文件的组成部分提供给投标人，投标人依据工程量清单自主报价的计价模式。

《计价指南》是铁路工程工程量清单编制及清单计价的主要依据。《计价指南》共 6 部分，包括总则、工程量清单编制、工程量清单计价、工程量清单及其计价格式、工程量清单计量规则及附录，分别就《计价指南》的适用范围、遵循的原则、工程量计价活动的规则、工程量清单及其计价格式作了明确规定，涉及的内容包括铁路建设项目的建筑、安装工程及与施工单位有关的其他费。

5.3.1 工程量清单的编制

工程量清单由招标人按照《计价指南》的要求编制，招标人不具有编制资质的，要委托具有工程造价咨询资质的单位编制。依据实际文件和计价规范编制工作量清单时，要按照统一的项目编码、项目名称、计量名称、项目划分特征、工程量计量规则、工程内容进行。招标人必须执行，不得因情况不同而变动。

一般认为，工程量清单是表现拟建工程非实体性项目和实体项目名称和相应数量的明细清单。工程量清单要反映项目划分特征、工程内容、使用材料和施工工艺标准等重要信息。其目的是为了给投标人提供一个统一的、具有较高可比性的投标报价平台和载体，降低投标成本，提高招投标工作的效率。正因为如此，工程量清单一般均由招标人准备，并作为招标文件的重要组成部分之一提供给投标人。

采用工程量清单计价是国际通行的计价方式。按照国际上相对成熟和权威的《英国建筑工程标准计量规则》（*Standard Method of Measurement of Building Works*，7th edition，简称 SMM7）的定义，工程量清单应当完整和准确地反映拟建工程涉及的各项工作的质量和数量。因此，除非能够以索引方式引用国家和工程现行的规范、规程、标准或者招标文件其他组成部分的相关内容，否则工程量清单应当以详细的数据和文字对完成合同工程中的各个工作子目的性质、内容，材料、设备的技术规格和施工工艺的标准等进行准确的定义。

铁路工程工程量清单一般包括以下几个组成部分。

（1）工程量清单编码

铁路工程工程量清单编码由字母和数字组成，费用类别和新建、改建以英文字母编码：建筑工程费——J，安装工程费——A，其他费——Q，新建——X，改建——G；其余编码采用每 2 位阿拉伯数字为 1 组，前 4 位分别表示章号、节号，如第一章第 1 节为 0101，第三章第 5 节为 0305，以此类推；后面各组按从属关系的顺序编排。

（2）项目名称

项目名称包括各章名称和费用名称。项目划分特征为"综合"的项目名称一般是指形成工程实体的名称。项目划分特征为"综合"的项目即为编制工程量清单填写工程量（计量单位为"元"的除外）的清单项目，也是投标报价和合同签订后工程实施中计量与支付的清单项目。

（3）计量单位

计量单位一般采用以下基本单位：

① 以体积计算的项目——m^3。

② 以面积计算的项目——m^2。

③ 以长度计算的项目——m、km。

④ 以质量计算的项目——t。

⑤ 以自然计量单位计算的项目——个、处、孔、组、座或其他可以明示的自然计量单位。

⑥ 没有具体数量的项目——元。

工程数量小数点后有效数字应按以下规定取定。

① 计量单位为"m^3""m^2""m"的取2位，第3位四舍五入。

② 计量单位为"km"的项目，轨道工程取5位，第6位四舍五入；其他工程取3位，第4位四舍五入。

③ 计量单位为"t"的取3位，第4位四舍五入。

④ 计量单位为"个、处、孔、组、座或其他可以明示的自然计量单位"和"元"的取整数，小数点后第1位四舍五入。

（4）项目划分特征

项目划分特征是指对清单项目的不同类型、结构、材质、规格等影响综合单价的特征进行的描述，是设置最低一级清单项目的依据。

工程量清单项目划分特征是用来表述清单项目的实质内容，用于区分工程量清单中各个具体的清单项目。没有项目划分特征的准确描述，对于相同或相似的清单项目名称就无从区分。由于工程量清单项目划分特征决定了工程实体的实质内容，其必然直接决定了工程实体的自身价值。因此，项目划分特征描述的准确与否直接关系到清单项目综合单价的准确性。

实行工程量清单计价时，工程量清单及其综合单价是施工合同的组成部分。因此，如果清单项目划分特征描述不清楚或漏项、错误，并引起施工过程中的更改，都会使合同在实施中产生分歧，导致纠纷的发生。由此可见，清单项目划分特征的描述应根据清单计价指南关于项目特征的需求，结合技术规范、标准图集、施工图纸，按照工程结构、使用材质及规格或安装位置予以详细表述和说明。可以说，离开了项目划分特征的准确描述，清单项目就将没有生命力。

（5）工程量计量规则

工程量计量规则是对清单项目工程量计算的规定和对相关清单项目计量界面的划分。在工程实施过程中，计量与支付必须严格执行工程量计量规则。在编制工程量清单时，限于部分清单项目的设计深度难以达到按图纸计算数量的程度，此类清单项目的工程量可以估列。除另有说明外，清单项目工程量均以完成后的、按设计图示的工程实体净值计算。施工过程中的各种损耗和因施工工艺需要所增加的工程量，应由投标人在投标报价时考虑，计入综合单价，不单独计量。计量与支付仅以设计图示实体净值为准。其具体规定如下：

① 计算钢筋（预应力）混凝土的体积时，不扣除钢筋、预埋件和预应力筋张拉孔道所占的体积。

② 普通钢筋的质量按设计图示长度乘以理论单位质量计算，不含搭接和焊接、绑扎料、接头套管、垫块等材料的质量。

③ 预应力钢筋（钢丝、钢绞线）的质量按设计图示结构物内的长度乘以理论单位质量计算，不含结构物以外张拉所需的部分和锚具、管道、锚板及连接钢板压浆、封锚、捆扎、焊接等材料的质量。

④ 钢结构的质量按设计图示尺寸计算，不含搭接、焊接材料，下脚料和垫衬物，涂装料等的质量。

⑤ 各种桩基如以体积计量，其体积按设计图示桩顶（混凝土灌注桩为承台底）至桩底的长度乘以设计桩径断面面积计算，不得将扩孔（扩散）因素或护壁圬工计入工程量中。如需试桩，按设计文件的要求计入工程量中。

⑥ 以面积计量时,除另有规定外,其面积按设计图示尺寸计算,不扣除面积在 1 m² 及 1 m² 以下固定物(如检查井等)的面积。

⑦ 以长度计量时,除另有规定外,按设计图示中心线的长度计算,不扣除接头、检查井等所占的长度。

(6) 工程(工作)内容

工程(工作)内容是指完成该清单项目可能发生的具体工程(工作)。除工程量清单计量规则列出的工作内容外,均还包括场地平整、原地面挖台阶、原地面碾压,工程定位复测,测量、放样,工程点交、场地清理,材料(含成品、半成品、周转性材料)和各种填料的采购保管、装卸运输,小型临时设施,按照规范和施工质量验收标准的要求对建筑物的设备、材料、构件和建筑物进行的检验、试验、检测,防寒、保温设施,防雨、防潮设施,照明设施,环境保护、文明施工(施工标识、防尘、防噪声、施工场地围栏等)和水土保持、防风防沙、卫生防疫措施,已完工程及设备保护措施等内容。

《计价指南》所列工程(工作)内容仅供投标人参考,投标人在投标报价时,应按照原铁道部产品标准、设计规范和施工规范(指南)、施工质量验收标准、安全操作规程、设计图纸、招标文件、补遗文件等要求完成的全部内容来考虑。

对于改建工程的清单项目或距既有线(既有建筑物)较近的清单项目,除另有说明或单列清单项目外,应包括既有线(既有建筑物)的拆(凿)除(凿毛)、整修、改移、加固、防护、更换构件,与相关产权单位的协调、联络,封锁线路要点施工或行车干扰降低工作效率及运营单位配合施工等内容。

除另有说明或单列清单项目外,施工中引起的过渡费用应计入该清单项目,如修建涵洞引起的沟渠引水过渡费用计入涵洞项目中。

常用工程(工作)内容的表示方法统一如下:

① 土方挖填。其包括围堰或挡水埝填筑及拆除,挖、运、卸,弃土整理,降排水,分层填筑、洒水、翻晒、改良、压实、修整。

② 石方挖填。其包括围堰或挡水埝填筑及拆除,爆破、挖、运、卸,解小,弃方整理,降排水,分层填筑,塞紧空隙,压(夯)实,选石及修石,码砌边坡,修整。

③ 基坑(工作坑、检查井孔)挖填。其包括筑岛、围堰及拆除(桥梁工程除外),基坑(工作坑、检查井孔)土石挖、运、弃,砌方整理,坑(孔)壁支护及需要时拆除,降排水,修坡,修底,垫层铺设,回填(包括原土回填和外运填料或圬工回填)、压实。

④ 桩(井)孔开挖。其包括桩(井)孔土石挖、运、弃,弃方整理,孔壁支护及需要时拆除,通风,降排水,清孔。

⑤ 沟槽(管沟、排水沟)挖填。其包括筑岛、围堰及拆除,沟槽(管沟、排水沟)土石挖、运、弃,弃方整理,沟壁支护及需要时拆除,降排水,修坡,修底,地基一般处理(含换填、垫层铺设),回填(包括原土回填和外运填料回填)、压实,标志埋设。

⑥ 砌体(包括干砌和浆砌)砌筑或铺砌。其包括砂浆配料、拌制,石料或砌块选修,挂线,填塞,勾缝,抹面,养护。

⑦ 混凝土浇筑。其包括配料(含各种外加剂),拌制,浇筑,振捣,养护。

⑧ 钢筋及预埋件制作安装。其包括调直、除锈、切割、钻孔、弯曲、捆束、堆放、焊接、绑扎、安放、定位、检查、校正。

⑨ 模板制作、安装、拆除。其包括制作、挂线放样,模板及配件安装、校正、紧固,涂刷脱模剂,拆除、整修、涂油、堆放。

⑩ 圬工砌筑。其包括脚手架搭拆,砌体砌筑,模板制作、安装、拆卸,钢筋及预埋件制作、安装,混凝土浇筑。

⑪ (钢筋)混凝土预制构件制作、安装。其包括脚手架搭设、拆卸,钢筋及预埋件制作、安装,模板制作、安装、拆卸,混凝土浇筑,安砌(装),勾缝,抹面,养护。

⑫ 金属构件制作、安装。其包括放样、除锈、切割、钻孔、煨制、堆放、安装、焊接、检查、校正、防腐处理。

⑬ 管道铺(架)设。其包括支(吊)架、支墩制作、安装,管道、管件、阀门、计量表安装,接口处理,防腐、保温处理,勾缝,抹面,养护。

⑭ 设备安装、调试。其包括开箱检验,安装定位,配管、配线连接,调试、试运转(不包括由建设单位负责的联合试运转)。

5.3.2　工程量清单的计价

通常认为,工程量清单的计价是以工程量清单为投标人投标价格和合同协议书签订时合同价格的唯一依据,在合同协议书签订时,经标价的工程量清单的全部或者绝大部分内容被赋予合同约束力。实行工程量清单计价是"统一量、市场价、竞争费"的建设工程计价体系市场化改革的需要。

投标人进行工程量清单计价的主要依据为招标文件中提供的设计图纸和工程量清单,以及设计文件、施工方案、企业定额、市场要素价格和计价规范等。设计图纸是确定工程范围、内容和技术要求的重要文件,也是投标人确定施工方法等施工组织计划的主要依据。企业定额是施工企业根据企业的施工技术和管理水平及有关工程造价资料制定的,并提供企业使用的人工、材料、机械台班消耗量,是投标人确定拟投标工程计划成本的重要依据。

《计价指南》规定,工程量清单计价应包括按招标文件所规定的完成工程量清单所列项目的全部费用。

招标工程如设标底,标底应根据招标文件中的工程量清单和有关要求、施工现场实际情况、合理的施工组织与设计,按照原铁道部发布的有关工程造价计价标准进行编制。

投标报价应根据招标文件中的工程量清单和有关要求、施工现场实际情况及拟订的施工方案或施工组织设计,结合投标人的施工技术、管理水平及市场价格信息自主填报。

工程量清单计价的适用性不受合同形式的影响。实际中,常见的单价合同和总价合同两种主要合同形式均可采用工程量清单计价,区别仅在于工程量清单中所列工程量的合同约束力。采用单价合同时,工程量清单是合同文件必不可少的组成内容,其中的工程量一般具备合同约束力(量可调),工程款结算时按照实际发生的理论计算量进行调整,由招标人提供统一的工程量清单则体现了工程量清单计价的主要优点。而采用总价合同时,工程量清单中的工程量不具备合同约束力(量不可调),工程量以合同中设计图纸的标示内容为准,工程量以外的其他内容一般赋予了合同约束力,以方便合同变更时的计量和计价。

(1) 工程量清单的综合单价和合价

工程量清单应采用综合单价计价。工程量清单项目的综合单价应根据《计价指南》规定的综合单价组成,按设计文件或参照《计价指南》工程量清单计量规则确定。

① 综合单价。

综合单价是指完成最低一级规定的计量单位(计量单位为"元"的除外)清单项目全部具体工程(工作)内容所需的费用。综合单价应包括以下费用:

a. 人工费。其指用于直接从事建筑安装工程施工的生产工人开支的各项费用,包括基本工资、工资性质的津贴和补贴、生产工人辅助工资、职工福利费、生产工人劳动保护费。

b. 材料费。其指购买施工过程中耗用的构成工程实体的原材料、辅助材料、构配件、零件、半成品、成品所支出的费用和不构成工程实体的周转材料的摊销费,包括材料原价、运杂费、采购及保管费。除招标文件另有规定外,投标报价时,材料费均按运至工地的价格计算,且全部材料均按由投标人购买考虑。

c. 施工机械使用费。其包括折旧费、大修理费、经常修理费、安装拆卸费、人工费、燃料动力费、其他费用。

d. 填料费。其指购买不作为材料对待的土方、石方、渗水料、矿物料等填筑用料所支出的费用。

e. 措施费。其包括施工措施费和特殊施工增加费。

f. 间接费。其包括企业管理费、规费和利润。

g. 税金。其包括营业税、措施维护建设税和教育费附加。因为工程所在地不同,税率就有所区别。编制投标报价或标底时,应按工程所在地的有关规定计算此项费用。

h. 风险费用。其指投标人在计算综合单价时应考虑招标文件中明示或暗示的风险、责任、义务,或有经验的投标人都可以及应该预见的费用,包括招标文件明确应由投标人考虑的一定幅度范围内的物价上涨风险,工程量增加或减少对综合单价的影响风险,采用新技术、新工艺、新材料的风险,招标文件中明示或暗示的风险、责任、义务,或有经验的投标人都可以及应该预见的其他风险费用。

② 合价=工程数量×综合单价。

最低一级计量单位为"元"的清单项目,由投标人根据设计要求和工程的具体情节填报合价,实行费用包干。

(2) 实际支付

工程量清单所列工程量是估算的或设计的预计数量,仅作为投标的共同基础,不作为最终结算与支付的依据。实际支付应根据《计价指南》的工程量计量规则,以实际完成的工程量,按工程量清单的单价计量支付。以"元"为计量单位的,以工程进度按比例支付或一次性支付。

合同中综合单价因工程量变化或设计标准变更需调整时,除合同另有约定外,应按照下列办法确定:

① 由于工程量清单漏项或变更设计引起新的工程量清单项目,其相应的综合单价应由一方提出,经过双方协商确认后作为结算的依据。

② 由于工程量清单的工程量有误或变更设计引起工程量增减,属于合同约定范围以内的,应执行原有合同单价;属于合同约定范围以外的,其增加部分或减少后剩余部分的工程量的综合单价应由一方提出,经过双方协商确认后作为结算的依据。

③ 当施工合同签订后,由于发包人的原因,要求承包人按不同于招标时明确的设计标准进行施工或对其清单项目的实质性内容进行调整,即使所涉及的该部分清单项目数量未发生改变,其综合单价也应由一方提出调整,经过双方协商确认后,以调整后的综合单价为结算依据。

由于工程量和设计标准的变更,且实际发生了除《计价指南》规定以外的费用损失,承包人可提出索赔要求,经过双方协商确认后,由发包人给予补偿。

5.3.3 工程量清单及其计价格式

(1) 工程量清单格式

工程量清单应采用统一格式,且由以下内容组成。

① 封面。

建设项目名称是指项目审批、核准机关出具的项目批准文件中规定的或备案机关备案证明中确认的项目名称,应与规定的或确认的名称一致。

招标人自行编制工程量清单的,工程量清单由招标单位注册的造价人员编制。由招标人盖单位公章,由其法定代表人或授权人签字或盖章;编制人员是造价工程师的,由其签字并盖执业专用章。

招标人委托工程造价咨询单位编制工程量清单的,工程量清单由工程造价咨询单位注册的造价人员编制。由工程造价咨询单位盖单位资质专用章,由其法定代表人或授权人签字或盖章;编制人员是造价工程师的,由其签字并盖执业专用章。工程量清单封面见表5-5。

表 5-5   **工程量清单   (封面)**

建设项目名称:新建××至××铁路
标段:SG-1 至 SG-5 标段
<div align="center">工程量清单</div>
招标人:××铁路有限责任公司(单位盖章)
法定代表人或授权代理人:××铁路有限责任公司法定代表人(签字盖章)
中介机构法定代表人:××工程造价咨询单位(签字盖章)
造价工程师及注册证号:×××签字(签字盖执业专用章)
编制时间:××××年××月××日

② 填表须知。

填表须知除包括《计价指南》规定的内容外,招标人可根据具体情况对其进行补充,见表5-6。

表5-6   **填表须知**

---

1. 工程量清单及其计价格式中所有要求签字、盖章的地方,必须由规定的单位和人员签字、盖章。

2. 工程量清单及其计价格式中的任何内容不得随意删除或涂改。

3. 工程量清单计价格式中列明的所有需要填报的单价和合价,投标人均应填报。未填报的单价和合价,视为此项费用已包含在工程量清单的其他单价和合价中。

4. 金额(价格)均应以＿＿＿＿＿＿＿＿币表示。

---

③ 总说明。

总说明应按下列内容填写。

a. 工程概况:建设规模、工程特征、计划工期、施工现场实际情况、交通运输情况、自然地理条件、环境保护要求等。

b. 工程招标和分包范围。

c. 工程量清单编制说明。

d. 工程质量、材料、施工等特殊要求。

e. 其他需要说明的问题,见表5-7。

表5-7   **总说明**

标段:新建××至××铁路 SG-1 至 SG-5 标段   第1页 共1页

---

1. 工程概况。本项目位于江苏省,线路全长 189.5 km。总工期为 4 年,开工日期为××××年××月××日,全线施工总工期为 48 个月……

2. 工程招标范围。工程范围内改移道路、通信线路迁改、电力迁改、给排水管道迁改,路基、桥涵、隧道、轨道、房屋、其他运营生产设备及建筑物、大型临时设施及过渡工程和部分配合辅助工程施工。划分为 5 个标段统一招标。

3. 工程量清单编制依据。

(1) 铁建设〔2006〕113 号文发布的《铁路基本建设工程设计概(预)算编制办法》。

(2) 铁建设〔2006〕129 号文发布的《铁路工程建设材料基期价格》(2005 年度)。

(3) 铁建设〔2004〕47 号文发布的《铁路路基隧道工程预算定额》。

(4) 铁建设〔2007〕108 号文发布的《铁路工程工程量清单计价指南》。

4. 其他需要说明的问题。

(1) 通信线路迁改、电力迁改、给排水管道迁改工程实施过程中引起的征地、拆迁补偿费,青苗补偿费由承包人负责,投标人在报价时应充分考虑。

(2) 岩溶处理注浆工程列入招标工程范围内,暂不报价,实施时根据实际发生的工程数量验工计价并调整合同……

---

④ 工程量清单。

编制工程量清单时,在"标段"栏填写相应的标段号。

"项目编码"栏应按《计价指南》的规定填写由字母和数字组成的清单编码。

"节号"栏应按照清单项目所属章节填写。

"项目名称"栏应按《计价指南》中的清单项目设置规则,并根据拟建工程实际情况确定填写。

"计量单位"栏应按规定填写。

"工程数量"栏应按《计价指南》规定的工程量计量规则计算后填写。若该清单项目有两个或两个以上计量单位,工程量应分别计算并对应填写,见表5-8。

⑤ 计日工项目表。

计日工是为了解决现场发生的零星工作的计价而设立的。国际上常见的标准合同条款中,大多设立了计日工(daywork)计价机制。计日工以完成零星工作所消耗的人工工时、机械台班、材料数量进行计量,并按照计日工项目表中填报的适用子目的单价进行计价支付。所谓计日工适用的零星工作,一般是指合同约定之外的或者因变更而产生的、工程量清单中没有设立相应项目的额外工作,尤其是指那些不允许事先商定价格的额外工作。计日工为额外工作和变更的计价提供了一个方便、快捷的解决途径。

为了获得合理的计日工单价,计日工项目表中一定要给出暂定数量,并且需要根据经验尽可能把子目列出,同时估算一个比较贴近实际的数量,见表 5-9～表 5-11。

表 5-8 　　　　　　　　　　　　　　　　**工程量清单表**

标段:新建××至××铁路 SG-1 标段　　　　　　　　　　　　　　　　　第 3 页　共 10 页

清单		第三章　桥涵		
项目编码	节号	项目名称	计量单位	工程量
0305	5	特大桥	延长米/座	12987.09/6
030501		一、复杂特大桥	延长米/座	7917.19/3
03050105		(一)××特大桥	延长米/座	3647.03/1
03050105J		Ⅰ.建筑工程	延长米	3647.03
03050105J02		2.墩台	圬工方	34333.31
03050105J0201		(1)混凝土(综合)	圬工方	34333.31
03050105J0202		(2)钢筋(综合)	吨	1678.01
⋮		⋮		
03050101J15		15.桥面系	延长米	3647.03
⋮		⋮		

表 5-9 　　　　　　　　　　　　　　　　**计日工项目表**
　　　　　　　　　　　　　　　　(1)计日工　　工人

标段:新建××至××铁路 SG-1 标段　　　　　　　　　　　　　　　　　第 1 页　共 1 页

序号	名称	计量单位	数量
1.1	混凝土工	工日	1000.00
1.2	木工	工日	1500.00
1.3	钢筋工	工日	1400.00
1.4	电气工	工日	500.00
1.5	壮工	工日	600.00

表 5-10 　　　　　　　　　　　　　　　　**计日工项目表**
　　　　　　　　　　　　　　　　(2)计日工　　材料

标段:新建××至××铁路 SG-1 标段　　　　　　　　　　　　　　　　　第 1 页　共 1 页

序号	名称及规格	计量单位	数量
2.1	袋装水泥　综合规格	t	210.00
2.2	石子　综合规格	t	600.00
2.3	砂子　综合规格	t	310.00
2.4	钢筋混凝土用钢筋　综合规格	t	80.00

表 5-11 　　　　　　　　　　　　　　　　**计日工项目表**
　　　　　　　　　　　　　　　　(3)计日工　　施工机械

标段:新建××至××铁路 SG-1 标段　　　　　　　　　　　　　　　　　第 1 页　共 1 页

序号	名称及型号	计量单位	数量
3.1	汽车起重机　32 t	台班	15.00
3.2	载重汽车　12 t	台班	20.00
3.3	电焊机　直流	台班	80.00

⑥ 甲供材料数量及价格表(表 5-12)。

表 5-12　　　　　　　　　　　　　甲供材料数量及价格表

标段:新建××至××铁路 SG-1 标段　　　　　　　　　　　　　第 1 页　共 1 页

序号	材料编码	材料名称及规格	交货地点	计量单位	数量	单价/元
1	2700214	PD3 钢轨　60 kg　25 m	××	根	147	4980.00
2	2720114	单开道岔　60 kg　18 号	××	组	72	293711.00
⋮		⋮		⋮	⋮	⋮

甲供材料、设备的种类、名称及规格由招标人根据原铁道部颁布的甲供物资设备目录,在招标文件中提出。甲供材料、设备的数量也由招标人在招标文件中提出。

招标文件中的"甲供材料数量及价格表""甲供设备数量及价格表"应载明甲供材料、设备的供货地点,并明示接货后的一切费用由承包人承担,即由发包人提供的材料和工程设备在合同约定的时间和地点交货验收后,由承包人负责接收、运输和保管,并承担相关费用。

甲供材料、设备的价格由招标人给定,风险由发包人承担。其他材料、设备的价格风险由承包人承担,并在合同价格中一次包干。

⑦ 甲控材料表(表 5-13)。

表 5-13　　　　　　　　　　　　　甲控材料表

标段:新建××至××铁路 SG-1 标段　　　　　　　　　　　　　第 1 页　共 1 页

序号	材料编码	材料名称及规格	技术条件
1	3411014	单向土工格栅　TGDG160HDPE(3～6 m)	聚乙烯或聚丙烯包装
2	3410010	透水土工布　400 g/m²	聚乙烯或聚丙烯包装
⋮		⋮	⋮

甲控材料、设备应在招标人选定的合格供应商范围内,由施工单位组织招标、采购并签订合同,采购合同送建设单位备案,建设单位不再组织甲控材料、设备招标。招标人在对材料、设备供应商的质量、价格、交货期、服务、信誉等方面进行考察的基础上,提出甲控材料、设备合格供应商范围,报原铁道部物资管理办公室审核。原铁道部物资管理办公室应建立甲控材料、设备合格供应商目录,并实行动态管理。

建设单位对甲控材料、设备招标程序是否正确,是否为合格供应商及材料、设备质量进行监督,并随时将供应商的诚信信息反馈给原铁道部物资管理办公室。

⑧ 设备清单表。

因为《计价指南》中没有对设备的清单项目进行设置,所以招标人提供的工程量清单表(表 5-8)中不包括设备,需要单独设置设备清单表,包括甲供设备数量及价格表、甲控设备数量表、自购设备数量表,见表 5-14～表 5-16。

表 5-14　　　　　　　　　　　　　甲供设备数量及价格表

标段:新建××至××铁路 SG-1 标段　　　　　　　　　　　　　第 1 页　共 1 页

序号	设备编码	设备名称及规格	计量单位	交货地点	数量	单价/元
1	略	程控电话交换机	线	新建××铁路	1000	略
2	略	程控电话交换机维护终端	套	沿线各站	1	略
⋮	⋮	⋮	⋮		⋮	⋮

注:填写规定同"甲供材料数量及价格表"。

表 5-15 **甲控设备数量表**

标段:新建××至××铁路 SG-1 标段

序号	设备编码	设备名称及规格	交货地点	计量单位	数量
1	略	电力变压器	新建××铁路	台	85
2	略	调压器(干式)	沿线各站	台	44
⋮	⋮	⋮	⋮	⋮	⋮

注:填写规定同"甲控材料表"。

表 5-16 **自购设备数量表**

标段:新建××至××铁路 SG-1 标段

序号	设备编码	设备名称及规格	计量单位	技术条件	数量
1	略	机车综合通信平台	套	略	60
2		信号联锁装置	组		238
⋮	⋮	⋮	⋮	⋮	⋮

(2) 工程量清单计价格式

工程量清单计价应采用统一格式。工程量清单计价格式应随招标文件一同发至投标人。工程量清单计价格式应由以下内容组成。

① 投标总价。

投标总价应按工程量清单投标报价汇总表的合计金额填写。投标人自行编制投标报价的,投标报价由投标单位注册的造价人员编制。由投标人盖单位公章,由其法定代表人或授权人签字或盖章;由编制的造价人员在编制人一栏签字并盖执业专用章。

② 工程量清单投标报价汇总表。

工程量清单投标报价汇总表各章节的金额应与工程量清单费用计算表各章节的金额一致。工程量清单投标报价汇总表与投标函中投标报价金额应当一致。就投标文件的各个部分而言,投标函是最重要的文件,其他组成部分都是投标函的支持性文件,投标函是指必须经投标人签字,并在开标会上当众宣读的文件。如果工程量清单投标报价汇总表的投标总价与投标函填报的投标总价不一致,应当以投标函中填写的大写金额为准。为了避免出现争议,可以在"投标人须知"中对此项规定预先予以明确。工程量清单投标报价汇总表见表 5-17～表 5-19。

表 5-17 **工程量清单投标报价汇总表**

标段:新建××至××铁路 SG-1 标段

章号	节号	名称	金额/元
第一章	1	拆迁工程	1903697
第二章		路基	56848230
	2	区间路基土石方	56848230
	3	站场土石方	
	4	路基附属工程	
第三章		桥涵	15476800
	5	特大桥	15476800
	6	大桥	
	7	中桥	
	8	小桥	

续表

章号	节号	名称	金额/元
	9	涵洞	
第四章		隧道及明洞	175252679
	10	隧道	175252679
	11	明洞	
第五章		轨道	4034944
	12	正线	3076813
	13	站线	958131
	14	线路有关工程	
第六章		通信、信号及信息	
	15	通信	
	16	信号	
	17	信息	
第七章		电力及电力牵引供电	
	18	电力	
	19	电力牵引供电	
第八章	20	房屋	43171219
第九章		其他运营生产设备及建筑物	
	21	给排水	
	22	机务	
	23	车辆	
	24	动车	
	25	站场	
	26	工务	
	27	其他建筑物及设备	
第十章	28	大型临时设施和过渡工程	
第十一章	29	其他费	13139412
		安全生产费	13139412
		工程保险费	
第一～十一章合计 A			309826981
按第一～十一章合计的%计算的或按一定额度估列的暂列金额 B			5000000
包含在暂列金额中的计日工			698315
考核费 C			1582045
设备费 D			
投标报价总额($A+B+C+D$)			316409026
包含在投标报价总额中的甲供材料、设备费			

注:1. 考核费以投标报价总额为基数,按5‰的费率计算。

2. 工程保险费,设备费,甲供材料、设备费可根据招标文件的规定和项目实际情况计列。

表 5-18   **工程量清单投标报价汇总表(施工总价承包)**

标段:新建××至××铁路 SG-1 标段   第 1 页 共 1 页

章号	节号	名称	金额/元
第一章	1	拆迁工程	1903697
⋮		⋮	⋮
第十一章	29	其他费	13139412
		安全生产费	13139412
		工程保险费	
第一~十一章合计 A			309826981
设备费 B			
总承包风险费 C			7745675
投标报价总额(A+B+C)			317572656
包含在投标报价总额中的甲供材料、设备费			

注:1. 工程保险费、考核费计入总承包风险费中,总承包风险费应由投标人根据建设项目具体情况自主填报,本例按第一~十一章总额的 2.5‰计列。

    2. 设备费、甲供材料、设备费可根据招标文件的规定和项目实际情况计列。

表 5-19   **工程量清单投标报价汇总表(工程总价承包)**

标段:新建××至××铁路 SG-1 标段   第 1 页 共 1 页

章号	节号	名称	金额/元
第一章	1	拆迁工程	1903697
⋮		⋮	⋮
第十一章	29	其他费	19335952
		施工图勘察设计费	6196540
		安全生产费	13139412
第一~十一章合计 A			316023521
设备费 B			
总承包风险费 C			7900588
投标报价总额(A+B+C)			323924109
包含在投标报价总额中的甲供材料设备费			

注:1. 施工图勘察设计费由投标人直接将所需费用填入"工程量清单投标报价汇总表(工程总价承包)"中。

    2. 工程保险费、考核费计入总承包风险费中,总承包风险费应由投标人根据建设项目具体情况自主填报,本例按第一~十一章总额的 2.5‰计列。

    3. 设备费、甲供材料、设备费可根据招标文件的规定和项目实际情况计列。

③ 工程量清单计价表。

投标人对招标人提供的工程量清单表中的"编码""名称""计量单位""工程数量"均应不做改动地填入工程量清单计价表(表 5-20)相应的栏目中。"综合单价""合价"自主决定填写。

④ 工程量清单子目综合单价分析表(表 5-21)。

工程量清单子目综合单价分析表是评标委员会评审及判别综合单价组成和价格完整性、合理性的主要基础,是因工程变更调整综合单价必不可少的基础价格数量来源。采用经评审的最低投标价法评标时,该分析表的重要性更为突出。

工程量清单子目综合单价分析表应由投标人根据自身的施工技术和管理水平按综合单价组成分别自主填报,但间接费中的规费和税金应按国家有关规定计算。

表 5-20

工程量清单计价表

标段:新建××至××铁路 SG-1 标段

清单		第三章　桥涵					
项目编码	节号	项目名称	计量单位	工程量	金额/元		
					综合单价	合价	
0305	5	特大桥(6座)	延长米	12987.09	1191.71	15476800
030501		一、复杂特大桥(3座)	延长米	7917.19	1954.83	15476800
03050105		(一)××特大桥(1座)	延长米	3647.03	4243.67	15476800
03050105J		Ⅰ.建筑工程	延长米	3647.03	4243.67	15476800
03050105J02		2.墩台	圬工方	21097.7	705.8	14890832
03050105J0201		(1)混凝土	圬工方	21097.7	547.79	11557109
03050105J0202		(2)钢筋	吨	637.6	5228.55	3333723
03050101J15		15.桥面系	延长米	3647.03	160.67	585968
第三章合计 15476800 元						

表 5-21

工程量清单子目综合单价分析表

标段:新建××至××铁路 SG-1 标段

清单			第三章　桥涵							
项目编码	节号	项目名称	计量单位	综合单价组成/元						综合单价/元
				人工费	材料费	机械使用费	填料费	措施费	间接费	税金	
0305	5	特大桥(6座)	延长米/座								1191.71/2579474.83
030501		一、复杂特大桥(3座)	延长米/座								1954.83/5158949.67
03050105		(一)××特大桥(1座)	延长米/座								4243.67/15476849
03050105J		Ⅰ.建筑工程	延长米								4243.69
03050105J02		2.墩台	圬工方								705.8
03050105J0201		(1)混凝土	圬工方	91.6	260.05	137.87		9.73	30.78	17.76	547.79
03050105J0202		(2)钢筋	吨	485.46	4047.14	386.7		33.58	106.19	169.48	5228.55
03050101J15		15.桥面系	延长米								160.67
03050101J1501		(1)混凝土梁桥面系	延长米	17.98	126.45	2.73		1.94	6.36	5.21	160.67

注:1. 人工费包含定额人工费、人工费价差及特殊施工增加费中的人工费增加。

　　2. 材料费包含定额材料费、材料费价差及运杂费。

　　3. 施工机械使用费包含定额施工机械使用费、施工机械使用费价差及特殊施工增加费中的施工机械使用费增加。

⑤ 计日工费用计算表。

计日工费用计算表中的人工、材料、机械台班单价由投标人自主确定,按招标文件中已给的暂估数量计算合价并计入投标总价中,见表 5-22～表 5-25。

⑥ 材料费计算表。

投标人的报价中需包括甲供材料的价格,其价格按照招标文件给定的甲供材料单价与数量相乘后得到,并计入报价中,同时在降低造价中不得包括甲供材料价格。

表 5-22
计日工费用计算表
(1) 计日工　人工费计算表

标段:新建××至××铁路 SG-1 标段　　　　　　　　　　　　　　　　第 1 页　共 1 页

序号	名称	计量单位	数量	金额/元	
				单价	合价
1.1	混凝土工	工日	1000.00	50	50000
1.2	木工	工日	1500.00	55	82500
1.3	钢筋工	工日	1400.00	50	70000
1.4	电气工	工日	500.00	60	30000
1.5	壮工	工日	600.00	40	24000

计日工人工费合计 256500 元

表 5-23
计日工费用计算表
(2) 计日工　材料费计算表

标段:新建××至××铁路 SG-1 标段　　　　　　　　　　　　　　　　第 1 页　共 1 页

序号	名称及规格	计量单位	数量	金额/元	
				单价	合价
2.1	袋装水泥　综合规格	t	210.00	230	48300
2.2	石子　综合规格	t	600.00	38	22800
2.3	砂子　综合规格	t	310.00	30	9300
2.4	钢筋混凝土用钢筋 综合规格	t	80.00	4000	320000

计日工材料费合计 400400 元

表 5-24
计日工费用计算表
（3）计日工　施工机械使用费计算表

标段:新建××至××铁路 SG-1 标段　　　　　　　　　　　　　　　　第 1 页　共 1 页

序号	名称及型号	计量单位	数量	金额/元	
				单价	合价
3.1	汽车起重机　32 t	台班	15.00	1353	20295
3.2	载重汽车　12 t	台班	20.00	728	14560
3.3	电焊机　直流	台班	80.00	82	6560

计日工施工机械使用费合计 41415 元

表 5-25
计日工费用汇总表

标段:新建××至××铁路 SG-1 标段　　　　　　　　　　　　　　　　第 1 页　共 1 页

名称	金额/元
1. 计日工人工费合计	256500
2. 计日工材料费合计	400400
3. 计日工施工机械使用费合计	41415

计日工费用总额 698315 元(结转"工程量清单计价表")

甲控材料由投标人在招标人选定的合格供应商范围内确定合理的单价,并填入"甲控材料费计算表"相应的栏目中。各材料费计算表见表5-26~表5-28。

表5-26

材料费计算表

(1)甲供材料费计算表

标段:新建××至××铁路 SG-1 标段 　　　　　　　　　　　　　　　　第1页　共1页

序号	材料编码	材料名称及规格	交货地点	计量单位	数量	金额/元	
						单价	合价
1.1	2700214	PD3 钢轨　60 kg　25 m	××	根	147	4980.00	732060
1.2	2720114	单开道岔　60 kg　18 号	××	组	72	293711.00	21147192
⋮	⋮	⋮	⋮	⋮	⋮	⋮	⋮

甲供材料费合计××元

表5-27

材料费计算表

(2)甲控材料费计算表

标段:新建××至××铁路 SG-1 标段 　　　　　　　　　　　　　　　　第1页　共1页

序号	材料编码	材料名称及规格	技术条件	计量单位	单价/元
2.1	3411014	单向土工格栅　TGDG160HDPE(3~6 m)	聚乙烯或聚丙烯包装	m²	7.24
2.2	3410010	透水土工布　400 g/m²	聚乙烯或聚丙烯包装	m²	7.16
⋮	⋮	⋮	⋮	⋮	⋮

表5-28

材料费计算表

(3)主要自购材料费计算表

标段:新建××至××铁路 SG-1 标段 　　　　　　　　　　　　　　　　第1页　共1页

序号	材料编码	材料名称及规格	计量单位	单价/元
3.1	1010002	普通水泥　32.5 级	t	320
3.2	1240012	碎石　25 mm 以内	m³	40
3.3	1230006	片石	m³	28
⋮	⋮	⋮	⋮	⋮

⑦ 设备费计算表。

投标人的报价中需包括甲供设备的价格,其价格按照招标文件给定的甲供设备单价与数量相乘后得到,并计入报价中,同时在降低造价中不得包括甲供设备价格。

甲控设备由投标人按招标人给定的设备清单中规定的设备名称及规格、型号、技术条件和数量,自主调查设备价格后计算自购设备合价。各设备费计算表见表5-29~表5-32。

表5-29

设备费计算表

(1)甲供设备费计算表

标段:新建××至××铁路 SG-1 标段 　　　　　　　　　　　　　　　　第1页　共1页

序号	设备编码	设备名称及规格	计量单位	交货地点	数量	金额/元	
						单价	合价
1.1	略	程控电话交换机	线	新建××铁路沿线各站	1000	略	
1.2	略	程控电话交换机维护终端	套		1	略	
⋮	⋮	⋮	⋮		⋮	⋮	⋮

甲供设备费合计_____元

表 5-30

设备费计算表

（2）甲控设备费计算表

标段：新建××至××铁路 SG-1 标段　　　　　　　　　　　　　　第1页　共1页

序号	设备编码	设备名称及规格	技术条件	计量单位	数量	金额/元	
						单价	合价
2.1	略	电力变压器	略	台	85		
2.2	略	调压器（干式）	略	台	44		
⋮	⋮	⋮	⋮	⋮	⋮	⋮	⋮

甲控设备费合计_____元

表 5-31

设备费计算表

（3）自购设备费计算表

标段：新建××至××铁路 SG-1 标段　　　　　　　　　　　　　　第1页　共1页

序号	设备编码	设备名称及规格	技术条件	计量单位	数量	金额/元	
						单价	合价
3.1	略	机车综合通信平台	略	套	60		
3.2	略	信号联锁装置	略	组	238		
⋮	⋮	⋮	⋮	⋮	⋮	⋮	⋮

自购设备费合计_____元

表 5-32

设备费计算表

（4）设备费汇总表

标段：新建××至××铁路 SG-1 标段　　　　　　　　　　　　　　第1页　共1页

名称	金额/元
1. 甲供设备费合计	
2. 非甲供设备费合计	

设备费总额_____元（结转"工程量清单投标报价汇总表"）

知识归纳

　　（1）铁路工程工程量计量原理。
　　（2）铁路工程工程量计量规则。
　　（3）铁路工程工程量清单计价基本方法。

独立思考

　5-1　简述工程量的概念与作用，以及铁路工程工程量计量基本原理。
　5-2　简述铁路工程各单项工程（路基、桥涵、隧道等）计量规则的内涵。
　5-3　简述铁路工程工程量清单编制、计价编制、清单计价的内涵。

6

某公路桥梁工程施工图
预算编制示例

课前导读

▽ **内容提要**

本章主要介绍某公路桥梁工程施工图预算编制示例，包括某公路桥梁工程概况和某公路桥梁工程施工图预算编制说明。

▽ **能力要求**

通过本章的学习，学生应了解公路桥梁工程施工图预算编制的步骤与方法，熟悉施工图预算编制依据、预算文件组成，掌握公路桥梁工程施工图预算编制中各项费用的取值与计量规则。

6.1　工　程　概　况　>>>

　　某公路桥梁工程位于黑龙江 S311 省道 K133+683 里程处,在黑河市与逊克县之间,距黑河市 133 km,距逊克县 20 km。该桥所处道路等级为二级公路,路宽 7 m(行车道)+2×1 m(土路肩),路面为水泥混凝土,桥长 38 m。桥梁的设计标准:公路等级为二级公路;汽车荷载等级为Ⅰ级;设计洪水频率为 1/100;桥面宽度为净 10.5 m+2×0.75 m 防撞护栏;防撞等级为 A 级。按照安全、适用、经济施工、养护方便的原则,根据桥址地形、地物、水文、地质等条件,桥梁上部采用简支梁转连续梁预应力钢筋混凝土空心板梁;下部采用柱式桥墩台、钻孔桩基础。试根据上述资料编制该公路桥梁工程施工图预算。

×××桥改建工程

一阶段施工图预算

桥梁长度:38 m

第二册　共二册

预　算

×××设计研究院

2012 年 9 月　哈尔滨

总目录			
第一册　桥梁设计文件			
第二册　施工图预算			
图表名称	图号	页次	页数
Ⅰ	2	3	4
本册目录			
说明		1	1
总预算表	01 表	2	1
人工、主要材料、机械台班数量汇总表	02 表	3～5	3
建筑安装工程费计算表	03 表	6	1
其他工程费及间接费综合费率计算表	04 表	7	1
设备、工具、器具购置费计算表	05 表	8	1
工程建设其他费用及回收金额计算表	06 表	9	1
人工、材料、机械台班单价汇总表	07 表	10～11	2
建筑安装工程费计算数据表	08-1 表	12～14	3
分项工程预算表	08-2 表	15～46	32
材料预算单价计算表	09 表	47	1
机械台班单价计算表	11 表	48～49	2

6.2　预算编制说明　>>>

（1）编制依据

① 原交通部 2007 年第 33 号公告《公路工程基本建设项目概算预算编制办法》（JTG B06—2007，以下简称《编制办法》）。

② 原交通部 2007 年第 33 号公告《公路工程预算定额》（JTG/T B06-02—2007）及《公路工程机械台班费用定额》（JTG/T B06-03—2007）。

③ 黑龙江省交通厅黑交发〔2008〕40 号文件发布的《黑龙江省交通厅关于贯彻执行交通部〈公路工程基本建设项目概算预算编制办法〉(JTG B06—2007)的补充规定的通知》（以下简称《补充规定》）。

④《黑龙江公路工程概算、预算编制资料汇编》。

（2）各项费用的取值及计算

① 人工费。

人工费是指列入概预算定额的，用于直接从事建筑安装工程施工的生产工人开支的各项费用。本项目位于逊克县境内，根据黑交发〔2011〕57 号文件《黑龙江省交通厅关于调整我省公路工程概算、预算人工工日单价的通知》，人工费计算标准为 62.48 元/工日。

② 材料供应价格。

a. 木材、水泥、钢筋等供应价格采用黑龙江省公路工程造价管理总站发布的《黑龙江公路工程主要建筑材料价格》中 2012 年上半年各地、市材料综合价格。水泥、原木、锯材、钢材供货地点为黑河市。

b. 碎石、片石、块石、砂浆及中粗砂等材料采用调查的料场价格。

c. 小五金及地方性材料按调查的市场价格计算。

③ 运输方式及运杂费。

a. 材料运输方式采用汽车运输，详见"材料预算单价计算表"。

b. 汽车运输运费：执行黑龙江省交通厅黑价联字〔1998〕280 号文件《黑龙江省汽车运价规则》。

c. 货物装卸费：执行黑龙江省交通厅黑交发〔1996〕326 号文件和黑龙江省物价局黑价联字〔1996〕79 号文件联合发布的《关于整顿装卸搬运价格的通知》。

d. 单位重：材料的单位重执行《公路工程预算定额》（JTG/T B06-02—2007）的附录四。

④ 施工机械使用费。

公路工程机械台班费执行原交通部 2007 年第 33 号公告《公路工程机械台班费用定额》（JTG/T B06-03—2007），不计机械台班的养路费。公路工程用电按自发电计算，采用 100 kW 柴油发电机机组发电。

⑤ 其他工程费用及措施。

a. 本项目其他工程费及间接费费率采用新建公路工程的费率标准，施工队伍按地级计取综合费率。

b. 建设单位管理费按《编制办法》的规定计算。

c. 工程监理费按建筑安装工程费的 2.5% 计列。

d. 设计费按建筑安装工程费的 7% 计列。

e. 勘察费按 5 万元计列。

（3）工程造价

工程造价为 329 万元，其中，建筑安装工程费为 270 万元。相关表格见表 6-1～表 6-13。

表 6-1 　　　　　　　　　　　　　　　　　　**总预算表**

建设项目名称:S311 省道 K133+683 ×××桥

编制范围:S311 省道 K133+683 ×××桥　　　　　　　　　　　　　第 1 页　共 02 页　01 表

项	目	节	细目	工程或费用名称	单位	数量	预算金额/元	技术经济指标	各项费用比例	备注
				第一部分　建筑安装工程费	桥长米	38.000	2702757	71125.18	82.06	
一				临时工程	桥长米	38.000	416082	10949.53	12.63	
	1			临时道路	km	0.200	85324	426620.00		
		1		临时便道的修建与维护	km	0.200	85324	426620.00		
	2			临时便桥	m/座	10.000/1.000	321758	32175.80/321758.00		
	3			标志牌	块	6.000/1.000	9000	1500.00/9000.00		
二				引道工程	m	62.000	208515	3363.15	6.33	
四				桥梁工程	m/座	38.000/1.000	2078160	54688.42/2078160.00		
	1			中桥工程	m/座	38.000/1.000	2078160	54688.42/2078160.00		
		1		K133+683×××桥预应力混凝土空心板(B=12 m)	m²/m	456.000/38.000	2078160	4557.37/54688.42		
			1	基础工程	m²/m	456.000/38.000	591097	1296.27/15555.18		
			2	下部工程	m²/m	456.000/38.000	237828	521.55/6258.63		
			3	上部工程	m²/m	456.000/38.000	731025	1603.13/19237.50		
			4	杂项工程	m²/m	456.000/38.000	518209	1136.42/13637.08		
				第二部分　设备及工具、器具购置费	桥长米	38.000	237	6.24	0.01	
三				办公及生活用家具购置	桥长米	38.000	237	6.24	0.01	
				第三部分　工程建设其他费用	桥长米	38.000	494547	13014.39	15.02	
二				建设项目管理费	桥长米	38.000	164708	4334.42	5.00	
	1			建设单位(业主)管理费	桥长米	38.000	94056	2475.16		
	2			工程监理费	桥长米	38.000	67569	1778.13		
	3			设计文件审查费	桥长米	38.000	2703	71.13		
	4			竣(交)工验收试验检测费	桥长米	38.000	380	10.00		
四				建设项目前期工作费	桥长米	38.000	329839	8679.97	10.01	
	1			勘察设计费	桥长米	38.000	239193	6294.55		
	2			监理招标代理服务费	桥长米	38.000	28620	753.16		
	3			设计招标代理服务费	桥长米	38.000	28620	753.16		

续表

项	目	节	细目	工程或费用名称	单位	数量	预算金额/元	技术经济指标	各项费用比例/%	备注
	4			施工招标代理服务费	桥长米	38.000	21920	576.84		
	5			造价咨询费	桥长米	38.000	11486	302.26		
				第一、二、三部分费用合计	桥长米	38.000	3197540	84145.79	97.09	
				预备费	桥长米	38.000	95926	2524.37	2.91	
				2. 基本预备费	桥长米	38.000	95926	2524.37	2.91	
				预算总金额	桥长米	38.000	3293467	86670.18	100.00	
				公路基本造价	桥长米	38.000	3293467	86670.18	100.00	

编制: 复核:

表 6-2 **人工、主要材料、机械台班数量汇总表**

建设项目名称:S311 省道 K133+683 ×××桥

编制范围:S311 省道 K133+683 ×××桥 第 1 页 共 4 页 02 表

序号	规格名称	单位	总数量	分项统计						辅助生产	其他	场外运输损耗	
				临时工程	引道工程	桥梁工程						费率/%	数量
1	人工	工日	6239	375	447	4974					443		
2	机械工	工日	510	101	47	362							
3	原木	m³	1			1							
4	锯材木中板厚度 19~35 mm	m³	5	0	0	5							
5	光圆钢筋直径 10~14 mm	t	17	5	0	12							
6	带肋钢筋直径 15~24 mm,25 mm以上	t	90	12		78							
7	钢绞线普通,无松弛	t	6			6							
8	波纹管钢带	t	1			1							
9	型钢	t	1		0	1							
10	板钢	t	0			0							
11	圆钢	t	0	0									
12	钢管	t	2			2							
13	钢丝绳	t	0			0							
14	钢纤维	t	0			0							
15	电焊条	kg	407	95		312							
16	螺栓	kg	699	648		51							
17	钢管立柱	t	1			1							

续表

| 序号 | 规格名称 | 单位 | 总数量 | 分项统计 | | | | | | | 辅助生产 | 其他 | 场外运输损耗 | |
				临时工程	引道工程	桥梁工程							费率/%	数量
18	波形钢板	t	1			1								
19	钢护筒	t	0			0								
20	钢模板	t	0			0								
21	组合钢模板	t	1			1								
22	门式钢支架	t	0			0								
23	钢桁	t	12	12										
24	板式橡胶支座	dm³	114			114								
25	模数式伸缩缝	t	2			2								
26	钢绞线群锚（3孔）	套	129			129								
27	钢绞线群锚（7孔）	套	16			16								
28	铁件	kg	498	12		486								
29	铁钉	kg	12			12								
30	8~12号铁丝	kg	7	4		3								
31	20~22号铁丝	kg	392	73		319								
32	铸铁管	kg	168			168								
33	32.5级水泥	t	305		80	222							1.00	3
34	42.5级水泥	t	111			110							1.00	1
35	石油沥青	t	0			0								
36	汽油	kg	66		35	.31								
37	柴油	kg	6768	2887	1102	2780								
38	煤	t	0		0								1.00	0
39	电	kW·h	45093	1911	377	42806								
40	水	m³	2117	38	21	2058								
41	中（粗）砂	m³	531		70	447							2.50	13
42	砂砾	m³	953		860	83							1.00	9
43	天然级配	m³	259	257									1.00	3
44	黏土	m³	213	18		188							3.00	6
45	片石	m³	335			335								
46	碎石（2 cm）	m³	143			142							1.00	1
47	碎石（4 cm）	m³	494		127	362							1.00	5

续表

序号	规格名称	单位	总数量	分项统计								场外运输损耗	
				临时工程	引道工程	桥梁工程				辅助生产	其他	费率/%	数量
48	碎石(8 cm)	m³	0			0						1.00	0
49	石屑	m³	7	7								1.00	0
50	路面用碎石(1.5 cm)	m³	7	7								1.00	0
51	路面用碎石(3.5 cm)	m³	66	66								1.00	1
52	其他材料费	元	2971	173	192	2607							
53	设备摊销费	元	1360		2	1358							
54	75 kW 以内履带式推土机	台班	13	4	4	6							
55	105 kW 以内履带式推土机	台班	1	1									
56	1.0 m³ 履带式单斗挖掘机	台班	8	7		0							
57	2.0 m³ 履带式单斗挖掘机	台班	2		2								
58	120 kW 以内平地机	台班	6	5	1								
59	75 kW 以内履带式拖拉机	台班	0		0								
60	6～8 t 光轮压路机	台班	20	18	2								
61	8～12 t 光轮压路机	台班	1	0		1							
62	12～15 t 光轮压路机	台班	4	2	2								
63	0.6 t 手扶式振动碾	台班	1	1									
64	10 t 以内振动压路机	台班	1		1								
65	电动混凝土真空吸水机机组	台班	2		2								
66	电动混凝土切割机	台班	6		2	4							
67	250 L 以内强制式混凝土搅拌机	台班	6		6								
68	6 m³ 以内混凝土搅拌运输车	台班	9			9							
70	油泵、千斤顶各 1 台,钢绞线拉伸设备	台班	15			15							
71	含钢带电焊机波纹管卷制机	台班	3			3							
72	2 t 以内载货汽车	台班	1			1							

续表

序号	规格名称	单位	总数量	分项统计						辅助生产	场外运输损耗		
				临时工程	引道工程	桥梁工程					其他	费率/%	数量
73	4 t以内载货汽车	台班	0			0							
74	6 t以内载货汽车	台班	0			0							
75	15 t以内载货汽车	台班	1			1							
76	12 t以内自卸汽车	台班	20	20		1							
77	60 t以内平板拖车组	台班	1			1							
78	4000 L以内洒水车	台班	1		1								
79	6000 L以内洒水车	台班	1		1								
80	1.0 t以内机动翻斗车	台班	10			10							
81	10 t以内履带式起重机	台班	2	2									
82	15 t以内履带式起重机	台班	1			1							
83	40 t以内履带式起重机	台班	1			1							
84	5 t以内汽车式起重机	台班	1			1							
85	12 t以内汽车式起重机	台班	15			15							
86	20 t汽车式起重机	台班	7			7							
87	30 t汽车式起重机	台班	9			9							
88	30 kN以内单筒慢动电动卷扬机	台班	7			7							
89	50 kN以内单筒慢动电动卷扬机	台班	26			26							
90	1500 mm以内回旋钻机	台班	60			60							
91	容量为100～150 L泥浆搅拌机	台班	9			9							
92	32 kV·A交流电弧焊机	台班	79	22		57							
93	3 m³/min以内机动空气压缩机	台班	13		13								
94	9 m³/min以内机动空气压缩机	台班	2	2									
95	小型机具使用费	元	3555	412	421	2722							

编制：　　　　　　　　　　　　　　　　　　　　　　　复核：

表 6-3   **建筑安装工程费计算表**

建设项目名称：S311 省道 K133＋683 ×××桥

编制范围：S311 省道 K133＋683 ×××桥   第 1 页 共 1 页 03 表

序号	工程名称	单位	工程量	直接费/元						间接费/元	利润/元（费率为7.5%）	税金/元（综合税率为3.35%）	建筑安装工程费	
				直接工程费				其他工程费	合计				合计/元	单价/元
				人工费	材料费	施工机械使用费	合计							
1	临时便道的修建与维护	km	0.200	6774	17624	42610	67008	4865	71873	5437	5248	2766	85324	426619.15
2	临时便桥	m/座	10.000	16657	206577	9868	266353	12716	279068	15452	17887	9352	321758	32175.84
3	标志牌	块	6.000				9000		9000				9000	1500.00
4	引道工程	m	62.000	27899	110851	20893	159643	13086	172729	16458	12569	6759	208515	3363.14
5	基础工程	m²/m	456.000	66131	209343	161612	437085	44644	481730	54284	35924	19160	591097	1296.27
6	下部工程	m²/m	456.000	26583	137163	16706	180452	15146	195598	20067	14455	7709	237828	521.55
7	上部工程	m²/m	456.000	75259	442791	40305	564687	42051	606738	56622	44175	23490	731025	1603.13
8	杂项工程	m²/m	456.000	142826	191364	29371	363562	34468	398029	73803	29579	16797	518209	1136.42
	各项费用合计	公路管理	5.000	362130	1315714	321366	2047789	166976	2214765	242123	159836	86033	2702757	540551.35

编制：   复核：

其他工程费及间接费综合费率计算表

表 6-4
建设项目名称：S311 省道 K133+683 ×××桥
编制范围：S311 省道 K133+683 ×××桥

序号	工程类别	冬季施工增加费	雨季施工增加费	夜间施工增加费	高原地区施工增加费	风沙地区施工增加费	沿海地区施工增加费	行车干扰工程施工增加费	安全及文明施工措施费	临时设施费	施工辅助费	工地转移费	综合费率 I	综合费率 II	养老保险费	失业保险费	医疗保险费	住房公积金	工伤保险费	综合费率	基本费用	主副食运费补贴	职工探亲路费	职工取暖补贴	财务费用	综合费率
1	2	3	4	5	6	7	8	9	10	11	12	13	14	15	16	17	18	19	20	21	22	23	24	25	26	27
01	人工土方	4.610	0.110						0.700	1.730	0.890	0.238	8.278		20.000	2.000	6.000	5.000	1.500	34.500	3.360	0.786	0.100	0.310	0.230	4.786
02	机械土方	7.070	0.110						0.700	1.560	0.490	0.765	10.695		20.000	2.000	6.000	5.000	1.500	34.500	3.260	0.610	0.220	0.660	0.210	4.960
03	汽车运输	1.270	0.110						0.250	1.010	0.160	0.455	3.255		20.000	2.000	6.000	5.000	1.500	34.500	1.440	0.642	0.140	0.620	0.210	3.052
04	人工石方	0.980	0.070						0.700	1.760	0.850	0.248	4.608		20.000	2.000	6.000	5.000	1.500	34.500	3.450	0.598	0.100	0.310	0.220	4.678
05	机械石方	1.370	0.100						0.700	2.170	0.460	0.508	5.308		20.000	2.000	6.000	5.000	1.500	34.500	3.280	0.570	0.220	0.530	0.200	4.800
06	高级路面	4.500	0.090						1.180	2.110	0.800	0.948	9.638		20.000	2.000	6.000	5.000	1.500	34.500	1.910	0.392	0.140	0.380	0.270	3.092
07	其他路面	1.800	0.080						1.200	2.060	0.740	0.857	6.747		20.000	2.000	6.000	5.000	1.500	34.500	3.280	0.392	0.160	0.360	0.300	4.492
08	构造物 I	4.140	0.170						0.850	2.920	1.300	0.857	10.147		20.000	2.000	6.000	5.000	1.500	34.500	4.440	0.570	0.290	0.560	0.370	6.230
09	构造物 II	5.100							0.920	3.450	1.560	1.018	12.128		20.000	2.000	6.000	5.000	1.500	34.500	5.530	0.620	0.340	0.620	0.400	7.510
10	构造物 III（一般）	10.030							1.850	6.390	3.030	2.020	23.490		20.000	2.000	6.000	5.000	1.500	34.500	9.790	1.128	0.550	1.130	0.820	13.418
10-1	构造物 III（室内管道）	10.030							1.850	6.390	3.030	2.020	23.320		20.000	2.000	6.000	5.000	1.500	34.500	9.790	1.128	0.550	1.130	0.820	13.418
10-2	构造物 III（安装工程）	10.030							0.925	6.390	3.030	2.020	22.395		20.000	2.000	6.000	5.000	1.500	34.500	9.790	1.128	0.550	1.130	0.820	13.418
11	技术复杂大桥	5.810	0.100						1.010	3.210	1.680	1.152	12.962		20.000	2.000	6.000	5.000	1.500	34.500	4.720	0.506	0.200	0.510	0.460	6.396
12	隧道	1.690							0.860	2.830	1.230	0.810	7.420		20.000	2.000	6.000	5.000	1.500	34.500	4.220	0.496	0.270	0.430	0.390	5.806
13	钢材及钢结构（一般）	0.430							0.630	2.730	0.560	1.105	5.455		20.000	2.000	6.000	5.000	1.500	34.500	2.420	0.518	0.160	0.370	0.480	3.948
13-1	钢材及钢结构（金属标志牌等）	0.430							0.630	2.730	0.560	1.105	5.455		20.000	2.000	6.000	5.000	1.500	34.500	2.420	0.518	0.160	0.370	0.480	3.948

编制：　　　　　　　　　　　　　　　复核：

表6-5

其他工程费及间接费费用计算表

建设项目名称：S311省道 K133+683 ×××桥
编制范围：S311省道 K133+683 ×××桥

第 1 页　共 1 页　04-1表

序号(1)	工程类别(2)	冬季施工增加费(3)	雨季施工增加费(4)	夜间施工增加费(5)	高原地区施工增加费(6)	风沙地区施工增加费(7)	沿海地区施工增加费(8)	行车干扰工程施工增加费(9)	安全及文明施工措施费增加费(10)	临时设施费(11)	施工辅助费(12)	工地转移费(13)	综合费用 I(14)	综合费用 II(15)	养老保险费(16)	失业保险费(17)	医疗保险费(18)	住房公积金(19)	工伤保险费(20)	综合费用(21)	基本费用(22)	主副食运费补贴(23)	职工探亲路费(24)	职工取暖补贴(25)	财务费用(26)	综合费用(27)
1	临时便道的维修与养护	2417	69						505	1071	346	456	4865		1355	135	406	339	102	2337	2026	399	123	377	174	3100
	临时便桥	1002							1469	6364	1305	2576	12716		3331	333	999	833	250	5747	5949	1273	393	910	1180	9705
2	引道工程	5244	153						1835	3259	1200	1395	13086		5580	558	1674	1395	418	9625	4698	717	267	667	484	6833
3	基础工程	16437	249						3658	14177	5565	4559	44644		13226	1323	3968	3307	992	22815	22528	2852	1400	2656	2033	31469
4	下部工程	4486	64						1367	5498	1805	1925	15146		5317	532	1595	1329	399	9171	7504	1104	473	946	868	10896
5	上部工程	10606	144						4011	16437	4861	5993	42051		15052	1505	4516	3763	1129	25964	20593	3315	1313	2722	2714	30658
6	杂项工程	12134	194						2887	11300	4219	3733	34468		28565	2857	8570	7141	2142	49275	17299	2335	1086	2136	1671	24528
8	合计	52327	873						15731	58106	19302	20636	166976		72426	7243	21728	18107	5432	124935	80598	11996	5055	10415	9124	117188

编制：　　　　　　　　　　　　　　　　　　　　　　　　复核：

表6-6

设备、工具、器具购置费计算表

建设项目名称：S311省道 K133+683 ×××桥
编制范围：S311省道 K133+683 ×××桥

第 1 页　共 1 页　05表

编号	设备、工具、器具规格名称	单位	数量	单价/元	金额/元	说明
三	办公及生活用家具购置	桥长米	38.00	6.24	237	0.038×7800×0.8

编制：　　　　　　　　　　　　　　　　　　　　　　　　复核：

表 6-7

建设项目名称:S311 省道 K133+683 ×××桥

编制范围:S311 省道 K133+683 ×××桥

工程建设其他费用及回收金额计算表

第 1 页 共 1 页 06 表

序号	费用名称及回收金额项目	说明及计算式	金额/元	备注
	第三部分 工程建设其他费用		494547	
二	建设项目管理费		164708	
1	建设单位(业主)管理费	〈建设单位(业主)管理费〉(以建筑安装工程费为基数)	94056	94055.93
2	工程监理费	建筑安装工程费×2.5%	67569	2702756.73×2.5%
3	设计文件审查费	建筑安装工程费×0.1%	2703	2702756.73×0.1%
4	竣(交)工验收试验检测费	10000×0.038	380	
四	建设项目前期工作费		329839	
1	勘察设计费	239193	239193	239193
2	监理招标代理服务费	28620	28620	28620
3	设计招标代理服务费	28620	28620	28620
4	施工招标代理服务费	21920	21920	21920
5	造价咨询费	11486	11486	11486
三	预备费		95926	
	2. 基本预备费	(第一、二、三部分费用合计-{N}-{P})×3%	95926	(3197540.46-0-0)×3%

编制: 复核:

表6-8

建设项目名称：S311省道K133+683×××桥

编制范围：S311省道K133+683×××桥

人工、材料、机械台班单价汇总表

第1页 共2页 07表

序号	名称	单位	代号	预算单价/元	备注	序号	名称	单位	代号	预算单价/元	备注
1	人工	工日	1	62.48		26	钢绞线群锚（3孔）	套	572	140.00	
2	机械工	工日	2	62.48		27	钢绞线群锚（7孔）	套	576	350.00	
3	原木	m³	101	914.19		28	铁件	kg	651	8.30	
4	锯木中板厚度19～35 mm	m³	102	1476.50		29	铁钉	kg	653	8.30	
5	光圆钢筋直径10～14 mm	t	111	4652.97		30	8～12号铁丝	kg	655	8.30	
6	带肋钢筋直径15～24 mm,25 mm以上	t	112	4678.59		31	20～22号铁丝	kg	656	8.50	
7	钢绞线管普通,无松池	t	125	6071.57		32	铸铁管	kg	682	3.00	
8	波纹管钢带	t	151	7500.00		33	32.5级水泥	t	832	564.45	
9	型钢	t	182	4721.64		34	42.4级水泥	t	833	624.49	
10	钢板	t	183	4721.64		35	石油沥青	t	851	5492.00	
11	圆钢	t	184	3177.00		36	汽油	kg	862	10.35	
12	钢管	t	191	6771.64		37	柴油	kg	863	8.90	
13	钢丝绳	t	221	6200.00		38	煤	t	864	498.40	
14	钢纤维	t	225	6300.00		39	电	kW·h	865	2.78	
15	电焊条	kg	231	7.48		40	水	m³	866	5.00	
16	螺栓	kg	240	12.00		41	中（粗）砂	m³	899	56.40	
17	钢管立柱	t	247	6500.00		42	砂砾	m³	902	58.15	
18	波形钢板	t	249	6300.00		43	天然级配	m³	908	40.00	
19	钢护筒	t	263	6200.00		44	黏土	m³	911	27.73	
20	钢模板	t	271	6800.00		45	片石	m³	931	89.95	
21	组合钢模板	t	272	6200.00		46	碎石（2 cm）	m³	951	83.89	
22	门式钢模板	t	273	6200.00		47	碎石（6 cm）	m³	952	83.89	
23	钢桁	t	302	10000.00		48	碎石（8 cm）	m³	954	49.00	
24	板式橡胶支座	dm³	402	160.00		49	石屑	m³	961	80.47	
25	模数式伸缩缝	t	541	45000.00		50	路面用碎石（1.5 cm）	m³	965	83.89	

续表

序号	名称	单位	代号	预算单价/元	备注
51	路面用碎石(3.5 cm)	m³	967	83.89	
52	其他材料费	元	996	1.00	
53	设备摊销费	元	997	1.00	
54	75 kW 以内履带式推土机	台班	1003	859.33	
55	105 kW 以内履带式推土机	台班	1005	1136.40	
56	1.0 m³ 履带式单斗挖掘机	台班	1035	1110.43	
57	2.0 m³ 履带式单斗挖掘机	台班	1037	1800.83	
58	120 kW 以内平地机	台班	1057	1270.50	
59	75 kW 以内履带式拖拉机	台班	1063	769.19	
60	6~8 t 光轮压路机	台班	1075	324.09	
61	8~10 t 光轮压路机	台班	1076	386.46	
62	12~15 t 光轮压路机	台班	1078	586.89	
63	0.6 t 手扶式振动碾	台班	1083	126.92	
64	10 t 以内振动压路机	台班	1087	888.76	
65	电动混凝土真空吸水机机组	台班	1239	129.78	
66	电动混凝土切割机	台班	1245	199.75	
67	250 L 以内强制式混凝土搅拌机	台班	1272	227.68	
68	6 m³ 以内混凝土搅拌运输车	台班	1307	1472.61	
69	25 m³/h 以内水泥混凝土搅拌站	台班	1324	1440.61	
70	油泵、千斤顶各 1 台钢绞线伸设备	台班	1349	171.68	
71	含钢带电焊机波纹管卷制机	台班	1352	306.88	
72	2 t 以内载货汽车	台班	1370	325.04	
73	4 t 以内载货汽车	台班	1372	485.14	
74	6 t 以内载货汽车	台班	1374	505.02	
75	15 t 以内载货汽车	台班	1378	949.41	
76	12 t 以内自卸汽车	台班	1387	887.68	
77	60 t 以内平板拖车车组	台班	1396	1545.42	
78	4000 L 以内酒水车	台班	1404	656.54	
79	6000 L 以内酒水车	台班	1405	700.84	
80	1.0 t 以内机动翻斗车	台班	1408	175.30	
81	10 t 以内履带式起重机	台班	1431	576.52	
82	15 t 以内履带式起重机	台班	1432	753.16	
83	40 t 以内轮胎式起重机	台班	1444	1497.61	
84	5 t 以内汽车式起重机	台班	1449	531.99	
85	12 t 以内汽车式起重机	台班	1451	919.81	
86	20 t 汽车式起重机	台班	1453	1307.86	
87	30 t 汽车式起重机	台班	1455	1680.51	
88	30 kN 以内单筒慢动电动卷扬机	台班	1499	184.17	
89	50 kN 以内单筒慢动电动卷扬机	台班	1500	235.77	
90	1500 mm 以内回旋钻机	台班	1600	2381.50	
91	容量为 100~150 L 泥浆搅拌机	台班	1624	97.22	
92	32 kV·A 交流电弧焊机	台班	1726	313.33	
93	3 m³/min 以内机动空气压缩机	台班	1840	365.95	
94	9 m³/min 以内机动空气压缩机	台班	1842	802.57	
95	小型机具使用费	台班	1998	1.00	
96	定额基价	台班	1999	1.00	

编制: 复核:

表6-9

建筑安装工程费计算数据表

建设项目名称：S311省道 K133+683 ×××桥　　编制范围：S311省道 K133+683 ×××桥　　数据文件编号：20120901　　公路等级：一般公路二级

第1页 共6页 08-1表

路线或桥梁长度/km:0.038　　路基或桥梁宽度/m:12.0

项目的代号	本项目目数	目的代号	本目节数	节的代号	本节细目数	细目的代号	费率编号	定额个数	定额代号	项或目或节或细目的名称	单位	数量	定额调整情况
一	3									临时工程	桥长米	38.00	
		1	1							临时道路	km	0.200	
				1				7		临时便道的修建与维护	km	0.200	
							02		1~1~9~6	1.0 m³以内挖掘机挖装硬土	1000 m³ 天然密实方	2.960	
							03		1~1~11~17	12 t以内自卸汽车运土第一个1 km	1000 m³ 天然密实方	2.960	
							02		1~1~18~10	三、四级公路填方路基6～8 t光轮压路机碾压土方	1000 m³ 天然压实方	2.960	
							01		7~1~1~1	汽车便道路基宽7 m（平原微丘区）	1 km	0.200	
							07		7~1~1~5	汽车便道天然砂砾路基（压实厚度为15 cm）路基宽6 m	1 km	0.200	
							01		7~1~2~7	汽车便道养护路基宽7.0 m	1 km·月	1.000	
							07		2~2~2~1	人工摊铺5 cm泥结碎石面层	1000 m²	1.300	+3×(-3.0)
				2	6					临时便桥	m/座	10.000（1.000）	
							13		4~10~19~10	钢管拱混凝土纵、横梁钢筋	1 t	13.705	
							13		4~10~19~10	钢管拱混凝土纵、横梁钢筋	1 t	2.011	
							13		4~10~1~1	上承式高强度螺栓接钢桁架	10 t	0.198	
							13		4~10~1~1	上承式高强度螺栓接钢桁架	10 t	0.976	
							13		4~10~19~10	墩身角钢	1 t	0.929	
							1	1	1	木方	m³	13.300	13.3×2500 元
										标志牌	块	6.000	6×1500 元
										标志牌	块	6.000	
							10			引道工程	m	62.000	

续表

项的代号	本项目数	目的代号	本目节数	节的代号	本节细目数	细目的代号	费率编号	定额个数	定额代号	项或目或节或细目的名称	单位	数量	定额调整情况
一	3						02		1~1~9~8	2.0 m³ 以内挖掘机挖普通土	1000 m³ 天然密实方	1.972	
		1	1				02		1~1~12~2	75 kW 以内推土机推送 60 m 普通土	1000 m³ 天然密实方	0.360	+4×4.0
				1			07		2~3~2~10	风镐清理水泥混凝土面层	10 m³	11.704	
						1	06		2~2~17~1	人工铺筑混凝土面层厚度为 22 cm	100 m² 路面	0.682	+2×2.0
							07		2~1~2~5	拖拉机带铧犁拌和水泥砂砾(6%)压实厚度为 20 cm	1000 m²	0.705	+6×5.0 配比32.5 级水泥：砂砾 = 6.0:94.0 压机调整：压机*2
							07		2~1~2~5	压实厚度为 15 cm 拖拉机带铧犁拌和水泥砂浆(5:95)	1000 m²	0.273	
							07		1~3~12~2	软土地基砂砾垫层	1000 m³	0.479	
							01		1~1~4~2	人工挖土质台阶普通土	1000 m²	1.425	
							02		1~1~18~8	二级公路 10 t 以内振动压路机碾压土方	1000 m³ 天然压实方	0.360	
							02	9	1~1~12~10	105 kW 以内推土机推送第一个 20 m 普通土	1000 m² 天然密实土	0.360	
四	1	4	1							桥梁工程	m/座	38.000	
				3						中桥工程	m/座	38.000	
					4	1				K133+683××桥预应力混凝土空心板(B=12 m)	m²/m	456.000	
	3									基础工程	m²/m	456.000	
							09		4~1~1~1	人工挖基坑深 3 m 以内干处土方	1000 m³	1.017	
							09	3	4~4~5~42	回旋钻机陆地钻孔桩径为 130 cm，孔深 40 m 以内黏土	10 m	7.200	实际桩径（cm）：桩径 130 cm

续表

项的目数代号	本项目数目的代号	本目的节数代号	本节的代号	本节细目数	细目的代号	费率编号	定额个数	定额代号	项或目或节或细目的名称或定额的名称	单位	数量	定额调整情况
	1	1				09		4~4~5~43	回旋钻机陆地钻孔桩孔桩径为130 cm孔深40 m以内砂砾	10 m	2.400	实际桩径(cm):桩径130 cm
		1	1			09		4~4~5~44	回旋钻机陆地钻孔桩孔桩径为130 cm孔深40 m以内砾石	10 m	6.800	实际桩径(cm):桩径130 cm
						09		4~4~7~14	灌注桩混凝土回旋、潜水钻孔孔(桩径在150 cm以内)起重机配吊斗	10 m³实体	21.768	水 C25-32.5-4 换水 C30-32.5-4
						13		4~4~7~22	灌注桩钢筋焊接连接主筋	1 t	1.216	[111]量1.025、[112]量0.0
						13		4~4~7~22	灌注桩钢筋焊接连接主筋	1 t	16.937	[111]量0.0、[112]量1.025
						13		4~4~8~7	钢护筒埋设干处	1 t	4.148	
						13		4~4~7~24	灌注桩检测管	1 t	2.292	
四					2		17		下部工程	m²/m	456.000	38.000
	4	3	1			09		4~6~4~2	盖梁混凝土非泵送钢模	10 m³实体	2.345	
	1					13		4~6~4~11	盖梁钢筋	1 t	0.789	[111]量1.025、[112]量0.0
		4				13		4~6~4~11	盖梁钢筋	1 t	3.096	[111]量0.0、[112]量1.025
3						09		4~6~2~9	圆柱式墩台高10 m以内非泵送混凝土	10 m³实体	0.538	普水 C25-32.5-4 换水 C50-42.5-4
		3				13		4~6~2~19	主筋连接方式钢筋焊接连接10 m以内	1 t钢筋	0.107	[111]量1.025、[112]量0.0
	1		1			13		4~6~2~19	主筋连接方式钢筋焊接连接10 m以内	1 t钢筋	1.008	[111]量0.0、[112]量1.025
						09		4~6~4~2	盖梁混凝土非泵送钢模	10 m³实体	4.732	

续表

项目的代号	本项目数	节的代号	本节细目数	细目的代号	费率编号	定额个数	定额代号	项或节目或细目或定额的名称	单位	数量	定额调整情况
					13		4~6~4~11	盖梁钢筋	1 t	1.341	[111]量1.025、[112]量0.0
					13		4~6~4~11	盖梁钢筋	1 t	5.431	[111]量0.0、[112]量1.025
					09		4~6~2~9	圆柱式墩台高10 m以内非泵送混凝土	10 m³实体	1.309	普水C25-32.5-4换水C30-32.5-4
					13		4~6~2~19	主筋连接方式钢筋焊接连接10 m以内	1 t钢筋	0.268	[111]量0.0、[112]量1.025
					13		4~6~2~19	主筋连接方式钢筋焊接连接10 m以内	1 t钢筋	2.807	[111]量0.0、[112]量1.025
				2	09		4~6~4~9	耳背墙混凝土	10 m³实体	2.156	普水C25-32.5-4换水C30-32.5-4
					13		4~6~4~13	耳背墙钢筋	1 t	0.190	[111]量1.025、[112]量0.0
					13		4~6~4~13	耳背墙钢筋	1 t	2.602	[111]量0.0、[112]量1.025
					09		4~6~2~61	板式支座混凝土	10 m³实体	0.066	普水C30-32.5-4换水C40-42.5-4
					13		4~6~2~62	钢筋	1 t钢筋	0.238	
3		1	1	3		17		上部工程	m²/m	456.000 38.000	
					09		4~6~13~5	行车道铺装防水混凝土面层非泵送	10 m³实体	4.992	防C30-32.5-4换C40-42.5-4
					13		4~6~13~10	行车道铺装水泥及防水混凝土钢筋直径在8 mm以上	1 t钢筋	8.710	[111]量0.0、[112]量1.025
	1				09		4~7~13~1	预制预应力板空心板混凝土非泵送	10 m³实体	15.440	普C40-32.5-2换C50-42.5-2

续表

项目的代号	本项目数	目的节数	节的代号	本节细目数	细目的代号	费率编号	定额个数	定额代号	项或项目或节细目的名称或定额的名称	单位	数量	定额调整情况
						13		4~7~13~3	预制预应力空心板钢筋	1 t 钢筋	7.252	[111]量1.025、[112]量0.0
						13		4~7~13~3	预制预应力空心板钢筋	1 t 钢筋	24.486	[111]量0.0、[112]量1.025
						09		4~7~13~1	预制预应力空心板混凝土非泵送	10 m³ 实体	0.594	
						09		4~7~13~7	起重机安装跨径20 m以内	10 m³ 实体	16.034	
						03		4~8~4~8	起重机装车40 t以内第一个1 km	100 m³ 实体	1.603	
						09		4~6~13~4	行车道铺装防水混凝土垫层	10 m³ 实体	1.920	
				2		13		4~7~13~3	预制预应力空心板钢筋	1 t 钢筋	2.441	[111]量0.0、[112]量1.025
						13		4~7~20~17	预应力钢绞线束长20 m以内7孔 每吨10.93束	1 t 钢绞线	0.732	+18×2.81
						13		4~7~20~15	预应力钢绞线束长20 m以内3孔 每吨13.7束	1 t 钢绞线	4.672	+16×(-5.24)
						09		4~6~14~1	搭板混凝土	10 m³ 实体	1.104	普水 C30-32.5-4 换水 C40-42.5-4
				3		13	17	4~6~14~3	钢筋	1 t 钢筋	7.829	
									聚丙烯纤维	kg	35.340	35.340×80 元
									钢板	t	0.539	0.539×6500 元
	1			4			19		杂项工程	m²/m	456.000 38.000	
						13		4~11~7~1	模数式伸缩缝伸缩量为80~480 mm	1 t	2.284	
						09		4~11~7~5	预留槽混凝土	10 m³	0.0882	
		1				13		4~11~7~6	预留槽钢筋	1 t	0.472	[111]量0.0、[112]量1.025
3	1					09		4~11~1~2	场地需碾压	1000 m²	3.000	

续表

项目的代号	本项目数	目的代号	本目节数	节的代号	本节细目数	细目的代号	费率编号	定额个数	定额代号	项或目或节或细目的名称 或定额的名称	单位	数量	定额调整情况
							03		4~11~11~20	6 m³搅拌运输车运混凝土第一个 1 km	100 m³	6.756	
							09		4~11~11~10	混凝土搅拌拌和(25 m³/h以内)	100 m³	6.756	
							09		4~11~2~1	锥坡填土	10 m³实体	17.900	
							09		5~1~10~2	浆砌片石	10 m³实体	29.142	
							09		4~11~5~1	填砂(砾)基础垫层	10 m³	6.420	
							09		4~7~28~2	混凝土桥涵缘(帽石)钢模	10 m³实体	0.640	
							09		4~8~3~2	人工装卸第一个 1 km(6 t以内)	100 m³实体	0.064	
							09		4~7~29~1	桥涵缘(帽石)	10 m³实体	0.640	
							09		6~1~3~1	波形钢板护栏基础混凝土	10 m³实体	1.771	普 C20-32.5-8 换泵 C30-32.5-2
							13		6~1~2~4	现浇混凝土墙体钢筋	1 t	0.124	
							13		6~1~2~4	现浇混凝土墙体钢筋	1 t	0.346	[111]换[112]
							13-1		6~1~3~2	立柱钢管柱埋入	1 t	1.268	
							13-1		6~1~3~5	波形钢板单面	1 t	0.946	
							09		4~11~17~3	凿除混凝土及钢筋混凝土	10 m³	27.000	
							09		4~11~7~14	泄水管	10 个	1.200	

编制：　　　　　　　　　　　　　　　　　　复核：

表 6-10

建设项目名称：S311 省道 K133＋683 ×××桥

工程名称：临时便道的修建与维护

分项工程预算表（一）

序号	工料机名称	单位	单价/元	挖掘机挖装土、石方			自卸汽车运土、石方			填方路基			汽车便道		
	工程项目			挖掘机挖装土、石方			自卸汽车运土、石方			填方路基			汽车便道		
	工程细目			1.0 m³ 以内挖掘机挖装硬土			12 t 以内自卸汽车运土第一个 1 km			三、四级公路填方路基 6～8 t 光轮压路机碾压土方			汽车便道路路基宽 7 m（平原微丘区）		
	定额单位			1000 m³ 天然密实方			1000 m³ 天然密实方			1000 m³ 压实方			1 km		
	工程数量			2.960			2.960			2.960			0.200		
	定额表号			1～1～9～6			1～1～11～17			1～1～18～10			7～1～1		
				定额	数量	金额/元	定额	数量	金额/元	定额	数量	金额/元	定额	数量	金额/元
1	人工	工日	62.48	5.000	14.800	925				3.000	8.800	555	41.000	8.200	512
2	75 kW 以内履带式推土机	台班	859.33	0.530	1.569	1348							10.420	2.084	1791
3	1.0 m³ 履带式单斗挖掘机	台班	1110.43	2.460	7.282	8086									
4	120 kW 以内平地机	台班	1270.50							1.630	4.825	6130			
5	6～8 t 光轮压路机	台班	342.09							5.270	15.599	5336	0.940	0.188	64
6	8～10 t 光轮压路机	台班	386.46										0.710	0.142	55
7	12～15 t 光轮压路机	台班	586.89										2.790	0.558	327
8	12 t 以内自卸汽车	台班	887.68				6.620	19.595	17394						
9	定额基价	元	1.00	2602.000	7702.000	7702	4124.000	12207.000	12207	2954.000	8744.000	8744	9988.000	1998.000	1998
	直接工程费	元				10359			17394			12021			2750
	其他工程费 I	元		10.695		1108	3.255		566	10.695		1286	8.278		228
	其他工程费 II	元													
	间接费 规费	元		34.500		319	34.500		548	34.500		191	34.500		177
	企业管理费	元		4.960		569	3.052			4.960		660	4.786		143
	利润及税金	元		7.000/3.350		1285	7.000/3.350		1959	7.000/3.350		1485	7.000/3.350		336
	建筑安装工程费	元				13639			200468			15643			3633

编制：　　　　　　　　　　　　　　　　　　　　　　　　　　　　复核：

表 6-11

建设项目名称:S311 省道 K133+683 ×××桥

工程名称:临时便道的修建与维护

分项工程预算表（二）

第 1 页　共 2 页　08-2 表

序号	工料机名称	单位	单价/元	汽车便道 汽车便道天然砂砾路面(压实厚度为15 cm)路面宽6 m 1 km / 0.200 / 7~1~5 定额	数量	金额/元	汽车便道 汽车便道养护路基宽7.0 m 1 km·月 / 1.000 / 7~1~7 定额	数量	金额/元	泥结碎石路面 人工摊铺5 cm泥结碎石面层 1000 m² / 1.300 / 2~2~1+3×(-3.0) 定额	数量	金额/元	合计 数量	合计 金额/元
1	人工	工日	62.48	248.100	49.620	3100	3.000		187	18.400	23.920	1495	108.420	6774
2	水	m³	5.00	112.000	22.400	112	18.000		720	12.000	15.600	78	38.000	190
3	天然级配	m³	40.00	1193.400	238.680	9547							256.680	10267
4	黏土	m³	27.73							14.130	18.369	509	18.369	509
5	石屑	m³	80.47							5.530	7.189	578	7.189	578
6	路面用碎石(1.5 cm)	m³	83.89							5.550	7.215	605	7.215	605
7	路面用碎石(3.5 cm)	m³	83.89							50.190	65.247	5474	65.247	5474
8	75 kW 以内履带式推土机	台班	859.33										3.653	3139
9	1.0 m³ 履带式单斗挖掘机	台班	1110.43										7.282	8086
10	120 kW 以内平地机	台班	1270.50										4.825	6130
11	6~8 t 光轮压路机	台班	342.09				2.200	2.200	753				18.338	6273
12	8~10 t 光轮压路机	台班	386.46	1.620	0.324	125				0.270	0.351	120	0.466	180
13	12~15 t 光轮压路机	台班	586.89	3.240	0.648	380				0.730	0.949	557	2.155	1265
14	0.6 t 手扶式振动碾	台班	126.92	5.650	1.130	143							1.130	143
15	12 t 以内自卸汽车	台班	887.68										19.596	17394
16	定额基价	元	1.00	62362.000	12472.000	12472	1421.000		1421	5278.000	6861.000	6861	51405.000	51405

编制:　　　　　复核:

续表

工程项目			汽车便道			汽车便道			泥结碎石路面			合计	
工程细目			汽车便道天然砂砾路面(压实厚度为15 cm)路面宽6 m			汽车便道养护路基宽7.0 m			人工摊铺5 cm泥结碎石面层				
定额单位			1 km			1 km·月			1000 m²				
工程数量			0.200			1.000			1.300				
定额表号			7~1~5			7~1~7			2~2~1+3×(一3.0)				
工料机名称	单位	单价/元	定额	数量	金额/元	定额	数量	金额/元	定额	数量	金额/元	数量	金额/元
直接工程费	元				13408			1660			9416		67008
其他工程费 I	元		6.747		905	8.278		137	6.747		635		4865
其他工程费 II	元												
间接费 规费	元		34.500		1070	34.500		65	34.500		516		2337
间接费 企业管理费	元		4.492		643	4.786		86	4.492		452		3100
利润及税金	元		7.000/3.350		1619	7.000/3.350		202	7.000/3.350		1129		8014
建筑安装工程费	元				17644			2150			12148		85324

编制：　　　　　　　　　　　　复核：

材料预算单价计算表

表6-12

建设项目名称：S311省道K133+683×××桥

工程名称：临时便道的修建与维护

第1页 共2页 09表

序号	规格名称	单位	原价/元	供应地点	运输方式、比重及运距/km	毛重系数或单位毛重	运杂费		原价合计/元	场外运输损耗		采购及保管费		预算单价/元
							运杂费构成说明或计算公式	单位运费/元		费率%	金额/元	费率%	金额/元	
1	原木	m³	800.000	黑河—工地	汽车,1.0,138.0	1.000000	[0.55×138.0×(1+10.0%)+8.4×1.0]×1×1	91.890	891.89			2.500	22.297	914.190
2	锯材木中板厚度19~35mm	m³	1350.000	黑河—工地	汽车,1.0,138.0	1.000000	[0.55×138.0×(1+10.0%)+7.0×1.0]×1	90.490	1440.49			2.500	36.012	1476.50
3	光圆钢筋直径10~14mm	t	4433.000	黑河—工地	汽车,1.0,138.0	1.000000	[0.55×138.0×(1+20.0%)+15.4×1.0]×1×1	106.480	4539.48			2.500	113.487	4652.970
4	带肋钢筋直径15~24mm,25mm以上	t	4458.00	黑河—工地	汽车,1.0,138.0	1.000000	[0.55×138.0×(1+20.0%)+15.4×1.0]×1×1	106.480	4564.48			2.500	114.112	4678.590
5	钢绞线普通,无松弛	t	5817.000	黑河—工地	汽车,1.0,138.0	1.000000	[0.55×138.0×(1+20.0%)+15.4×1.0]×1×1	106.480	5923.48			2.500	148.087	6071.570
6	型钢	t	4500.000	黑河—工地	汽车,1.0,138.0	1.000000	[0.55×138.0×(1+20.0%)+15.4×1.0]×1×1	106.480	4606.48			2.500	115.162	4721.640
7	钢板	t	4500.000	黑河—工地	汽车,1.0,138.0	1.000000	[0.55×138.0×(1+20.0%)+15.4×1.0]×1×1	106.480	4606.48			2.500	115.162	4721.640
8	钢管	t	6500.000	黑河—工地	汽车,1.0,138.0	1.000000	[0.55×138.0×(1+20.0%)+15.4×1.0]×1×1	106.480	6606.48			2.500	165.162	6771.640
9	电焊条	kg	8.000	黑河—工地	汽车,1.0,138.0	0.001100	[0.55×138.0×(1+10.0%)+7.3×1.0]×1×0.0011	0.100	7.30			2.500	0.183	7.480
10	铁件	kg	8.000	黑河—工地	汽车,1.0,138.0	0.001100	[0.55×138.0×(1+10.0%)+7.3×1.0]×1×0.0011	0.100	8.10			2.500	0.203	8.300
11	铁钉	kg	8.000	黑河—工地	汽车,1.0,138.0	0.001100	[0.55×138.0×(1+10.0%)+7.3×1.0]×1×0.0011	0.100	8.10			2.500	0.203	8.300
12	8~12号铁丝	kg	8.000	黑河—工地	汽车,1.0,138.0	0.001000	[0.55×138.0×(1+10.0%)+7.3×1.0]×1×0.001	0.090	8.09			2.500	0.202	8.290
13	20~22号铁丝	kg	8.200	黑河—工地	汽车,1.0,138.0	0.001000	[0.55×138.0×(1+10.0%)+7.3×1.0]×1×0.001	0.090	8.29			2.500	0.207	8.500

续表

序号	规格名称	单位	原价/元	供应地点	运杂费 运输方式,比重及运距/km	运杂费 毛重系数或单位毛重	运杂费 运杂费构成说明或计算公式	运杂费 单位运费/元	原价合计/元	场外运输损耗 费率/%	场外运输损耗 金额/元	采购及保管费 费率/%	采购及保管费 金额/元	预算单价/元
14	32.5级水泥	t	450.000	黑河—工地	汽车,1.0,138.0	1.010000	[0.55×138.0×(1+10.0%)+10.8×1.0]×1×1.01	95.230	545.23	1.000	5.452	2.500	13.767	564.450
15	42.5级水泥	t	508.000	黑河—工地	汽车,1.0,138.0	1.010000	[0.55×138.0×(1+10.0%)+10.8×1.0]×1×1.01	95.230	603.23	1.000	6.032	2.500	15.232	624.490
16	汽油	kg	10.060	黑河—工地	汽车,1.0,28.0	0.001000	[0.55×28.0×(1+100.0%)+10.5×1.0]×1×0.001	0.040	10.10			2.500	0.253	10.350
17	柴油	kg	8.650	黑河—工地	汽车,1.0,28.0	0.001000	[0.55×28.0×(1+50.0%)+10.5×1.0]×1×0.001	0.030	8.68			2.500	0.217	8.900
18	煤	t	450.000	黑河—工地	汽车,1.0,45.0	1.500000	[0.55×45.0×(1+10.0%)+4.2×1.0]×1×1	31.430	481.43	1.000	4.814	2.500	12.156	498.400
19	中(粗)砂	m³	35.000	黑河—工地	汽车,1.0,15.0	1.700000	(0.55×15.0+4.2×1.0)×1×1.7	18.680	53.68	2.500	1.342	2.500	1.376	56.400
20	砂砾	m³	35.000	黑河—工地	汽车,1.0,15.0	1.400000	(0.55×15.0+4.2×1.0)×1×1.4	21.170	56.17	1.0000	0.562	2.500	1.418	58.150
21	黏土	m³	15.000	黑河—工地	汽车,1.0,7.0	1.600000	(0.55×7.0+4.2×1.0)×1×1.6	11.270	26.27	3.000	0.788	2.500	0.676	27.730
22	片石	m³	60.000	黑河—工地	汽车,1.0,23.0	1.500000	(0.55×23.0+4.7×1.0)×1×1.6	27.760	87.76	1.000	0.810	2.500	2.194	89.950
23	碎石(2 cm)	m³	55.000	黑河—工地	汽车,1.0,23.0	1.500000	(0.55×23.0+4.7×1.0)×1×1.5	26.030	81.03	1.000	0.810	2.500	2.046	83.890
24	碎石(4 cm)	m³	55.000	黑河—工地	汽车,1.0,23.0	1.500000	(0.55×23.0+4.7×1.0)×1×1.5	26.030	81.03	1.000	0.810	2.500	2.046	83.890
25	石屑	m³	55.000	黑河—工地	汽车,1.0,19.0	1.500000	(0.55×19.0+4.7×1.0)×1×1.5	22.730	77.73	1.000	0.777	2.500	1.963	80.470
26	路面用碎石(1.5 cm)	m³	55.000	黑河—工地	汽车,1.0,23.0	1.500000	(0.55×23.0+4.7×1.0)×1×1.5	26.030	81.03	1.000	0.810	2.500	2.046	83.890
27	路面用碎石(3.5 cm)	m³	55.000	黑河—工地	汽车,1.0,23.0	1.500000	(0.55×23.0+4.7×1.0)×1×1.5	26.030	81.03	1.000	0.810	2.500	2.046	83.890

编制: 复核:

表6-13

机械台班单价计算表

建设项目名称：S311省道 K133+683×××桥
编制范围：S311省道 K133+683×××桥

第1页 共5页 11表

序号	定额号	机械规格名称	台班单价/元	不变费用/元 调整系数1.0 定额	调整值	可变费用/元 机械工 62.48元/工日 定额	费用	重油 0元/kg 定额	费用	汽油 10.35元/kg 定额	费用	柴油 8.9元/kg 定额	费用	煤 0元/kg 定额	费用	电 2.78元/(kW·h) 定额	费用	水 5.0元/m³ 定额	费用	木材 0元/kg 定额	费用	养路费及车船税	合计
1	1003	75 kW以内履带式推土机	859.33	245.140	245.14	2.000	124.96					54.970	489.23										614.19
2	1005	105 kW以内履带式推土机	1136.40	330.410	330.41	2.000	124.96					76.520	681.03										805.99
3	1035	1.0 m³履带式单斗挖掘机	1110.43	411.150	411.15	2.000	124.96					64.530	574.32										699.28
4	1037	2.0 m³履带式单斗挖掘机	1800.83	855.380	855.38	2.000	124.96					92.190	820.49										945.45
5	1057	120 kW以内平地机	1270.50	408.050	408.05	2.000	124.96					82.130	730.96									6.53	862.45
6	1063	75 kW以内履带式拖拉机	769.19	161.230	161.23	2.000	124.96					54.270	483.00										607.96
7	1075	6~8 t光轮压路机	342.09	107.570	107.57	1.000	62.48					19.330	172.04										234.52
8	1076	8~10 t光轮压路机	386.46	117.500	117.50	1.000	62.48					23.200	206.48										268.96
9	1078	12~15 t光轮压路机	586.89	164.320	164.32	1.000	62.48					40.460	360.09										422.57
10	1083	0.6 t手扶式振动碾	126.92	38.100	38.10	1.000	62.48					2.960	26.34										88.82

续表

序号	定额号	机械规格名称	合班单价/元	不变费用/元 调整系数 1.0 定额	调整值	机械工 62.48 元/工日 定额	费用	重油 0 元/kg 定额	费用	汽油 10.35 元/kg 定额	费用	柴油 8.9 元/kg 定额	费用	煤 0.0 元/kg 定额	费用	电 2.78 元/(kW·h) 定额	费用	水 5.0 元/m³ 定额	费用	木材 0 元/kg 定额	费用	养路费及车船税	合计
11	1087	10 t 以内振动压路机	888.76	236.920	236.92	2.000	124.96					59.200	526.88										651.84
12	1239	电动混凝土真空吸水机机组	129.78	24.430	24.43	1.000	62.48									15.420	42.87						105.35
13	1245	电动混凝土切割机	199.75	81.230	81.23	1.000	62.48									20.160	56.04						118.52
14	1272	250 L 以内强制式混凝土搅拌机	227.68	18.580	18.58	1.000	62.48									52.740	146.62						209.10
15	1307	6 m³ 以内混凝土搅拌运输车	1472.61	909.820	909.82	1.000	62.48					55.540	494.31									6.00	562.79
16	1324	25 m³/h 以内水泥混凝土搅拌站	1440.61	334.240	334.24	5.000	312.40									285.600	793.97						1106.37
17	1349	油泵、千斤顶各1台、钢绞线拉伸设备	171.68	126.560	126.56											16.230	45.12						45.12
18	1352	含钢带电焊机波纹管卷制机	306.88	119.900	119.90	2.000	124.96									22.310	62.02						186.98
19	1370	2 t 以内载货汽车	325.04	53.890	53.89	1.000	62.48			20.080	207.83											0.84	271.15

续表

序号	定额号	机械规格名称	台班单价/元	不变费用/元 调整系数 1.0		可变费用/元														养路费及车船税	合计
						机械工 62.48 元/工日		重油 0 元/kg		汽油 10.35 元/kg		柴油 8.9 元/kg		煤 0 元/kg		电 2.78 元/(kW·h)		水 5.0 元/m³		木材 0 元/kg		
				定额	调整值	定额	费用	定额	费用	定额	费用	定额	费用	定额	费用	定额	费用	定额	费用	定额	费用		
20	1372	4 t 以内载货汽车	485.14	66.380	66.38	1.000	62.48			34.280	354.80											1.48	418.76
21	1374	6 t 以内载货汽车	505.02	91.380	91.38	1.000	62.48					39.240	349.24									1.92	413.64
22	1378	15 t 以内载货汽车	949.41	333.220	333.22	1.000	62.48					61.720	549.31									4.40	616.19
23	1387	12 t 以内自卸汽车	887.68	271.930	271.93	1.000	62.48					61.600	548.24									5.03	615.75
24	1396	60 t 以内平板拖车组	1545.42	825.060	825.06	2.000	124.96					63.090	561.50									33.90	720.36
25	1404	4000 L 以内洒水车	656.54	219.160	219.16	1.000	62.48			36.000	372.60											2.30	437.38
26	1405	6000 L 以内洒水车	700.84	257.900	257.90	1.000	62.48					42.430	377.63									2.83	442.94
27	1408	1.0 t 以内机动翻斗车	175.30	32.450	32.45	1.000	62.48					9.000	80.10									0.27	142.85
28	1431	10 t 以内履带式起重机	576.52	226.480	226.48	2.000	124.96					25.290	225.08										350.04
29	1432	15 t 以内履带式起重机	753.16	329.870	329.87	2.000	124.96					33.520	298.33										423.29
30	1444	40 t 以内轮胎式起重机	1497.61	825.540	825.54	2.000	124.96					60.340	537.03									10.08	672.07
31	1449	5 t 以内汽车式起重机	531.99	199.620	199.62	1.000	62.48			25.710	266.10											3.79	332.37

续表

序号	定额号	机械规格名称	合班单价/元	不变费用/元 调整系数 1.0		可变费用/元 机械工 62.48 元/工日		重油 0 元/kg		汽油 10.35 元/kg		柴油 8.9 元/kg		煤 0 元/kg		电 2.78 元/(kW·h)		水 5.0 元/m³		木材 0 元/kg		养路费及车船税	合计
				定额	调整值	定额	费用	定额	费用	定额	费用	定额	费用	定额	费用	定额	费用	定额	费用	定额	费用		
32	1451	12 t 以内汽车式起重机	919.81	387.110	387.11	2.000	124.96					44.950	400.06									7.68	532.70
33	1453	20 t 汽车式起重机	1307.86	672.980	672.98	2.000	124.96					56.000	498.40									11.52	634.88
34	1455	30 t 汽车式起重机	1680.51	982.660	982.66	2.000	124.96					62.860	559.45									13.44	697.85
35	1499	30 kN 以内单筒慢动电动卷扬机	184.17	17.220	17.22	1.000	62.48									37.580	104.47						166.95
36	1500	50 kN 以内单筒慢动电动卷扬机	235.77	20.080	20.08	1.000	62.48									55.110	153.21						215.69
37	1600	1500 mm 以内回旋钻机	2381.50	681.500	681.50	2.000	124.96									566.560	1575.04						1700.00
38	1624	容量为100～150 L 泥浆搅拌机	97.22	7.660	7.66	1.000	62.48									9.740	27.08						89.56
39	1726	32 kV·A 交流电弧焊机	313.33	7.240	7.24	1.000	62.48									87.630	243.61						306.09

续表

序号	定额号	机械规格名称	合班单价/元	不变费用/元 调整系数 1.0		可变费用/元															养路费及车船税	合计
						机械工 62.48 元/工日		重油 0 元/kg		汽油 10.35 元/kg		柴油 8.9元/kg		煤 0 元/kg		电 2.78 元/(kW·h)		水 5.0 元/m³		木材 0 元/kg			
				定额	调整值	定额	费用	定额	费用	定额	费用	定额	费用	定额	费用	定额	费用	定额	费用	定额	费用		
40	1840	3 m³/min以内机动空气压缩机	365.95	89.870	89.87	1.000	62.48					24.000	213.60										276.08
41	1842	9 m³/min以内机动空气压缩机	802.57	203.060	203.06	1.000	62.48					60.340	537.03										599.51

知识归纳

　　（1）公路桥梁工程施工图预算编制步骤与方法。

　　（2）公路桥梁工程施工图预算编制中各项费用的计算方法。

独立思考

6-1　公路桥梁工程施工图预算编制的工作内容有哪些？

6-2　公路桥梁工程施工图预算的文件组成有哪些？

参 考 文 献

[1] 中华人民共和国交通部.JTG B06—2007　公路工程基本建设项目概算预算编制办法.北京:人民交通出版社,2007.

[2] 中华人民共和国交通部.JTG/T B06-02—2007　公路工程预算定额:上册.北京:人民交通出版社,2007.

[3] 中华人民共和国交通部.JTG/T B06-02—2007　公路工程预算定额:下册.北京:人民交通出版社,2007.

[4] 中华人民共和国交通部.JTG/T B06-03—2007　公路工程机械台班费用定额.北京:人民交通出版社,2007.

[5] 王岩,牛红凯.铁路工程预算定额解析与概预算编制示例.北京:中国铁道出版社,2013.

[6] 田元福.铁路与公路工程概预算编制原理与方法.北京:中国铁道出版社,2008.

[7] 刘芳,章疾雯.铁路工程概预算与工程量清单计价.北京:人民交通出版社,2010.

[8] 赵明微.路桥工程造价.北京:中国铁道出版社,2014.

[9] 李远富.土木工程经济与项目管理.2版.北京:中国铁道出版社,2012.

[10] 周国藩.公路、铁路工程概预算编制简明手册.北京:机械工业出版社,2002.

[11] 赵晞伟.公路工程定额应用释义.北京:人民交通出版社,2007.

[12] 高峰,张求书.公路工程造价.北京:北京理工大学出版社,2010.

[13] 苑宝印,张明健.公路工程概预算与工程量清单计价.哈尔滨:哈尔滨工业大学出版社,2011.

[14] 戚安邦.工程项目全面造价管理.天津:南开大学出版社,2000.

[15] 雷书华,陈志君.公路工程预算与工程量清单计价.北京:人民交通出版社,2008.